U0069430

我是傳奇

我不是聖人，我是剩下來的人及人生之旅

李淵洲 —— 著

〈序〉

《我是傳奇》——我不是聖人，我是剩下來的人及人生之旅

　　本書《我是傳奇》——我不是聖人，我是剩下來的人及人生之旅，從本書來看，本書的目錄共分成二輯，第一輯是以〈雜篇〉的單篇文章來描寫我的人生中的際遇、命運及人生不幸的遭遇，還包括後記，以及附錄一：〈尋求精神障礙者生命的出口——被撕裂的靈魂〉；附錄二：〈臺灣社會教育的醜聞——老師、老輸、老賊〉。第二輯是以我的人生之旅為主軸，也就是我從小到大人生成長的過程，由此我擷取了一、前言；二、幼年的回憶及童年的往事；三、求學的過程及工廠的學徒；四、軍旅生涯及行軍記；五、退伍後的人生之路及男怕入錯行，女怕嫁錯郎；六、崇拜者的迷信及迷思；七、臺北榮民總醫院傷殘重建中心與人為及宗教的誤導和傷害；八、我在草屯精神療養院工作與精神病患相處一段的歲月；九、我的人生的際遇、命運及人生過程不幸的遭遇。

　　我在中華電信的MOD的影集觀賞電影時，我看見《泰山傳奇》這部電影有介紹劇情的簡介：「從小被猩猩等野生動物養大的泰山，他以葛氏鉅子約翰克萊頓三世的身分，與摯愛的妻子珍在英國展開文明的生活，經過數年，他獲邀返回剛果擔任特使，但他卻不知道自己竟然⋯⋯。」《仙田傳奇》（改編自宣天的短篇小說）這部電影有介紹劇情的簡

介：「傳說中在山嶺的深處，因為戰爭的緣故，軍隊必須在這罕無人煙的森林溪流之中，建立一座名為仙田站的山洞營地，該營地由三個美麗的年輕女民兵所管理，是戰士們的綠洲，讓精疲……。」《傳奇42號》這部電影有介紹劇情的簡介：「改篇自真人真事，棒球選手傑基羅賓森在美國職棒布魯克林道奇隊總經理布蘭奇瑞基的堅持之下，被簽進美國聯盟，成為美國職棒大聯盟史上第一位非裔美國人球員，黑白球員分隔……。」從這三部電影有介紹劇情的簡介來看，《泰山傳奇》、《仙田傳奇》、《傳奇42號》等三部電影都是以傳奇作為片名的電影，由此延伸變成了《我是傳奇》——我不是聖人，我是剩下來的人及人生之旅，譬如，在臺北市大同區庫倫街和大龍夜市旁的臺北市孔廟，有一道牆是築成高起的紅磚牆，並在兩邊的屋脊燕尾翹起來的屋簷再塗上棕色的牆，也因此在牆上，有：七十七代孔德成在五十八年六月敬題：「萬仞宮牆」四字，也因此在臺北市孔廟的主殿內的屋頂有八角藻井（俗稱蜘蛛網結網）做工精緻繁複，是泉州木匠師王益順的代表作之一，於是我由上往下看見中央奉祀至聖先師孔子的神龕牌位，中央的上枋高懸先總統蔣公所書「有教無類」的匾額，右側的中枋則懸掛著民國九十七年馬英九總統敬獻「道貫德明」的匾額，而匾額的底下則放置著仿古代的樂器和釋奠祭器，如編磬、晉鼓、鏞鐘……；左右神龕奉祀四配十二哲等牌位，而在孔子學堂內的牆上以「孔子與四配十二哲」來讓遊客觀賞及閱讀：「孔廟奉祀大成至聖先師孔子及『四配十二哲』等歷代賢儒的地方。『四配』是指復聖顏回、宗聖曾參、述聖子思與亞聖孟軻。『十二哲』是指以德行著稱的閔子騫、冉伯牛、仲弓；

以言語著稱的宰我、子貢；以政事著稱的冉有、季路；以文學著稱的子游、子夏；後來還加上子張、有若和朱熹。」

　　然而，在二十一世紀真正的「我是傳奇」是誰？也就是人類面對網路資訊後現化的今日社會誰才是真正的傳奇人物？也因此經過了漫長的歲月二千五百多年後，進入「知識爆炸、資訊氾濫、智慧貧乏、價值混淆」的現化化的社會，而如今是網路資訊後現代化的社會，也因為資訊、知識都已氾濫，所以孔子又多了一個弟子（學生），而他的名字叫做「李淵洲」，他稱之為「我不是聖人，我是剩下來的人。」為什麼？因為我面對現代化的社會，而如今是網路資訊後現代化的社會，所以我整個身、心、靈產生嚴重系統的短路，即使多年下來我經由時間、唱歌、聽音樂、讀書、寫文章、看電影、散步等的自我調適，但精神疾病對我的影響很大，亦即造成我學習及操作電腦上的障礙、閱讀上的障礙而須以逐字逐句的朗讀才能夠去理解……；所謂的「我不是聖人，我是剩下來的人」，意思是：我幾乎不適合生存在現代化的社會，而如今是網路資訊後現代化的社會，尤其我與現代人及後現代人接觸和來往時，也誠如古人說：「良言一句三冬暖，惡言傷人六月寒。」即使古人對語言、文字的感受是如此的強烈，但我對語言、文字的感受已超過我的承受的範圍，為什麼？也因現代人及後現代人幾乎利用語言、文字的攻擊和防禦，也誠如孫越說得好：「分享快樂，加倍的快樂；分享痛苦，減半的痛苦。」也因我說話時情緒比較穩定，也因我須唱歌一個小時後，我才能與一般人達到平衡點，但後來發現我與現代人及後現代人說話說得比較多時，我則須減少與現代人及後現代人談話來保護自己；多年前我

早就告訴自己說：「我可以被關進監獄，但我一定不會自殺。」但是，不論我是否有違法？我一定「周旋到底」。

　　由此延伸，記得有一次我在小學考試的時候，居然我把自己的姓名「李淵洲」寫成「李淵」；小學的老師閱卷完畢且他把試卷發還給我後，他就帶著一些指責的語氣對我說：「連自己名子都會寫錯，將來還能做什麼？」當時我聽了他這麼說，我漲得面紅耳赤頗為尷尬，而我現在回憶起來，那豈不是變成了唐高祖當上了「皇帝」？然而，在《大唐玄武門兄弟相殘》這部電有介紹劇情的簡介：「在唐高祖年間，江湖俠客李御豐欲勸李世民，追輯刺殺皇上李淵的真正兇手，卻意外發現李建成要刺殺死李世民的密謀，長安大亂，李世民見自己，滿盤皆輸，不管如何忍讓皆不被父……。」從《大唐玄武門兄弟相殘》這部電影有介紹劇情的簡介來看，唐高祖李淵把皇位禪讓給次子李世民（秦王），而太子、齊王皆在大唐玄武門兄弟相殘中死亡。

　　由此再延伸，子曰：「人能弘道，非道弘人。」（《論語‧衛靈公篇》）作者的〈白話〉翻譯：孔子說：「人可以弘揚人生理想，而不是靠人生理想弘揚人。」（譯文參考立緒版《論語》）接著，作者的〈解讀〉：1.弘：有弘揚、體現之意。主動力量在於人，而不在於道。2.道：指人生理想。再偉大的道也無法使一個人完美，除非這個人主動努力去體現道。因此，了解「道」的人，還須以行動配合；不了解「道」的人，則由於人性向善，也可能本著良知走上正途。從中國的至聖先師孔子的見解及作者的〈白話〉翻譯來看，譬如，天主教、基督教（馬丁‧路德原來是天主教神父，而他創立路德教派成立了基督新教）、門諾會（門諾會

是由創始人門諾‧西門所創立的基督新教）、東正教、猶太教等有神父、修女、牧師、傳道及神職人員在弘揚「信耶穌得永生」，以及他們都在見證耶穌基督的大愛，但事實上，人死不能復活是沒有例外的，即使天主教、基督教、門諾會、東正教、猶太教等的神父、修女、牧師、傳道及神職人員，也事實他們都是在利用傳統宗教的權威來欺×自古以來信仰天主教、基督教、門諾會、東正教、猶太教等的基督徒，也事實《聖經》是過去許多歷代的西方人所寫的「神話故事」，以及他們利用傳統宗教的權威在人類的社會所建構的「烏托邦世界」；即使基督教的傳道所傳的「信耶穌得永生」同理：「信耶穌見閻×王」；即使「耶穌死而復活」……，也事實「人死不能復活是沒有例外的」，也事實我才是「真正的傳道」，我也創立了全世界最大的教叫做「睡覺」，我也是「睡覺的教（覺）主」，我也在目前全世界約有七十五億人口都是與我有共同的需求──睡覺；即使睡覺不是宗教，但事實每個人的一生有三分之一的時間都在睡覺，也誠如有人說：「休息是走更長遠的路。」事實上，在二十世紀及二十一世紀受到環境快速變遷的影響有越來越多的現代人及後現代人有「失眠的現象」；事實上，我所提倡的睡覺才是現代人及後現代人「真正的福音」；事實上，不見得每個人都會選擇宗教信仰，如天主教、基督教、東正教、猶太教、佛教、回教（又稱為伊斯蘭教）、印度教、錫克教、巴哈教、道教……，但每個人一定都要選擇睡覺。

有一位作家把人生的領悟，歸結一句話：「人生如旅行」；我偶然在電腦中，看見一句話：「旅行，最美是回憶。」由此延伸，我想到兩個問題，第一，既然整個人生都

在旅行中，我們又何苦另外增加旅行呢？第二，人生原本就是旅行，何不到處走走，增加閱歷？從這兩種態度來看像是針鋒相對很難判斷孰是孰非，只好交由個人的偏好去選擇了，因此有人說：「行萬里路勝讀萬卷書。」但是，有人對這樣的觀念正好採取相反的看法，他說：「讀萬卷書勝讀萬里路。」由此延伸，有人說：「讀萬卷書，不如行萬里路；行萬里路，不如閱人無數；閱人無數，不如名師指路；名師指路，不如親身體悟。」從這一段話來看，有人說：「一切教育在完成自我教育。」因此與這句思維有異曲同工之妙。

由於我受到參加旅行社及旅遊團體的影響，總覺得出國時的心情，對於不曾去過的地方充滿著好奇心和新鮮感；回國之後，我卻覺得既勞累又沒有當時預期的那麼美好？

有一句嘲諷今日旅遊團體的俏皮話：「上車睡覺，下車尿尿；上山拜廟，入店買藥。」從這句旅遊的俏皮話來看，古人說：「行萬里路勝讀萬卷書。」順著此一思路，由「業強出版社」所出版的《智慧的魅力》一書中，作者的體驗卻正好相反，他認為「讀萬卷書勝行萬里路。」於是，作者在這本書中真誠的自我表達：「以今日的旅遊團體來說，即使到了風景名勝，也是走馬看花。譬如，有一位旅客參觀法國巴黎的羅浮宮時，親眼目睹了遊客人手一冊目錄，按照上面排列的順序，對著牆上的名畫看一眼，於是便在目錄上打個勾，這時，他們好像在檢查名畫是否失竊？又好像是要證明自己欣賞過了這些名畫？回國之後，如果不去翻閱照片，早已忘了這一切；所謂的照片，不過代表『到此一遊』罷了。」於是，報紙上出現「深度旅遊」的報導，意思是：「請遊客注意觀光區的歷史背景及人文特色。」

《我是傳奇》
——我不是聖人，我是剩下來的人及人生之旅

在人生之旅的過程中，每個人都必須面臨各種抉擇，如就學、就業、擇偶、交友、購屋、婚姻……，一路走來，多少競爭與壓力，使得人生充滿著挑戰。

　　《湖濱散記》的作者梭羅（H.D.Thoreau），在一八四五年七月四日，他開始在康考特的華爾登湖（Walden Pond）湖畔隱居，前後歷時二年二個月，他寫下了返璞歸真、探索人生及研究大自然的豐富心得。

　　在漫漫的人生旅途中，是否可以用文學創作、哲學的理念，來串連整個人生描寫人生成長的過程，如果不選擇隱居山林，則選擇隱居都市叢林，是否也可以像梭羅一樣？以散文來寫作，也就是寫出對文學與哲學的嚮往、對自我的期許、對生命的熱愛及對人文的關懷，由此留下美好的回憶去緬懷自己走過的足跡。

　　這是我的嘗試，描寫我從小到大人生成長的過程和考驗；我歷經了人生的的大風大雨，驗證了荷蘭人的一句諺語：「還好事情沒有變得更糟！」因此，我進一步驗證了「我遇到什麼人？就會發生什麼命運？」從這個觀點來看，我所領悟的這句話，譬如，有人說：「遇上貴人的相助，從此可以過著幸福快樂的日子；遇人不淑，則從此有不幸的人生的遭遇。」

　　在網路資訊後現代化的今日社會，有人出版一本書，書名是《人脈等於錢脈》，但我的人生成長的過程有太多人為的傷害，譬如，已逝世二十幾年的國際名歌星鄧麗君，她主唱的〈往事只能回味〉，而我與她主唱這首歌所體驗卻有所不同，我變成了「往事不堪回首」。

　　記得多年前我去臺北市某家書店，而我在書架上看見一

　〈序〉

本有關於研究《心理學》的書，因而我從書架上抽出來隨意翻閱，於是我在這一本研究《心理學》的書中，我親眼目睹：「二十世紀，《心理學》研究到〈病態心理學〉；二十一世紀，《心理學》研究到〈變態心理學〉。」從這一本研究《心理學》的書中的思維來看，事實上，進入現代化的社會且生存的環境快速的變遷，而如今是網路資訊後現代化的社會，也因為現代人及後現代化變成了「病態與變態」的社會型態，所以我為了保護自己，誠如有人說：「披著羊皮的一隻狼。」因此，我幾乎採取以「人脈歸零」來面對網路資訊後現代化的今日社會，也就是以免再次陷入人為的陷阱與誘惑，即使簡單的因果關係不足以說明複雜的人生際遇，也因過去我讀了台×哲學系傅×榮教授的著作，其中在他的著作、演講、上課的時候，他偶爾會引用希臘哲學家赫拉克利圖說：「性格即是命運。」但是，這句思維經過我的反省後；即使他根本沒有對我「因材施教」，也因此他利用這句思維，也因此他了解我的純真也利用我的純真，也因此他幾乎把一切的責任都推給我，也因此我把這句思維換個角度來看，事實上，我遇到什麼人？就會發生什麼命運？為什麼？在現代化的社會，而如今是後現代化網路資訊的社會，也因為現代人及後現代人的生活型態完全改變，所以他不但沒有對我「因材施教」，反而他幾乎將一切的責任推給我，譬如，在他寫的著作《轉進人生頂峰》（天下文化出版）一書，其中有一篇〈在逆境中懷抱希望〉，而他在這篇文章所舉的例子，就是多年前我在洪建全教育文化基金會下課時，與他分享我寫書造成我的心靈遭受到嚴重的撞擊和傷害，以及遇人不淑的遭遇，但他不但沒有對我「因材施教」，反而

他幾乎把一切的責任都推給我，他說：「我要負過度天真的責任。」其實，天底下哪裡有什麼要負過度天真的責任？也因此經過時間的沈澱和治療，後來我發現誠如有人說：「人是最喜歡推卸責任的動物。」

　　基本上，簡單來說，我找到兩個支撐與支持點，第一，人性原本就是「趨吉避兇」，我又不是笨蛋和傻瓜，只不過人的限制非常大，沒有人知道下一秒鐘會發生任何事情？第二，進入現代化的社會，而如今是網路資訊後現代化的社會，教育的功能幾乎只剩下，人才教育，為什麼？有人說：「現代化的老師根本沒有辦法『因材施教』，而是『因財施教』。」甚至有人說：「因為發財而施教」，另一方面所謂的「人才教育」，就是學生畢業後，他們就去謀職就業，然而孟子主張「人格教育」，孔子則主張「人文教育」，事實上，在現代化的社會，而如今是網路資訊後現代化的社會；事實上，除了人才教育幾乎沒有什麼教育的功能？第二，有人說：「臺灣的性教育失敗」，後來我發現在我國中求學的階段，從事良心教育的工作者而她教《健康教育》這一本書時，有關於書中性教育的圖片、文字，而那一位從事教育女性的教職員她卻不好意思說，於是她在教我們《健康教育》的課堂上，她把性教育沒有教就跳過去，她並叫我們回家自己讀，即使所產生的後遺症是我對性過度的幻想，我也缺少對性安全方面的常識，也在後來我並不知道使用保險套是預防愛滋病重要的措施之一。

　　然而，簡單的因果關係不足以說明複雜的人生的際遇，譬如，潛意識裡，我無法接受如此嚴酷的挑戰，而如今遇上了就只能先求接受再去調適；接受，是因為事情發生了無法

再挽回，所以我接受已發生的事實再去坦然面對現實的情況，即使我原本想透過寫作來培養專長，但二十幾年前我只是一個寫作的初學者，也因我在寫作上我沒有任何基礎，也沒有文字駕馭文字的能力，就好像一個還沒有跨過寫作門檻的門外漢。

二十幾年前我在臺北市財團法人天主教的耕莘文教院的耕莘寫作班上報導文學及編輯課程時，而號×出版社的發行人陳×礎先生就是臺北市耕莘寫作班第二屆編輯研究班的班主任，多年下來，我發現他不但沒有對我「因材施教」，反而我當時誠如中國的亞聖孟子曰：「大人者，不失其赤子之心者也。」（《孟子‧離婁下》）因此，我說話像小孩一般且說話很直接就得罪了他，於是他當時對我惡意的設計：「寫書是現代人的身分證。」的陷阱，即使他不但沒有對我「因材施教」，反而他造成我的心靈嚴重遭受到撞擊和傷害，也造成我在寫作和寫書這條心路歷程上走了太多的冤望路，也造成我的自信心遭受到嚴重的打擊，也造成我的精神疾病（心病）的病發主要的原因之一。

驀然回首，我發現我的心靈是遭受到嚴重的撞擊和傷害，也讓靈魂好像要撕裂一般，而整日活得痛苦難熬！

調適，是因為一個人所承受的壓力有一定的限度，一旦超過了就需要調適，不然會造成生活失調，甚至造成精神失常，而倒置罹患精神官能症或精神疾病。調適的方法因人而異，我則喜歡閱讀文學、哲學方面的書籍、寫文章、聽音樂、唱歌、看電影、散步等，來調適自己過度的壓力及負面的情緒。

幾年前我鼓起勇氣繼續的寫作和寫書，但多年下來，我

發現台×哲學系的傅×榮教授，由於當時我在洪建全教育文化基金會、好好好家庭教育文教基金會等上他在臺灣的社會所開的一系哲學課程時，也因此我有請教他如何寫作？然後我把自己寫的一篇文章〈散散步，欣賞啊！〉寄給他，而在信中我對他說：「請幫我修稿」，後來我收到此篇稿件時，我發現他不但修我寫的文章不通順之處，他並指出我寫的文章的毛病在哪裡？後來我寫的文章才逐漸在用詞遣字、思想的運思，以及整篇文章的通順上日有增進。

然而，二十幾年前我在臺北市天主教財團法人耕莘文教院的耕莘寫作班，上了滿多的文學寫作的課程，如散文、小說、報導文學、編輯等等，幾年下來我發現臺北市耕莘寫作班所聘請的作家及專業人士，如白×、平×、李×、陳×磻……，事實上，他們沒有人對我寫的文章修稿；事實上，作家會寫作但他們不見得會修稿，後來我發現他們只是在利用現代化的媒體來成名；事實上，他們沒有修稿的能力，而他們沒有修稿的能力怎麼可以來教人寫作呢？即使他們不但沒有對我「因材施教」，也造成當時我只是一個寫作的初學者，我也沒有任何寫作的基礎，也沒有文字駕馭的能力，後來我發現當時我只適合寫信；寫信至寫作有一段很長的距離；寫作至寫書更是一段更長的距離，譬如，練功夫，先練蹲馬步，把馬步蹲好後，才能把功夫練好；寫作和寫書先從閱讀開始，吸收作者的思想精華，也誠如中國的詩聖杜甫詩中有詩云：「讀書破萬卷，下筆如有神。」

接著，有關於寫作這一條心路歷程，為什麼我的心靈嚴重遭受到撞擊和傷害？由此我進一步來分析有兩種原因：第一，二十幾年前我沒有任何寫作的基礎，也沒有文字駕馭的

能力，譬如，我當時與在臺北市耕莘寫作班上第二屆編輯研究班的同學一起到他經營的號×出版社去參觀，就在那時候，他親手拿給我，是我幾個星期前寄給他的稿件，於是他對我說：「我寫的書好像抽煙時的煙蒂，所掉落的煙灰。」意思是：「我寫的書有瑕疵及敗筆。」事實上，他的手段高明且殘忍對我指導寫書；事實上，他沒有任何對我寫的文章進行修稿；事實上，他沒有指出我寫的文章的毛病在哪裡？事實上，他只不過是以一句評語來形容我所寫的書；事實上，他們當時沒有哪一位作家及專業人士對我「因材施教」，反而我被號×出版社的發行人陳×磻先生對我惡意設計：「寫書是現代人的身分證。」的陷阱，也因此造成我的心靈嚴重造受到撞擊和傷害，也因此造成我的精神疾病的病發主要的原因之一；第二，我受到許多現代化的作家及專業人士在寫作上嚴重的誤導，即使如此，我在寫作的心路歷程上，也因號×出版社的發行人陳×磻先生錯誤指導我寫書，也因他造成我走了太多的冤枉路，也因我當時只是一個寫作的初學者，也因我在寫作這條心路歷程上一開始就遭受到無情的打擊而幾乎喪失了對自我的自信心。

作文時如何運思？在中國研究美學的前輩朱光潛先生，他所寫的《談文學》（業強版）一書中，而朱光潛先生對寫作提供了他個人的見解和方法，他說：「先定下題目，再取一紙條，把自由聯想的要點記成幾個小標題；經過選擇與組合，寫下綱要。然後才動手寫一篇文章。」

其次，台×哲學系傅×榮教授說：「笨方法就是捷徑。」意思是：藉由翻譯來寫作看起來是最笨的方法，也就是他翻譯已超過二百萬個字，而這些文字背後的思想都經過

他充分的咀嚼和消化，然後他動手寫文章自然而然便駕輕就熟了。

接著，如果你不懂翻譯也無所謂，而朱光潛先生提供一種寫作的方法，他說：「精選模範文百篇左右（能多固好；不能多，百篇就很夠），細心研究每篇的命意布局分段造句和用字，務求懂透，不放過一字一句，然後把它熟讀成誦，坑味其中聲音節奏與神禮氣韻，使它不但沈到心靈裡去，還須滲到筋肉裡去。」

據說瘂×、林×玄等作家，早期他們還沒有成名之前，就是採取抄寫其他作家的作品的方法；抄寫其他作家的作品看似笨功夫，其實是奠定寫作基礎的好方法，為什麼？後來我發現因有滿多的現代人及後現代人，他們在讀書時犯了「有眼無心」的毛病，所以你如果願意一字一句老老實實的抄寫下去，久而久之作者思想的精華就會沈到你的心靈裡去，然後動手寫文章就有駕馭文字的能力，就像自己騎著馬兒可以欣賞沿途美麗的風景。

本書提供一些寫作的方法，並願與寫作有興趣的人互相共勉；本書是把我自己人生成長的過程與經驗彙集起來，由此我擷取了一、前言；二、幼年的回憶及童年的往事；三、求學的過程及工廠的學徒；四、軍旅生涯及行軍記；五、退伍後的人生之路及男怕入錯行，女怕嫁錯郎；六、崇拜者的迷信及迷思；七、臺北榮民總醫院傷殘重建中心與人為及宗教的誤導和傷害；八、我在草屯精神療養院工作與精神病患相處一段的歲月；九、我的人生的際遇、命運及人生過程不幸的遭遇。因此與讀者分享，並提供一個省思的空間，所謂的「以別人的經驗來反省自己的經驗」，也誠如有人說：

「他山之石，可以攻錯。」這麼一來，人生可以減少許多的錯誤，即使閱讀本書後，你們與作者人生成長的過程和經驗雖然都不一樣，但有所謂的「人同此心，心同此理。」畢竟我們都是人，我們有共同的人性都傾向於善——人性向善，亦即有一句話說得好，他說：「凡走過的，必留下足跡；凡奮鬥的，必經歷成長。」有人說：「不經一事，不長一智。」因此與這兩句思維有異曲同工之妙。

　　本書從我是一個寫作的初學者陸陸續續記錄著人生成長的過程和經驗至本書的完成，而我所經歷寫作和寫書的心路歷程，宛如二十一世紀曾榮獲奧斯卡金像獎最佳男主角提名的湯姆漢克斯所主演的《浩劫重生》這部電影，但對他而言，他是在演電影；但我而言，這就是我人生真實的經歷。

　　歌德（J.W.Goethe）說：「朋友，知識是灰色的，生命之樹卻是長青的。」中國的莊子說：「吾生也有涯，而知也無涯，以有涯隨無涯，殆已！」然而，每個人的人生都是不完美的，但我期許自己從不完美中，去追求人生成長的過程和經驗，也誠如有人說：「從錯誤中學習」。本書有不完美之處，就留給讀者一個想像的空間去填補吧！也因為每個人都有屬於自己人生成長的過程和經驗，所以需要由自己來填寫上去的……。

目錄

目錄

第一輯

雜篇

一、我是傳奇——我不是聖人，我是剩下來的人

多年前我到臺北縣新莊市的「鴻金寶全球影城」，去觀賞由美國黑人威爾·史密斯所主演的《我是傳奇》這部電影，而我記得那時鴻金寶全球影城的售票口已經排了滿多的人，顯然這部電影是熱門電影，也因我在此等候許久才買到票，於是我走到鴻金寶全球影城的1樓去搭電梯，接著電梯過了幾秒鐘就到了四樓的電影院，這時我步出了電梯便走進了電影院裡去找我的坐位，我找到了坐位就坐下來開始觀賞電影。

《我是傳奇》於2007年在美國上映的一部電影，而劇情由網路的《維基百科》所提供，其劇情如下：2009年，「K病毒」（K Virus，簡稱KV）原本是研發出來用以治療癌症的基因改良病毒，在進行人體臨床試驗一段時間之後，開始產生類似狂犬病的意外副作用，並失控造成大規模傳染。除了造成世界上90%人口的死亡外，也使得約9%的人口變成狂暴、嗜血但體能驚人的變種夜行怪物（又譯為「黑暗獵人」），與僅1%的倖存者，會因體內產生自然抗體而不發病。前軍方病毒學家羅伯·奈佛（Robert Neville威爾·史密斯飾）因為體內有自然抗體而未受到感染，而成為紐約市唯一的倖存者，甚至曾一度認為自己就是全世界唯一倖存的人類。他獨自一個人據守在荒煙蔓草中的紐約曼哈頓，身旁只有德國牧羊犬薩曼莎（暱稱山姆）和M4卡賓槍為伴，除了

一面自力求生存之外，並努力研發這種傳染病毒的解藥。

　　因為一次偶然的遭遇，奈佛發現了變種人在日間的藏匿據點。他為了獲得研發疫苗的過程中所需的人體實驗素材，設下陷阱捕捉到一名女性變種人，卻也因此注意到原本一度被認為是徹底失去人類智能與社會能力、只依照生物本能行動的變種人，似乎也有意識與思考能力。之後奈佛因為大意不慎誤陷變種人以一樣的手法所設置的陷阱而受傷昏迷，而錯失了在日落之前趕回藏匿處的時機。在與變種人和受感染的惡犬正面衝突的過程中，山姆因為捨身救主而被感染了KV，奈佛在不得已的情形下，狠下心在牠完全喪失心智之前親手殺了愛犬。

　　失去了心靈上的唯一依靠讓奈佛陷入絕望，並不顧危險在夜間出門與變種人激烈衝突作為發洩，就在他失手即將命喪變種人首領手中之際，突然被聞訊趕來的安娜（Anna，艾莉絲・寶嘉飾）與伊森（Ethan，查理他罕飾）所拯救。來自巴西聖保羅、原本曾是紅十字會工作人員的安娜是無意間收到奈佛平日發出的調幅廣播，而特地自馬里蘭州北上紐約尋找奈佛，並希望繼續北上尋找隱藏在北方佛蒙特州森林中、由倖存的人類所建立的難民營。雖然在安娜等人的拯救下奈佛暫時逃過一劫，卻也因此洩漏了藏匿地的位置，引來大批變種人在入夜之後包圍襲擊。縱使預先埋放了包括汽車炸彈在內的各項防禦措施，但是奈佛等人仍然無法抵擋變種人的襲擊而被逼退到最後防線的地下實驗室內，就在絕望之際，奈佛發現先前施打在女性變種人身上的疫苗似乎在低溫下發揮了治療的作用，於是他將實驗對象的血液樣本託付給安娜，將兩人藏匿在安全之處，並犧牲自己的性命與突破最

21　　　　　　　　　　　　　　　第一輯　雜篇

後防線的變種人首領同歸於盡。事後，生還下來的安娜與伊森母子兩人成功地找到了倖存者的營地，他們除了成功地確保奈佛的研究成果得以繼續之外，也將奈佛的故事流傳了下來，而使他成為日後人類所傳頌的傳奇。

另一個結局則是奈佛將女性變種人還給變種人首領，並且成功的存活下來並帶著疫苗前往佛蒙特州，此版本收錄在DVD版中。從網路的《維基百科》所提供《我是傳奇》這部電影的劇情來看，事實上，在《我是傳奇》這部電影的劇情中，即使人類都是感染KV病毒的感染者而有高達百分之九十的人口死亡，也有百分之九的人口感染了KV病毒而變成了夜襲的變種人，羅伯・奈佛也成為災後紐約市最後的一位倖存者，甚至他認為自己就是全世界唯一倖存的人類。問題的關鍵是，全世界的人都感染成為KV病毒的感染者而有百分之九變成了夜襲的變種人，也只剩下一位倖存的人類──羅伯・奈佛，這麼一來，他怎麼能算是傳奇人物呢？

再來，在網路資訊後現化的今日社，由中國大陸的創作型的歌手李健，他也被喻為音樂的詩人，即使他在這首〈傳奇〉（作詞：左右；作曲：李健），也是他所原唱的歌曲，也從他創作的歌曲裡來陳述著：「傳奇的愛情故事」。

即使每個世代都有傳奇人物，也進入了現代化的社會，而如今是網路資訊後現代化的社會，也因此有人選擇攻讀國立臺灣大學，也有人選擇攻讀美國耶魯大學，我則選擇攻讀家裡蹲大學；我不是學者，也不是專家，我只是一位市井小民；李白被世人尊稱為「詩仙」，杜甫又被世人尊稱為「詩聖」，我則自稱為「詩剩」，由此可知我是傳奇──我不是聖人，我是剩下來的人；即使每個時代都有英雄人物，也進

入了現代化的社會，而如今是網路資訊後現代化的社會，而所謂的「英雄」，在現代人及後現代人所認定的英雄已經幾乎完全不同，譬如，歌星、電影明星、籃球明星、網球明星、拳擊明星、武術明星、網路明星等等；即使有越來越多的粉絲過度的崇拜這些明星，甚至把他們稱之為「英雄人物」，而默默無聞堅守自己崗位的人卻不是英雄人物，也誠如有人說：「一代狗雄變梟雄」；即使不論從古至今的聖人、賢人、傳奇人物、英雄人物、狗雄、梟雄、剩下來的人等，事實上，每個人都要面對生與死是沒有例外的；事實上，人死不能復活也是沒有例外的，也誠如台語有一句俚語說得好：「平平都是人。」事實上，在人類的歷史；事實上，是把聖人、賢人、傳奇人物、英雄人物等都過度的美化；事實上；人都是不完美的；事實上，從宇宙萬物，乃至人類的生命最終都要面對滅亡及死亡。

台×哲學系傅×榮教授他只不過是一位研究人文的學者，而多年前我在好好好家庭教育文教基金會，上他在臺灣的社會所開的一系列哲學課程時，我當時居然向該基金會的理事長陳述，我稱呼他為「現代的孔子」，但後來我發現他不是現代的孔子，他只不過是在現代化的社會，而如今是網路資訊後現代化的社會的一位研究人文的學者。然而，在現代化，而如今是網路資訊後現代化的社會，對現代人及後現代人而言，什麼是「因材施教」？一般情況幾乎不了解什麼是「因材施教」？即使有少數的現代人及後現代人了解孔子的因材施教，但他們因分科分系專業化的原因已沒有能力為學生及學習者因材施教，從這個觀點來看，也誠如有人說：「現代化的老師，根本無法『因材施教』，而是『因財施

　　　　　　　　　　　第一輯　雜篇

教』。」甚至有人說：「因為發財而施教」，譬如，補習班的老師年薪高達百萬、千萬，或其他從事良心教育的工作者，一個月的薪水好幾萬元，甚至好幾十萬元。

　　從另一個角度來看，我根據孔子的「正名主義」，我把現代化的老師，正名為「知識的服務者」、「技能的服務者」，這樣才是「名實相符」，即使AI人工智慧已經是二十一世紀最新的商機和最夯的產業，舉例來說，全世界知名的律師事務所，而這家知名的律師事務所僱用的律師已不是真人的律師；即使AI人工智慧的機器人對許多現代化及後現代化的專家或專業人士而言，他們的眼光和記憶依舊生活在現在和過去的時光中，我也因此預測大概2050年在人類的世界，老師這種職業會被智慧型機器人所取代，因此我把這樣的智慧型機器人，取名稱之為「知識販賣機」，以此類推，警察會被「智慧型機器戰警」所取代、檢察官會被「智慧型偵查機器人」所取代、法官會被「智慧型審判機器人」所取代、醫師會被「智慧型診斷及治療機器人」所取代……，不過對於我的預測，滿多的現代化及後現化的專家或專業人士因基於現實利益的因素，也畢竟他們要透過教學及工作來賺錢才能生活，就這樣，也許不相信老師這種職業，或其他的職業會被智慧型機器人所取代，因此信與不信由你？

　　進一步來探索什麼是「因材施教」？在中國的經典著作《論語》（《論語•先進篇》），有記載孔子如何對弟子們因材施教，原文是，子路問：「聞斯行諸？」子曰：「有父兄在，如之何其聞斯行之？」冉有問：「聞斯行諸？」子曰：「聞斯行之。」公西華曰：「由也問聞斯行諸，子曰『有父兄在』；求也問聞斯行諸，子曰：『聞斯行之』。赤

也惑，敢問。」子曰：「求也退，故進之；由也兼人，故退之。」作者的〈白話〉翻譯：子路請教：「聽到可以做的事情，就去做嗎？」孔子說：「父親與哥哥還在，怎麼能聽到可以做的事就去做呢？」冉有請教：「聽到可以做的事就去做嗎？」孔子說：「聽到可以的事就去做。」公西華說：「當由請教聽到可以做的事就去做嗎，老師說『父親與哥哥還在』；當求請教聽到可以做的事就去做嗎，老師說『聽到可以做的事就去做』。我覺得有些困惑，冒昧來請教。」孔子說：「求做事比較退縮，所以我鼓勵他邁進；由做事勇往直前，所以我讓他保守些。」（譯文參考立緒版《論語》）在我看來，同樣的事情，放在每個人的身上及情況，亦即孔子依弟子們每個人的資質材性、生活背景、性格等等給予適當的「因材施教」，就這樣，據說當時跟隨在孔子身旁的弟子們有三千人，由此獲得孔子「因材施教」、「有教無類」的啟發和指引，但是，即使有滿多的專家和專業人士，在現代化，而如今是網路資訊後現代化的社會，他們標榜著「因材施教」的教學理念，但事實他們所教學的課程和教材都是「因為錢財而施教」、「因為發財而施教」等，早也與中國的至聖先師孔子「因材施教」、「有教無類」的教育理念背道而馳，也誠如有人說：「現代化的社會，前途等於錢途。」

從孔子對弟子們的因材施教及作者對孔子對弟子們的因材施教的〈白話〉翻譯來看，譬如，在臺北市大同區庫倫街和大龍夜市旁的臺北市孔廟，有一道牆是築成高起的紅磚牆，並在兩邊的屋脊燕尾翹起來的屋簷再塗上棕色的牆，也因此在牆上，有：七十七代孔德成在五十八年六月敬題：

「萬仞宮牆」四字，也因此在臺北市孔廟的主殿內的屋頂有八角藻井（俗稱蜘蛛網結網）做工精緻繁複，是泉州木匠師王益順的代表作之一，於是我由下往上看見中央奉祀至聖先師孔子的神龕牌位，中央的上枋高懸先總統　蔣公所書「有教無類」的匾額，右側的中枋則懸掛著民國九十七年馬英九總統敬獻「道貫德明」的匾額，而匾額的底下則放置著仿古代的樂器和釋奠祭器，如編磬、晉鼓、鏞鐘……；左右神龕奉祀四配十二哲等牌位，而在孔子學堂內的牆上以「孔子與四配十二哲」來讓遊客觀賞及閱讀：「孔廟奉祀大成至聖先師孔子及『四配十二哲』等歷代賢儒的地方。『四配』是指復聖顏回、宗聖曾參、述聖子思與亞聖孟軻。『十二哲』是指以德行著稱的閔子騫、冉伯牛、仲弓；以言語著稱的宰我、子貢；以政事著稱的冉有、季路；以文學著稱的子游、子夏；後來還加上子張、有若和朱熹。」

　　然而，在二十一世紀真正的「我是傳奇」是誰？也就是人類面對網路資訊後現化的今日社會誰才是真正的傳奇人物？也因此經過了漫長的歲月二千五百多年後，進入「知識爆炸、資訊氾濫、智慧貧乏、價值混淆」的現化化的社會，而如今是網路資訊後現代化的社會，也因為資訊、知識都已氾濫，所以孔子又多了一個弟子（學生），而他的名字叫做「李淵洲」，他稱之為「我不是聖人，我是剩下來的人。」為什麼？因為我面對現代化的社會，而如今是網路資訊後現代化的社會，所以我整個身、心、靈產生嚴重系統的短路，即使多年下來我經由時間、唱歌、聽音樂、讀書、寫文章、看電影、散步等的自我調適，但精神疾病對我的影響很大，亦即造成我學習及操作電腦上的障礙、閱讀上的障礙而須以

逐字逐句的朗讀才能夠去理解……；所謂的「我不是聖人，我是剩下來的人」，意思是：我幾乎不適合生存在現代化的社會，而如今是網路資訊後現代化的社會，尤其我與現代人及後現代人接觸和來往時，也誠如古人說：「良言一句三冬暖，惡言傷人六月寒。」即使古人對語言、文字的感受是如此的強烈，但我對語言、文字的感受已超過我的承受的範圍，為什麼？也因現代人及後現代人幾乎利用語言、文字的攻擊和防禦，也誠如孫越說得好：「分享快樂，加倍的快樂；分享痛苦，減半的痛苦。」也因我說話時情緒比較穩定，也因我須唱歌一個小時後，我才能與一般人達到平衡點，但後來發現我與現代人及後現代人說話說得比較多時，我則須減少與現代人及後現代人談話來保護自己；多年前我早就告訴自己說：「我可以被關進監獄，但我一定不會自殺。」但是，不論我是否有違法？我一定「周旋到底」。

由此延伸，記得有一次我在小學考試的時候，居然我把自己的姓名「李淵洲」寫成「李淵」；小學的老師閱卷完畢且他把試卷發還給我後，他就帶著一些指責的語氣對我說：「連自己名子都會寫錯，將來還能做什麼？」當時我聽了他這麼說，我漲得面紅耳赤頗為尷尬，而我現在回憶起來，那豈不是變成了唐高祖當上了「皇帝」？然而，在《大唐玄武門兄弟相殘》這部電有介紹劇情的簡介：「在唐高祖年間，江湖俠客李御豐欲勸李世民，追輯刺殺皇上李淵的真正兇手，卻意外發現李建成要刺殺死李世民的密謀，長安大亂，李世民見自己，滿盤皆輸，不管如何忍讓皆不被父……。」從《大唐玄武門兄弟相殘》這部電影有介紹劇情的簡介來看，唐高祖李淵把皇位禪讓給次子李世民（秦王），而太

子、齊王皆在大唐玄武門兄弟相殘中死亡。

　　由此再延伸，子曰：「人能弘道，非道弘人。」（《論語・衛靈公篇》）作者的〈白話〉翻譯：孔子說：「人可以弘揚人生理想，而不是靠人生理想弘揚人。」（譯文參考立緒版《論語》）接著，作者的〈解讀〉：1.弘：有弘揚、體現之意。主動力量在於人，而不在於道。2.道：指人生理想。再偉大的道也無法使一個人完美，除非這個人主動努力去體現道。因此，了解「道」的人，還須以行動配合；不了解「道」的人，則由於人性向善，也可能本著良知走上正途。

　　從中國的至聖先師孔子的見解及作者的〈白話〉翻譯來看，譬如，天主教、基督教（馬丁・路德原來是天主教的神父，而他創立路德教派成立了基督新教）、門諾會（門諾會是由創始人門諾・西門所創立的基督新教）、東正教、猶太教等有神父、修女、牧師、傳道及神職人員在弘揚「信耶穌得永生」，以及他們都在見證耶穌基督的大愛，但事實上，人死不能復活是沒有例外的，即使天主教、基督教、門諾會、東正教、猶太教等的神父、修女、牧師、傳道及神職人員，也事實他們都是在利用傳統宗教的權威來欺×自古以來信仰天主教、基督教、門諾會、東正教、猶太教等的基督徒，也事實《聖經》是過去許多歷代的西方人所寫的「神話故事」，以及他們利用傳統宗教的權威在人類的社會所建構的「烏托邦世界」；即使基督教的傳道所傳的「信耶穌得永生」同理：「信耶穌見閻×王」；即使「耶穌死而復活」……，也事實「人死不能復活是沒有例外的」，也事實我才是「真正的傳道」，我也創立了全世界最大的教叫做

「睡覺」，我也是「睡覺的教（覺）主」，我也在目前全世界約有七十五億人口都是與我有共同的需求──睡覺；即使睡覺不是宗教，但事實每個人的一生有三分之一的時間都在睡覺，也誠如有人說：「休息是走更長遠的路。」事實上，在二十世紀及二十一世紀受到環境快速變遷的影響有越來越多的現代人及後現代人有「失眠的現象」；事實上，我所提倡的睡覺才是現代人及後現代人「真正的福音」；事實上，不見得每個人都會選擇宗教信仰，如天主教、基督教、東正教、猶太教、佛教、回教（又稱為伊斯蘭教）、印度教、錫克教、巴哈教、道教……，但每個人一定都要選擇睡覺。

　　然而，進入現代化的社會，而如今是網路資訊後現代化的社會，為什麼？我稱之為「我不是聖人，我是剩下來的人。」理由是，在現代化及網路資訊後現化今日的社會，我遭受到各種層面無情的撞擊和傷害，譬如，二十幾年前臺北榮民總醫院傷殘重建中心的人事主任，他以本中心精簡人員為理由把給裁員，後來我發現83年1月本中心以精簡人員把我給裁員，但本中心到92年2月才精簡人員，也就是造成我的心靈嚴重遭受到撞擊和傷害，也造成我的精神疾病的病發的主要原因之一。

　　再來，從事良心事業的工作者不但沒有對我「因材施教」，反而二十幾年前我被號×出版社的發行人陳×磻先生，而他當時在臺北市耕莘寫作班教第二屆編輯研究班時，後來我發現我因誠如中國的亞聖孟子曰：「大人者，不失其赤子之心者也。」（《孟子‧離婁下》）從中國的亞聖孟子的思維來看，也因為我當時有赤子之心，所以說話像小孩一般很直接，就因此得罪了號×出版社的發行人陳×磻先生，

以及許多臺灣的編輯及主編，也因此他當時惡意對我設計：
「寫書是現代人的身分證。」的陷阱，即使當時他有指導我
寫書，後來我發現我當時沒有任何寫作的基礎，我也沒有文
字駕馭的能力；事實上，我當時只適合寫信；事實上，寫信
至寫作有一段很長的距離；寫作至寫書更是一段更長的距
離，也因此造成我的心靈嚴重遭受到撞擊和傷害，也因此造
成我的精神疾病的病發的主要原因之一。再來，有人說：
「臺灣的性教育失敗。」從有人說臺灣的性教育失敗來看，
也因此造成我對愛滋病的恐慌，也因此造成我的心靈嚴重遭
受到撞擊和傷害，也因此造成我的精神疾病的病發的主要原
因之一。

　　從我的人生經歷了三大撞擊和傷害來看，譬如，號×出
版社的發行人陳×礎先生他不但沒有對我「因材施教」，反
而二十幾年前他在臺北市耕莘寫作班教編輯時，他當時惡意
對我設計：「寫書是現代人的身分證。」的陷阱，也因此他
造成我的身、心、靈整體的系統短路，也因此在現代化的社
會及網路資訊後現代化的今日社會，事實上，我沒有任何的
朋友，我只剩下旅遊的夥伴，亦即我的心靈超越時空的界
線，在現在、過去、未來的時空中轉換時空，我也因此去尋
找古代不論是東方及西方的良師益友，如孔子、孟子、李
白、杜甫、王維、陳子昂、李商隱、文天祥、蘇軾、蘇格拉
底、柏拉圖、亞里斯多德……。

　　然而，在中國的詩仙李白的詩中有詩云：「自古聖賢皆
寂寞，惟有飲者留其名。」從中國的詩仙李白的詩中有詩云
來看，譬如，我有三個筆名——儒華、良心、李黑等，即使
中國的詩仙李白是我超越時空的界線所交的朋友，也因此我

把自己稱之為「李黑」，我也把中國的詩仙李白詩中有詩云修改成：「自古飲者皆寂寞，惟有聖賢留其名。」由此延伸，中國的詩聖杜甫詩中有詩云：「讀書破萬卷，下筆如有神。」從中國的詩聖杜甫詩中有詩云來看，中國的「詩聖」杜甫，我則稱之為「詩剩」。

多年前中華新時代協會理事長，也在當時他任職於臺北縣縣立三重身心科主任許添盛精神科醫師，而在他出版的《不正常也是一種正常》一書中，他有對罹患精神疾病的病患有這樣的感受及陳述，他說：「身為精神科醫師，首先我想告訴大家，精神病人大多是『亂自己』。我自己是個精神科醫師，深入精神分裂的內心世界，體會到一般大眾由於認識不足，將他們貼上了恐怖的標籤，彷彿成了定時炸彈或被誤解為連續殺人狂，事實上並不確也不公平；這一群人反而是本性善良、敏感膽小易受傷的，他們『怕』所謂的正常人，比正常人『怕』他們來得多。精神病患的內心世界對整個社會而言，彷彿霧裡看花，你無法理解他們許多行為背後的理由。

精神分裂的個案，正如賽斯所說的：『他們在衝動和意識心之間，沒有一條鋪好的路；卻有如多巖的野地，充滿了隨時可能爆炸的地震。』」從作者對罹患精神疾病的病患有這樣的感受及陳述來看，事實上，誠如有人說：「人心隔肚皮」；事實上，在《心理學》的書中，作者對《心理學》就開宗明義，他說：「《心理學》是一門研究人類行為的科學。」既然「人心隔肚皮」，《心理學》也是一門研究人類行為的科學，這麼一來，《心理學》、《精神治療學》等學科根本就在誤導精神科醫師診斷及治療，為什麼？簡單來

說，事實上，人類的心靈是「屬於無形的精神狀態」，但研究《心理學》、《精神治療學》及精神科醫師卻把精神疾病視為有形可見的大腦疾病，如失智症、老人痴呆症等等；事實上，中國的歷代名醫說：「心病無藥醫」；事實上，精神科醫師所謂的「強迫症」，也就是人的內心及思維不會強迫自己從事任何行為，而這一切都受到外在人為、社會、環境等等的影響，即使沒有精神科醫師所謂的「強迫症」，也事實都是在強迫精神病患吃藥，也事實我是領有身×障礙證明的×神障礙者，也事實我「欠缺辨識能力」，也事實精神疾病會造成我生存在現代化的社會，而如今是網路資訊後現代化的社會，我與一般人比較起來變成我很容易被詐欺，或我被利用等等，譬如，我為了保護自己就完全拒絕任何合法的投資及違法的投資，以及S×Y網路拆分盤公司的負責人（詐騙犯）利用「假投資，真詐財」，和S×Y網路拆分盤公司利用在臺灣的團隊最前面幾位的領導人（詐騙犯），而且他們利用合法的多層次傳銷（直銷），來掩護自己吸金、詐欺、詐騙的惡行；即使我是領有身×障礙證明的精×障礙者欠缺辨識能力，但後來我發現精神科醫師是欠缺道德及良心的工作，為什麼？事實上，精神科醫師是利用精神科的藥在控制精神病患而非治療。

　　即使後來我寫了一篇〈正常也是一種不正常〉投稿到中華新時代協會的刊物，但該刊並沒有刊登我寫的文章，也因此臺灣的年輕人的流行語：「變態」，而他們所指的是「行為的變態」，由此延伸，進入現代化的社會，而如今是網路資訊後現代化的社會的現代人及後現代人的心靈，由於受到二十世紀及二十一世紀環境快速變遷的影響，人的心靈則嚴

重的突變，所以我將現代人及後現代人心靈嚴重的突變稱之
為「心靈的變態」——正常也是一種不正常。

二、我是傳奇——地球的故事與我的故事

　　過去我曾在臺北市立天文科學教育館的宇宙劇場觀賞《地球的故事》，在我看來這部地球的故事的影片，在觀賞的同時讓我感受到而改變了我過去對地球的認知，為什麼？在138億年前宇宙的大爆炸所形成的宇宙，而地球在45億年前形成熔融狀時，也就是地球距離宇宙大爆炸約有三分一的時空；地球藉由恆星的死亡與新生，以及行星的形成與撞擊，在浩瀚的宇宙中我們的地球是獨一無二的；早期熔融狀的地球隨著時光的流逝逐漸的冷卻，演變成現今能孕育生命的水藍星球；地球在地殼底下熔融的岩漿及地核，在地殼以上是地表所形成的海洋及陸地的板塊；在地殼底下熔融的岩漿，也因為地球內部會釋放出來的能量，所以會造成陸地及板塊互相推擠、碰撞，因而形成了地震及海嘯，即使過去我在認知上地球的地震及海嘯是不好的，但我觀賞這部《地球的故事》的影片時，我也發現如果地球沒有地震及海嘯，地球與其它的行星，如金星、水星、火星……，它們的內部都是固化行星沒有熔融的岩漿，也就是它們都是沒有生命的行星；在地殼以上的地表覆蓋了熔融的岩漿，而在地球地表上形成了海洋、板塊、陸地、火山、地磁、地幔、大氣層等，也因此隨著地球自轉形成了春、夏、秋、冬四季，也形成了氣候的晴天及雨季的分布。

　　接著，在地球的地表上，經過數十億年海洋、板塊、陸

地、火山、地磁、地幔、大氣層、植物、生物及動物的演化過程，舉例來說，我在國立臺灣科學教育館的裡面，我發現樓上有一個展示區是在介紹人類演化的過程，其中有一個看板以文字來呈現，就是：「科學家推論猿到人的過程是：雙足行走→雙手靈巧→語言能力→腦容量增大。黑猩猩的 DNA 和人類有百分之九十九的相似性，顯示黑猩猩和人類有共同的祖先。人類雖然與猿類血緣相近，但並非由猿類演化而來，只不過與猿類出於共同袁祖而已。此共同祖先分成為兩支：一支為猿，演化成現代猿；另一支為原人，演化成為人類。」譬如，根據字典裡的解釋，猿人即是原人，出現於地質學上第四世紀，由類人猿發展而成，保有猿的形態而具有人的若干特質，而現在發現的猿人有四種，如巨人、爪哇猿人、北京人、海德爾堡人等演化成為人類。從科學家以這樣推論猿到人的演化過程來看，事實上，以這樣區分猿與人演化的過程幾乎是錯誤的，為什麼？事實上，猿、人猿、猿人及人類共同的祖先就是猿，由此可知可分成兩支：一支為猿，演化成現代猿；另一支為人猿，所謂的「人猿」，就是另一支猿在演化的過程變成了人猿，而人猿的頭蓋骨已在脊椎的上面，也就是人類異於猿，或其牠動物之處，就是人類可以直立行走，而猿，或其牠的動物的頭蓋骨都在脊椎的前面則無法持續站立行走，即使在演化的過程，而人類的祖先人猿在演化的過程逐漸將身上的毛退去變成了文明並有文字記載歷史的人類，或因行星、慧星撞擊地球造成地球的大災難，如恐龍等等體型龐大的動物都相繼滅絕。

　　從人類的祖先人猿在演化的過程逐漸將身上的毛退去變成了文明並有文字記載歷史的人類來看，譬如，人類的祖先

　　　　　　　　　　　　　　　　第一輯　雜篇

人猿，由於以上兩種原因造成人類的祖先「人猿」，早在幾百萬年前已滅絕不存在於地球上，我並參考由臺北市立天文科學教育館所製作的《地球的故事》的簡介：「《地球的故事》是一部由澳大利亞製作的實景拍攝的影片，以現代地質學的角度引領我們探索地球。本片由 Russell Scott 執導，在澳洲和冰島等多地取景，由澳洲攝影協會金獎攝影師 Benjamin Cunningham 親自掌鏡，並藉著地質學家 Martin Vranedonk 的探勘旅程，引領我們探索地球與生命起源。地球起源於太空中的某處，藉由恆星的死亡與新生，行星的形成與撞擊，在生生不息的宇宙詩篇中我們獨一無二的地球誕生了，早期熔融狀的地球隨著時光的流逝逐漸演變為現今能孕育生命的水藍星球，影片內容包括地磁、地幔、地殼、板塊、火山、大氣層等，內容豐富，適合闔家光臨觀賞。」

由此延伸，地球的故事與我的故事，為什麼？我也是獨一無二的，由於進入現代化的社會，而如今是網路資訊後現代化的社會，也就是資訊、知識、文化、教育、政治……都已氾濫成災，即使在快速變遷的二十世紀及二十一世紀，也因人為及宗教的誤導和傷害，也因此造成我的心靈遭受到嚴重的撞擊和傷害，也因此造成我的精神疾病（心病）的病發的主要原因之一，但我經由時間、唱歌、聽音樂、讀書、看電影、寫文章等的調適和治療，我並沒有被臺灣現代化的社會且複雜的人際關係、在工作上求職的無情打擊、人為及宗教的誤導和傷害、精神疾病等所擊倒；即使我的心靈嚴重遭受到撞擊和傷害，也因此變成了「超能量」，也因此我可以超越時空的界限，也因此我界於精神病患與小孩及嬰兒般純真的心靈而返璞歸真，也因此地球的故事與我的故事都是獨

一無二的，由此可知我是傳奇——我不是聖人，我是剩下來的人，亦即西方哲學家尼采在《查拉圖斯特拉如是說》一書中，他的思想精華「精神三變」，他說：第一變，變成駱駝；第二變，變成獅子；第三變，變成嬰兒，由此我通過西方哲學家尼采的精神三變，我也誠如中國的亞聖孟子曰：「大人者，不失其赤子之心者也。」（《孟子‧離婁下》）也誠如西諺有云：「兒童是人類的老師」，也誠如中國的老子說：「復歸於嬰兒」，由此我變成了小孩及嬰兒般純真的心靈而返璞歸真，只是我與原來無知的小孩及嬰兒已完全不一樣，也就是我保存著小孩及嬰兒般純真的心靈，但我已不是原本無知的小孩及嬰兒，而我是能夠表達知、情、意的小孩及嬰兒，因此信與不信由你？

接著，我在臺北市立天文科學教育館，而館內的二樓有展示「月球究竟是如何形成？」的液晶螢幕和文字說明，從這樣的展示來看，根據美國阿波羅計畫，關於月球的起源，有：「擄獲說」、「分裂說」、「同源說」、「撞擊說」等四種理論，其中以一九七０年時代所提出的「撞擊說」，最能符合阿波羅計畫的探測結果，由此可知我的人生經過外在三次嚴重的撞擊和傷害，才造成我罹患精神疾病。

然而，我的人生第一次的撞擊和傷害是，二十幾年前我好不容易找到公家機關的工作，也就是臺北榮民總醫院傷殘重建中心（現在早已更名為身障重建中心），但經過多年後，我發現當時本中心（以下臺北榮民總醫院傷殘重建中心省略，以本中心來取代並與傷殘重建中心及身障重建中心在時間點上互相使用）的人事主任對我說：「本中心因為精簡人員，所以我在本中心受訓完畢須立即辦理離職手續。」我

聽了他這麼說，我當時哭得非常厲害，我又再一次面對失業，也造成我當時失去了「辨識能力」卻不自覺，後來我發現當時本中心人事主任是以精簡人員為理由把我給裁員，即使如此，經過多年後我勇敢的選擇提出民事訴訟賠償，但經由臺灣士林地方法院民事庭的法官，他僅以本中心約僱人員的契約書與我所訂定的第五條款：「本契約期滿，除另簽續聘僱契約書者外，視同自動解聘，應即辦理離職手續，不得以任何理由申請繼續聘僱。」從本中心約僱人員與我所訂定的契約書來看，事實上，當時臺灣士林地方法院民事庭的法官就僅依此條款直接判我敗訴，然後我不服再上訴臺灣高等法院的民事庭，但事實上，臺灣士林地方法院民事庭的法官及臺灣高等法院民事庭的法官；事實上，他們都沒有派人去調查有關於當時傷殘重建中心精簡人員的時間，而記得當時我在無力無奈之下，我僅能按照臺灣高等法院民事庭的女性法官退我三分之二的訴訟費，我就沒有再上訴臺灣最高法院。

後來我寫存證信函，正本給臺北榮民總醫院張×明院長，副本給當時的林×行政院長，而臺北榮民總醫院的承辦人王×來回函給我，與當時傷殘重建中心所開給我的工作證明書：「證明李員自八十二年元月五日至八十三年元月六日，在本中心學習傷殘輔具器具製作壹年。（以下空白）」從這樣的工作證明來看，後來我發現本中心的人事主任在83 年 1 月 6 日以精簡人員為理由把我給裁員，而發文日期：中華民國 106 年 5 月 3 日，也就是臺北榮民總醫院對我的回函，內容重點如下：「二、傷殘重建中心於 92 年 2 月組織整併為本院一級單位後，員工人員減少，所轄區域變更

調整，並更名為身障重建中心，與台端所訴擴大營業之情形不符。」從臺北榮民總醫院對我的回函來看，事實上，本中心的人事主任在 83 年 1 月 6 日以精簡人員為理由把我給裁員，但本中心居然在 92 年 2 月才精簡人員，由此可知本中心精簡人員的時間居然長達接近十年，也就是本中心當時的人事主任對我涉及「朝令夕改」，或以「精簡人員為理由來欺騙我」，但事實上，我當時並沒有錄音存證；事實上，一般情況都不可能錄音存證；事實上，如果當時我有錄音存證表示自己知道，那麼我就不會發生這種不幸的事件。

　　經過多年後，我領到身×障礙手冊（幾年前更名為身×障礙證明），「當下欠缺辨識能力」，或者「欠缺辨識能力」，更不可能去錄音存證，可是臺灣士林地方法院、臺灣高等法院，以及政府的行政機關，如果願意去調查本案：「傷殘中心精簡人員的時間。」從傷殘重建中心精簡人員的時間來看，根據臺北榮民總醫院對我的回函，而發文日期是：中華民國 106 年 5 月 3 日，也就是臺北榮民總醫院對我的回函，內容重點如下：「三、台端如欲至本院身障重建中心服務，請留意本院徵才公告網頁，若台端符合資格條件，請寄履歷表應徵。」從臺北榮民總醫院對我的回函來看，事實上，傷殘重建中心既然已經精簡人員，為什麼還可以在臺北榮民總醫院的網站公開徵才？也就是從 83 年 1 月開始的國軍退除役官兵輔導委員會的歷屆主任委員、83 年 1 月開始的臺北榮民總醫院歷屆的院長、83 年 1 月開始的傷殘重建中心歷屆的人事主任，以及臺北榮民總醫院王×來承辦人，事實上，他們都違反根據二十幾年前政府在推動「國營事業民營化」，或既然傷殘重建中心於 92 年 2 月已精簡人

員，怎麼可以在臺北榮民總醫院的網站公開徵才；事實上，他們都是違反二十幾年前政府在推動「國營事業民營化」，以及他們都違反政府精簡人員的規定。

我從臺灣士林地方法院至臺灣高等法院至行政院外交國防法務處至監察院至法務部至司法院的訴訟與陳請，事實上，沒有哪個法院哪個政府的機關願意去調查本案；事實上，他們都是「官×相護」，後來我發現當時我被傷殘重建中心的義肢組富×台組長嚴重的誤導和傷害，為什麼？因為我當時被傷殘重建中心的人事主任以精簡人員為理由把我給裁員，所以我當時哭得很厲害造成我失去辨識能力卻不自覺，但當時傷殘重建中心的義肢組富×台組長，他不但不了解我，他還因受到上級的壓力，他居然當時要找我與他一起創業，就這樣他自己想當老闆，於是他要僱用我且他要在外面開一家「傷殘輔具器材的店」，多年下來，我又回到身障重建中心與過去的同事聊天，這時有一位同事告訴我說：「義肢組富×台組長，他以舊制的公務員四十五歲提前退休。」從身障重建中心的同事對我說的話來看，他是公務員提前退休，為什麼？當時他怎麼可以找我與他一起創業呢？事實上，他是違反公務員的法條的規定。

後來，我與身障重建中心的一位肢障的同事聊天，但他沒有對我的遭遇感到有任何的同情心，他還以尖銳的語言來傷害我；後來我與身障中心另一位陳同事說：「從此我與身障重建中心的同事斷絕來往，我們都是陌生人。」從我對身障重建中心的陳同事所說的話來看，事實上，全世界怎麼有那麼輕鬆的工作，也誠如有人說：「錢多事少離家近，睡覺睡到自然醒。」即使不見得錢多，也不見得離家近，也不見

得睡覺睡到自然醒，但事實是事少且待在公家機關工作穩定；即使二十幾年前傷殘重建中心所接的個案比較多，就約在下午三、四時他們就有許多人在傷殘重建中心看報紙、泡茶聊天；十幾年後，身障重建中心因為精簡人員，所以接的個案越來越少，而早上他們在身障重建中心就有許多人在看報紙、泡茶聊天，也誠如有人說：「×蟲」。

接著，不但基督教沒有開顯我的生命指引我的人生，反而二十幾年前，就在那時候，即使我在傷殘重建中心簽下了約僱人員的契約書，但我受訓一年後，本中心的人事主任對我說：「本中心因為精簡人員，所以我須立即辦理離職手續。」事實上，當時他也只裁掉我一個，即使如此，我也有寫信給當時的臺北市長陳×扁，我也要申訴我被傷殘重建中心裁員的事件，但我當時已是受洗基督教的基督徒，所以我當時打電話給臺北市長陳×扁的助理說：「我放棄本件的申訴」，我也因此與傷殘重建中心的人事主任談到屬於個人的宗教信仰，於是我對他說：「我是信仰基督教的基督徒，耶穌說：『愛你的敵人』，以及《聖經》裡教人『寬恕』、『神愛世人』等語。」就這樣，我以耶穌說：「愛你的敵人」來寬恕傷殘重建中心的人事主任及傷殘重建中心的同事，再次失業回到自己的故鄉——草屯；傷殘重建中心的人事主任則回答我說：「他是信仰佛教，佛教說：『普渡眾生』、『無緣大慈，同體大悲』等語。」後來，我發現我被基督教的耶穌嚴重的誤導和傷害，其實道理很簡單，也誠如台語的俗話說：「先顧肚子，再顧佛祖。」因此，造成我的心靈嚴重遭受到撞擊和傷害，也造成我的精神疾病的病發的主要原因之一。

再來，我的人生第二次的嚴重撞擊和傷害是，舉例來說，多年前梵谷的名畫曾在臺北市歷史博物館展覽時，也就是當時有人稱讚梵谷的名畫是「燃燒的靈魂」；我與荷蘭名畫家梵谷同樣是罹患躁×症的病患，而梵谷的自畫像，在割耳事件發生後，他的耳朵包裹著繃帶；我與梵谷不同的是，我用「被撕裂的靈魂」來形容自己，才能顯現真實的自己。

　　當我靜心下來，偶爾回顧過往，隨著時光的倒流與復現，我發現過去的種種在回憶中，逐漸浮現出來——也就是二十幾年前我在臺北市天主教財團法人的耕莘文教院的耕莘寫作班上寫作的課程，也同時我在傷殘重建中心訓練傷殘輔助器材，我也因此就利用下班的時間到臺北市耕莘寫作班去上寫作的課程，譬如，我當時在耕莘寫作班上了滿多的文學寫作的課程，有：散文、現代詩、小說、報導文學、編輯等等課程，但後來我發現，當時臺北市耕莘寫作班所聘請的作家及專業人士，如白×、平×、李×、陳×礴……，他們不但沒有人對我「因材施教」，而且他們居然沒有哪個作家及專業人士對我寫好的文章進行修稿，也就是在現代化的專家及專業人士，他們不但沒有能力對我「因材施教」，反而他們連教人寫作最基本的修稿能力都沒有；後來我發現他們是利用媒體、報紙、雜誌及刊物來擴張自己的名聲並以這樣虛偽的名聲出來教人寫作，但他們沒有能力修稿卻出來教人寫作簡直是「誤人子弟」，也因此造成我的心靈嚴重遭受到撞擊和傷害，也因此造成我的精神疾病的病發的主要的原因之一。。

　　後來我選擇到洪建全教育文化基金會的敏隆講堂，去上台×哲學系傅×榮教授在臺灣的社會上所開的一系列哲學課

程，但傅×榮教授（以下台×哲學系大部分選擇省略）從我認識他至選擇離開他，前前後後長達十幾年的時間，而我在洪建全教育文化基金會、好好好家庭教育文教基金會，以及我在臺灣的社會屬於北部的傅×榮教授的演講幾乎我都有去聽，但後來我發現，傅×榮教授同樣沒有對我「因材施教」，而當時我把寫好的文章〈散散步，欣賞啊！〉以掛號信寄給他並在信中請他幫我修稿；後來我發現他為了自己的名聲和地位，他居然幾乎把一切的責任推給我，也就是我當時向臺北地方法院提告本案有三個人，第一個人是，號×出版社的發行人陳×磻先生；第二個人是，台×哲學系傅×榮教授；第三個人是，當時臺北市天主教財團法人的耕莘文教院的耕莘寫作班的會長陸×誠神父；後來我發現臺北地方法院合議庭的三位法官，恐怕是台×哲學系傅×榮教授在台×通識教育的學生，為什麼？因為傅×榮教授他是臺灣知名的教授，他也是東南亞知名的教授，他也是知名的作家，也因為他在現代化的教育「桃李滿天下」，所以影響到臺北地方法院合議庭的三位法官來審判本案，也就是臺北地方法院合議庭的三位法官利用中華民國憲法第八十條規定：「法官依法獨立審判，須超越黨派，不受任何干涉。」從這條憲法來看，合議庭的三位法官利用憲法賦予極高的權力及權威、利用本身法官的職權的權威、利用法律的權威、利用教育者專業知識的權威等，他們則判我是領有身×障礙手冊的精×障礙者敗訴，也誠如有人說：「良心被狗咬掉了」。

　　後來我漸漸發現自己有「赤子之心」，說話很直接，我當時並不知道因此得罪了在臺北市耕莘寫作班上第二屆編輯研究班的班主任——號×出版社的發行人陳×磻先生，而他

的手段高明且殘忍，於是他在上編輯的課程的時候，他說：「寫書是現代人的身分證。」他並舉例說明，有一位女士編了一本書，因此她帶著這本書到報紙、雜誌去應徵工作屢試不爽、無往不利，每次都可以找到她心目中理想的工作。

然而，在過去我經常更換工作且有時處在失業的狀態，也因此造成我對失業極深的恐懼感；我當時聽了號×出版社的發行人陳×磻先生他這麼說，也因此我以為寫書可以去應徵工作，於是我當時利用下班的時間，三個多月就寫完一本書，書名取名為《與生命共舞》（本書並沒有出版），我也在當時寫了一百二十幾篇文章，然後我寫到痛苦不堪、寫到要吃抗憂鬱症的藥來緩和自己的情緒、寫到我手中的筆好像一把刀，即使我當時（隨時）都有想自殺的念頭。幸好！當時我還頗有自覺，於是我拿到刀子的時候，我也告訴自己三十秒就要立即丟開；即使站在高處，我也告訴自己不能從高處往低處看，後來我用理性去分析，事實上，我當時只適合寫信，寫信至寫作有一段很長的距離；寫作至寫書更是一段更長的距離，譬如，練功夫必須先蹲馬步，把馬步蹲好後，才能練好功夫；寫作先從閱讀開始，吸收作者的思想精華，也誠如中國詩聖杜甫的詩中有詩云：「讀書破萬卷，下筆如有神。」

從中國詩聖杜甫的詩中有詩云來看，事實上，在現代化、專業化、證照化、科技化、電腦化等，而如今是網路資訊後現代化的社會，即使現代化及後現代化的老師，他們還是把自己稱之為「老師」，但事實與古代的孔子、孟子能夠「因材施教」的老師早也就不一樣了，也誠如有人說：「現代化的老師，根本無法『因材施教』，而是『因財施

教』。」甚至有人說：「因為發財而施教」從這個觀點來看，譬如，補習班的老師年薪高達百萬、千萬，或其他從事良心教育的工作者，一個月的薪水好幾萬，甚至好幾十萬元。從另一個角度來看，我根據孔子的「正名主義」，把現代化及後現代化的老師正名為「知識的服務者」、「技能的服務者」，這樣才符合現代化及後現化的社會的「名實相符」。

　　然而，在我的人生過程中有三個嚴重撞擊和傷害的事件，也因此我的心靈嚴重遭受到撞擊和傷害，也因此造成我的精神疾病的病發主要的原因之一，以及十年前我所提的三個傷害民事賠償的事件，但三個民事訴訟案件都敗訴，後來我發現損失民事訴訟案件的費用高達新臺幣十一萬元以上，還有臺灣臺北地方法院鄧×倩法官、臺灣高等法院的女性法官他們利用中華民國憲法第八十條規定：「法官依法獨立審判，須超越黨派，不受任何干涉。」她們利用法官本身職權的權威、利用憲法賦予法官有極高的權力和權威、利用市立聯合醫院松×院區邱×強等等精神科醫師他們在現代化、專業化的專業的權威、利用醫事鑑定委員會的權威，即使形成了權威與權威對我的「兩面夾殺」，我也勇敢選擇誠如在一九五七年諾貝爾文學獎得主卡謬所留下的一句名言：「我反抗，所以我們存在。」同理：「我反抗，所以我存在。」從諾貝爾文學獎得主卡謬的名言來看，譬如，臺灣臺北地方法院鄧×倩法官、臺灣高等法院的女性法官，以及由市立聯合醫院松×院區邱×強等等精神科醫師向臺灣臺北地方法院鄧×倩法官所申請的「醫事鑑定委員會」，也因此他們都涉及「官×相護」、「醫×相護」，也因此與十年前我提的民事

訴訟案件「誤診一案」，也就是市立聯合醫院松×院區邱×強精神科醫師所開的醫師證明是：1.強迫症、2.精神分裂症（幾年前已更名為思覺失調症）；十幾年前我選擇回診於臺北榮民總醫院精神科，以及通過臺北榮民總醫院精神科醫師及職能治療師的鑑定，第一次鑑定是「輕度躁×症」；第二次鑑定是「中度躁×症」。

再來，我的人生的第三次撞擊和傷害是，在過去，誠如有人說：「臺灣的性教育失敗。」從這句臺灣性教育失敗的觀點來看，舉我個人的例子來說，記得國中階段從事良心教育的女性教職員，也因為她在教我們《健康教育》時，她不好意思教我們男女性器官的性教育，於是她在課堂上對我們說：「《健康教育》這一本書，其中談到男女的性器官，你們回家自己讀。」我當時聽了她這麼說，我對性不但充滿著幻想和好奇，也因此在臺灣性教育失敗的情況下，也因此在現代化的社會，而如今是網路資訊後現化的社會，也因為知識、資訊都已氾濫，所以男女的性交也都氾濫；在性氾濫的時代，對我是罹患精神疾病而造成過度的性慾望充滿著威脅，也因此在二十幾年前，我就到南投縣草屯鎮某家醫院去做愛×病篩選，後來我也陸陸續續去做愛×病篩選，我也做了二十幾年的愛×病篩選，但幸好，不幸中的大幸！我並沒有罹患愛×病，也因此我長期對愛×病造成身心上的恐慌，也因此造成我的心靈嚴重遭受到撞擊和傷害，也因此造成我的精神疾病的病發主要的原因之一，以上是我的人生遭受到三個嚴重的事件的撞擊和傷害來陳述我的故事，以此作個說明。

三、我的愛情故事——海角七號與海角七萬

　　《海角七號》於 2008 年在臺灣上映，而這部電影的故事及劇情是由網路的《維基百科》所提供，其故事及劇情如下：「1945 年二次世界大戰結束，台灣日治時期也隨之終結了。12 月，一位日本籍教師在遣返船高砂丸上，一字一句寫下他臺灣籍女學生兼愛人小島友子的七封情書。信封上簡單寫著『台灣恒春郡海角七番地』、『小島友子樣』但隨著兩人分離兩地另組家庭，成了寄不出去的第七封情書。

　　六十年餘後的現代，原於臺北任樂團主唱的阿嘉，打滾十餘年仍一事無成，一日早晨在怒砸電吉他後，失意地騎著他那邊騎邊冒白煙的摩托車，一路由臺北騎回故鄉——臺灣最南端的屏東縣恆春鎮，並在鎮民代表會主席（阿嘉的繼父）的關說與安排下暫時接替因為車禍而無法工作的老郵差茂伯之工作。但阿嘉失志失意，看不起身邊的一切，完全沒有盡責地送信，幾乎把信件都帶回家擱置。其中有一件來自日本、要寄到『海角七號』的郵包，阿嘉好奇打開之後看見了七封日文信，看不懂內容的他將其丟在房間一角。

　　另一方面，當地的飯店找了日本歌手中孝介來表演，卻因沒有用當地人的樂團，遭代表會主席封殺，最後逼不得已只好請日本女公關友子找恆春當地的樂團暖場，負責演奏兩首暖場曲，但在當地根本沒有樂團，只好由一群雜牌軍湊出一個暖場用搖滾樂團：痛罵台北的失意樂團主唱阿嘉、離異

的原住民警察吉他手勞馬、早熟古怪卻才能無處發揮的小六教堂鍵盤手大大、喜歡人妻的機車行學徒鼓手水蛙，貝斯手甚至換了三任：勞馬那其實不會彈貝斯的口琴吉他老爹、號稱月琴『國寶』卻只能自娛的老郵差茂伯、直到最後換成勤勞的小米酒客家推銷員馬拉桑。

在練習過程中，整個團隊因為各種因素而時有衝突，大家沒有共識，以此都以自我為中心：不關心大家也不負責的樂團主唱、想唱自己歌的吉他手、太過自我的鍵盤手、根本不會彈貝斯的貝斯手們……以及無能為力的日本女公關等。團隊開始練習阿嘉幾年前寫的第一首歌，在過程中慢慢互相瞭解、和解並培養默契，但儘管如此，演唱會日子即將到來，第二首歌毫無影蹤，阿嘉仍然萎靡不振；友子正要憤怒辭職之時，卻被茂伯送來的婚宴邀請函給留住了。在參與瘋狂的路邊辦桌喜宴後，本來想放棄這次工作的友子與失志的阿嘉，酒後互吐真言，發生了一夜情。早晨，在阿嘉的房裡，友子讀了被阿嘉拋在角落的七封信。原來寫那些信的日籍教師已過世，他的女兒發現了，並且將信寄來台灣。讀到了信中濃烈的思念的友子，督促阿嘉一定要把信送到達。

一夜情雖然造成了尷尬，但阿嘉卻也藉由友子的鼓勵，振作起來用心去創第二首歌曲。同時，友子向大大的母親吐露愛上了阿嘉的心事，並在討論台日戀情一事時提到了她所見的那七封未寄出的信。原來被日本男人拋棄的小島友子是大大的外曾祖母。在大大的母親提示下，阿嘉最後終於將那七封信在六十年後送給了收信人，並在演唱會即將開始前及時趕回。

在演唱會開始前，阿嘉終於向友子真情表白。暖場團隊達成任務，表演大受歡迎。友子在所有觀眾面前戴上了代表愛情的原住民珠鍊，接受了阿嘉的愛。在忠孝介以及阿嘉合唱的安可曲〈野玫瑰〉這首歌曲當中，表演完美收場。在此同時，小島友子老祖母撫著七封信，在〈野玫瑰〉末段歌詞聲中，回想起六十年前與日本教師分別的場景。」

從網路的《維基百科》所提供的《海角七號》這部電影的故事及劇情來看，但對我而言，事實上，我的愛情故事卻變成了「海角七萬」，為什麼？多年前由於我在臺北市耕莘寫作班上第二屆編輯研究班時，後來發現我有赤子之心舉手發言說話很直接，就因此得罪了當時在臺北市耕莘寫作班教第二屆編輯研究班的班主任——號×出版社的發行人陳×磻先生，後來我以理性去分析整個事件所發生的「前因後果」、「來龍去脈」，我發現號×出版社的發行人陳×磻先生他當時是惡意對我設計：「寫書是現代人的身分證。」的陷阱，也就是我在他錯誤觀念的引導和錯誤的指導下，即使十幾年前我就領到重×傷病卡及身×障礙手冊，也因此二十幾年來為什麼我會造成慾望過度、身心連鎖反應及消費行為幾乎失去控制，也因此從首次購屋、兩次婚姻失敗、參加幾家臺灣社會上的婚友社的會員、提民事訴訟案件所損失的訴訟費，以及其他的消費累計的金錢超過損失高達新臺幣二百萬元，由此可知海角七萬的背後卻隱藏著超過新臺幣二百萬元的損失。

為什麼我的愛情故事會發生海角七萬？多年前我加入中華民國小倆口佳偶協會、天成社、我愛紅娘、怡心社、春天會館，另一家婚友社的名稱我忘了，其中以我愛紅娘的負責

人洪×夫（婚友社及先生在稱呼上都省略），他不但誠如有人說：「占別人便宜還賣乖」，為什麼？由於我愛紅娘的負責人洪×夫的老婆她利用我與她的分享，也誠如孫越說：「分享快樂，加倍的快樂；分享痛苦，減半的痛苦。」從這句分享的話來看，即使後來發現我當時與我愛紅娘的負責人洪×夫的老婆除了分享之外，我也因精神疾病所造成我說話說得太多，而她便利用我與她的分享及說話說得太多，也因此我當時對她說：「我過去已有參加兩家婚友社不可能再加入我愛紅娘」，結果她利用無奸不成商的甜言蜜語、三寸不爛之舌，以及她利用語言的攻擊和防禦，讓我再次陷入我愛紅娘的會員消費上陷阱。

從我愛紅娘的負責人洪×夫與她的老婆無奸不成商來看，即使我當時去提領新臺幣三萬元加入我愛紅娘的會員，也事實我愛紅娘的負責人洪×夫她的老婆對我欺騙新臺幣三萬元，我也是消費者也是被害者，也因此怎麼變成我愛紅娘的負責人洪×夫，他在當時的電話中對我說：「我在騙他呢？」事實上，是正好相反，由於我愛紅娘的負責人洪×夫與她的老婆狼狽為奸，他們利用我加入我愛紅娘的會員並訂定的條款；事實上，這樣的條款是我愛紅娘的負責人洪×夫自己訂定的，而這樣婚友社所訂的條款不但條款的規定很多，也造成參加我愛紅娘的男女的消費者他們不會逐條去朗讀，而且這樣婚友社的條款大部分是對婚友社有利，但對消費者不利，也讓男女的消費者發現不對時後悔已來不及了。

然而，由於臺灣的女人經濟獨立、意識抬頭，我因此在無力無奈的情況下選擇去娶南越的新娘，結果我與我南越的老婆阮×芳因為語言無法溝通，所以結婚約二個月後我們就

在南越辦理離婚，事後我再打電話給我愛紅娘的負責人洪×夫，而當時雖然我說的與事實不符，但我的意思也只是在表達希望我愛紅娘繼續為我服務而已，但我愛紅娘的負責人洪×夫居然說我在騙他，亦即根據現代《心理學》的研究心得：「當你在批評別人時沒有證據和事實作為佐證；當你在批評別人時等於在批評自己，也就是我愛紅娘的負責人洪×夫和她的老婆一起來欺騙我新臺幣三萬元以上。」

即使我加入臺灣的婚友社高達有六家、我也經過娶南越胡志明市鄉村的新娘、大陸廣西南寧的新娘，也因為這兩段婚姻都已離婚，所以我不再加入臺灣的婚友社及臺灣的婚姻仲介公司，也拒絕去看有關婚友社及婚姻仲介公司的任何資訊；即使幾年後我還是抵不過自己性慾望過度，也在自己無力無奈的情況下，我再去加入我這一生最後的一家婚友社「春天會館」，也是我的愛情故事「海角七萬」，也是我被謝×慧（後來她改名為謝×綺，女士在稱呼上則省略）利用我與她在春天會館的交往欺騙我新臺幣七萬元；即使謝×慧利用我當時是一位領有身×障礙手冊的精×障礙者欠缺辨識能力，後來我也發現謝×慧不但欺騙我新臺幣七萬元，還把我當作她當時在臺北縣蘆洲市買的一間公寓式的房子的房屋貸款的擔保人，其金額高達新臺幣三百四十幾萬元，但不幸中的大幸！我當時搭計程車在十萬火急的衝到位於臺北市×信商業銀行×義分行，把我對謝×慧擔保她在臺北縣蘆洲市買的一間公寓式的房子的房屋貸款的擔保人，而屬於我個人重要資料全部拿回來且我把此重要的資料撕毀。

我當時是在瀏覽網路資訊時，我發現春天會館這家婚友社，於是我打電話給春天會館，記得是由春天會館的會計姜

×鈴接的，而我在電話中則對她說：「我既期待又怕受傷害」，即使後來我發現她利用無奸不成商及語言的攻擊和防禦，她也先叫我去春天會館了解再做決定是否加入春天會館？也是我的愛情故事「海角七萬」錯誤的開始。

這時我鼓起勇氣利用下班的時間到春天會館了解個究竟？由此我走進入了位於臺北市重慶南路一段四十九號八樓的春天會館，而記得接待我的人是高×瑄，於是我與她坐下來，即使我的精神疾病說話說得太多卻不自覺，我也對當時的春天會館並不了解，我也因性慾望過度卻不自覺，我也因此答應了她加入了春天會館，但當時我要加入春天會館時我有跟她說：「我的存款所剩不多，結果我拿世華銀行的信用卡給她時，她代我先向世華銀行的信用卡服務員查詢。」結果，高×瑄居然對我說：「我存款還有八萬元，並她還誇我的存款還滿多的。」但是，事隔幾天，我去查我的世華銀行的帳戶，事實上，只剩新臺幣二萬餘元，也誠如古人所說的「無奸不成商」。

從古人所說的無奸不成商來看，我在春天會館排約的過程，前三位是由方×琪對我的排約，但三位小姐對我都不適合，我就這樣選擇放棄，而第四位謝×慧是由春天會館的會計姜×鈴介紹給我的，但她當時對謝×慧並不了解卻對我亂點鴛鴦譜，也促成我與謝×慧的愛情故事「海角七萬」錯誤的開始，後來我發現姜×鈴是把自己的房子租給謝×慧，而謝×慧她當時對我說：「她幾年前就加入春天會館」，但她是否有加入春天會館的會員還需要去查證？

春天會館的會計姜×鈴她當時曾對我說：「你對謝×慧想了解的地方就問她」，結果後來我發現她所提供有關於謝

×慧所有的一切都對我說：「她人不錯是屬於賢妻良母型，且能夠同甘共苦的女人適合做我的老婆。」從她對我提供謝×慧屬於個人的資料來看，事實上，我當時跟謝×慧說：「我們都是有年紀的人，不適合像年輕時談很長時間的戀愛，所以彼此不要耽誤對方的青春。」事實上，我當時對謝×慧並不解，以及被春天會館的會計姜×鈴她為了賺錢誤導我變成「海角七萬婚姻的條件說」，亦即謝×慧當時欠繳房貸幾個月繳不出房貸，她也先跟我借款新臺幣三萬元，也隔了不久我再提領新臺幣四萬元給她，她也因此利用我想與她成為夫妻，而且她利用我成為她的房屋貸款的擔保人，即使謝×慧她對我簽有新臺幣七萬元的借據，謝×慧也簽有：如果妳願意跟我結婚，妳七萬元不用還給我；如果妳不願意跟我結婚，七萬元必須還給我、夫妻同住在一起的條款及夫妻相處之道的夫妻約法三章。」（此夫妻約法三章我只憑回憶去認定，但當時是否有簽此夫妻約法三章我已無法確認？）

事後，我發現謝×慧沒有履行承諾「夫妻約法三章」一起同住的條款，她也沒有去辦理結婚登記，也因此事後我馬上採取行動到板×商業銀行信×分行把我個人對謝×慧擔保的房屋貸款全部資料拿回來銷毀，隔了幾天，我打電話給謝×慧說：「你不把新臺幣七萬元還給我，我就提出法律訴訟。」但是，她當時在電話對我說：「她也要告我」，也就是這種女人太厲害了，她不但利用我是一位領有身×障礙手冊的精×障礙者且她欺騙我新臺幣七萬元。

隔了幾天，我又打電話給春天會館的高×瑄說：「我與謝×慧的事情」，而她不但沒有對我安慰，她還用尖銳的語氣及威脅語氣對我說：「我交女人太急了往往把女人嚇跑

　　　　　　　　　　　第一輯　雜篇

了，她也因此請我仔細看看春天會館所訂立的條款」，這時我發現春天會館所立的條款不是在保障會員的權益，而是春天會館不願意負任何責任，反而把責任全部推給會員，即使動不動就要終止會員的權益，也到底會員是犯了天大的錯誤需要春天會館，如此虐待會員並把會員給終止，這麼一來，春天會館好像變成對加入春天會館的會員的酷刑。

　　合而觀之，整個「海角七萬」愛情故事的金錢損失是春天會館的會計姜×鈴所造成的，而她在春天會館擔任會計的工作怎麼可以幫我介紹與謝×慧認識呢？也就是她是出租人而介紹承租人謝×慧給我認識是否涉及兩個人已串通好要一起來騙我呢？即使我為了回應許多現代人及後現代人對我的利用及傷害，我也學會了莊子所教我的「外化而內不化」，以及孔子教我的「以直報怨」；即使我面對現代化的社會，而如今是網路資訊後現代化的社會，也在二十一世紀知識、資訊都已氾濫，我也鼓起勇氣拒絕看任何房屋廣告的訊息、拒絕上課、拒絕買書、拒絕聽演講、拒絕參加任何政治活動、拒絕看有關婚友社及婚姻仲介公司的資訊、拒絕借錢給任何人、拒絕給任何人擔保之行為、拒絕任何傳直銷或任何行銷、拒絕信仰任何宗教、拒絕任何的投資等等來保護自己。

　　從我的拒絕來面對現代化的社會及網路資訊後現代化的今日社會來看，如果把我的人生的愛情故事拍成電影，事實上，是「愛情片」加上「災難片」，亦如多年前在臺灣的社會上演的一部電影《鐵達尼號》，亦如多年前由美國電影明星阿諾史瓦辛革所主演的《間接傷害》，亦如多年前在臺灣的社會上演的一部電影《海角七號》。

從如果把我的人生的愛情故事拍成電影來看，事實上，人性原本就是「趨吉避凶」，但我的限制非常大，我也不是笨蛋和傻瓜，簡單來說，我是尋著整個事件所發生的線索，以及找到謝×慧從我與她交往開始，即使後來我發現她就在利用我、欺騙我新臺幣七萬元，幸好，不幸中的大幸！我發現的早在當時十萬火急的坐計程車衝到板×商業銀行信×分行把我個人對謝×慧小姐擔保房屋貸款全部的資料拿回銷毀，我也把新臺幣七萬元借給謝淑×慧時，我也表明自己是領有身×障礙手冊的精×障礙者，我也罹患輕度躁×症，我也請問謝×慧是否能夠接受？而當時她口頭對我說：「可以接受我是精×障礙者」，其實是「女人心海底針」，心裡想的根本不能接受，所以從我與她交往的開始，我打電話與她談話，她對我說「一切都 OK！」後來我發現不是一切都OK！反而我是被她 KO！

　　換另一個角度來看，我當時是動了憐憫之心才把新臺幣七萬元借給謝×慧，但基本的條件及原則是要成為夫妻，亦即整個事件是由春天會館的會計姜×鈴對我嚴重的誤導，我也因此深陷「愛情的陷阱」，後來我發現「海角七萬」痛苦的愛情故事，而且春天會館會計姜×鈴她站個人的利益不斷對我鼓吹在當時的農曆過年前要結婚，她還要我幫助她介紹未婚男女加入春天會館，還有我與謝×慧結婚必須包紅包給她，但依據春天會館的契約書她是違反春天會館的會員所訂立的規定之行為，只是我當時沒有錄音存證，即使我還沒發生「海角七萬」時，我當然都不知道，事後我也尋著整個事件的線索，以及以理性分析整個事件的前因後果、來龍去脈，我也找到了謝×慧利用我、欺騙我相關的事實和證據；

即使後來我勇敢選擇提出本案的民事賠償的訴訟，但謝×慧很聰明她都沒有出庭，後來我也無奈拿不回原來的新臺幣七萬元，後來發現我被迫無奈依勞基法的規定領取遣散費，離開我做了十三年又十個月的三×儀器股份有限公司的倉儲人員。

經過十年後，因為我經過多次的搬家，所以當時謝×慧所簽的新臺幣七萬元的借據及夫妻約法三章已整理掉或遺失，另一方面我被S×Y網路拆分盤公司的負責人（詐騙犯），以及S×Y網路拆分盤公司在臺灣的團隊最前面幾位的領導人（詐騙犯），他們利用假投資，真詐財、利用合法的多層次傳銷（直銷），來掩護自己吸金、詐欺、詐騙的惡行，也就是造成我被他們詐騙高達新臺幣十七萬八千五百元（當時我跟玉×銀行貸款的錢），而我的老婆陳×顏也被他們詐騙高達新臺幣十幾萬元，只是我的老婆陳×顏是經營者而我只是純粹的投資者，但沒有我的老婆陳×顏在經營S×Y網路拆分盤，事實上，我是不可能加入S×Y網路拆分盤而被吸金、詐欺及詐騙。

後來，我到臺北市中山區國×黨的第×黨部去法律諮詢，並與幾位律師確認提本案刑事案件沒有人任何違法後，我也因為被詐欺而造成經濟的壓力非常大，所以我鼓起勇氣向臺灣臺北地方檢察署提出本案的刑事案件──股別：劍股，案號：108年度偵字第23521號（本案由臺灣臺北地方檢察署檢察官所偵辦的事證及不起訴的理由省略），但這個刑事案件臺灣臺北地方檢察署檢察官以罪證不足予以不起訴處分，並在臺灣臺北地方檢察署檢察官不起訴處分書的最後一頁──以告訴人接受本件不起訴處分書後得於七日內以書狀

敘述不服之理由，經原檢察官向臺灣高等檢察署檢察長聲請再議——股別：崑股，案號：109年度上聲議字第9615號，我則不服以再議狀經原檢察官上訴臺灣高等檢察署檢察長（本案由臺灣高等檢察署檢察長所偵辦的事證及不起訴的理由省略），但臺灣高等檢察署檢察長仍以罪證不足不起訴處分，並在臺灣高等檢察署處分書的最後一頁——以告訴人如不服本駁回處分，得於接受處分書10日內，委任律師提出理由狀，向該管的一審法院聲請交付審判，但我去臺北市中山區國×黨的第×黨部法律諮詢，律師則回答我說：「本案委任律師提出理由狀，律師費最便宜要新臺幣四萬元。」接著，律師又回答我說：「可以向法律扶助基金會申請法律上的救濟。」從律師回答我向法律扶助基金會申請法律上的救濟來看，事實上，我當時立即打電話給法律扶助基金會臺北分會的服務專員，但他回答我說：「目前申請案件的人很多，最快安排我在108年12月18日。」問題的關鍵是，10日內委任律師提出理由狀，向該管的一審法院聲請交付審判，而最後一天是108年12月16日，由此可知已超過10日內委任律師提出理由狀向該管的一審法院聲請交付審判的法律時效。

接著，十年前我向臺灣臺北地方法院提告的謝×慧民事賠償案件，並經由臺灣臺北地方法院的法官判決須償還我借給謝×慧新臺幣七萬元，但我是精×障礙者欠缺辨識能力，造成我當時並沒有向管轄法院申（聲）請民事強制執行，即使經過十年後，我也鼓起勇氣向臺灣臺北地方法院申（聲）請民事強制執行，我也向稅捐稽徵處去查謝×綺的財產清單新臺幣250元及所得清單250元共花了我新臺幣500元，但謝×綺財產清單及所得清單都是零；即使後來我收到嘉義地方

法院的「債權人憑證。」但是，事實上，從被害者（債權人）對加害者（債務人）提告按照法院的訴訟比例都要繳費；事實上，向法院申（聲）請民事強制執行，也要向法院繳一筆民事強制執行的費用；事實上，債權人申（聲）請民事強制執行，還要債權人向稅捐稽徵處去查債務人的財產清單新臺幣250元及所得清單新臺幣250元，才能向管轄法院申（聲）請民事強制執行；即使不但不合理，法院也變成了變×的以賺錢為目的。

最後，本篇文章我想以「守婦道與守婦產科」，來表達我對現代的女人及後現代化社會的女人的觀感，為什麼？因為進入現代化的社會，而如今是網路資訊後現代化的社會，在人口爆炸之下，即使全世界的女人為了求生存，但卻有許多現代的女人及後現化社會的女人，她們有自願，或不自願淪為出賣自己靈魂的肉體的女人而成為性的工作者，還有在性氾濫現代化的社會有越來越多的現代女人及後現代化的女人有泌尿道感染，甚至感染愛×病，即便現代女人及後現代化的女人幾乎已不知道古代的女人在社會中的規範：「守婦道」，也事實現代女人及後現代化的女人已演變成在「守婦產科」。

由此延伸，譬如，後來我發現臺灣的女性經濟獨立、意識抬頭，即使我對臺灣的婚友社只想賺錢欠缺服務態度感到非常的失望及心痛，我也因此轉向外籍婚姻仲介公司，去娶南越胡志明市屬於鄉村的南越的女人、中國大陸廣西的女人，但我受到我的精神疾病的影響很大，所以我經歷兩次外籍配偶的婚姻失敗後，我又轉向臺灣的春天會館的婚友社，但不幸中的大幸！即使我當時被謝×慧騙了我新臺幣七萬

元，但我發現的早在當時十萬火急的坐計程車衝到板×商業銀行信×分行把我個人對謝×慧擔保在臺北縣蘆洲市買的一間公寓式的房屋的房屋貸款的擔保人，也就是謝×慧當時利用我是領有身×障礙手冊的精×障礙者欺騙我新臺幣七萬元，而且她利用我成為她買房屋貸款的擔保人，由此可知我當時在板×商業銀行信×分行把我個人對謝×慧擔保的房屋貸款屬於我個人的資料全部拿回來銷毀。

　　然而，多年前我問了許多現代的女人兩個問題，也就是古代女人要守婦道，有所謂的「三從四德」，請問「三從」是哪三從？請問「四德」是哪四德？結果我問了許多現代的女人，我發現沒有一位現代的女人能夠完整回答我的問題，即使現代的女人與古代的女人都是女人，但因時空環境的變化，現代的女人也不見得了解古代的女人，我也發現現代的女人與古代的女人已經完全不一樣了，為什麼？古代的女人在家裡相夫教子，沒有與男人有同等受教育的機會並經濟上沒有辦法獨立，也因此被古代的男人視為生產傳宗接代的工具，或被古代的男人視為發洩性慾的工具，從這個觀點來看，即使現代的女人經濟獨立、意識抬頭已完全擺脫了依靠男人來生存，也因此與中國的至聖先師孔子當時所描述的女人，子曰：「唯女子與小人為難養也，近之則不孫，遠之則怨。」（《論語·陽貨篇》）作者的〈白話〉翻譯：孔子說：「只有女人與小人是難以共處的；與他們親近，他們就無禮，對他們疏遠，他們就抱怨。」（譯文參考立緒版《論語》）接著，作者的〈解讀〉：「古代女子沒有公平的受教育機會，在經濟上亦不能獨立，所以心胸與視野受到很大限制。孔子所說的是古代實情，今日看來已經不再適用了。」

從中國的至聖先師孔子對古代女子的看法及作者的〈白話〉翻譯來看，即使現代的女人早就走出廚房，她們也都在追求自由平等的工作權，也因此與現代的男人，而如今是網路資訊後現代化的社會，而她們與男人一起在社會上共同的競爭及追求比較好的生活品質，也就是現代化的社會及網路資訊後現代化的社會已出現許多的「女強人」；即使後來我去請教許多人，自己也去查古代有關於「古代的女人守婦道是指守哪三從哪四德？」但是，我發現現代的男女及後現代化的男女幾乎不懂古代的女人要遵守「三從四德」的規範，簡單來說，所謂的「三從」，就是在家女人從父，出嫁後從夫，夫死從子；所謂的「四德」，就是婦德、婦言、婦容、婦功，也就是古代女人應具備的四種美德，而各項品行中，婦德是，婦人的德行；婦言是，婦人的言行，婦容是，婦人的容貌；婦功是，指婦人在家紡織、刺繡、縫製衣服等事，即女功、女紅；古時候皆由婦女所擔任，故稱婦功；即使我發現代的男女及後現代化的男女幾乎不懂古代的女人要遵守「三從四德」的規範，但我卻發現代的男女及後現代化的男女幾乎是缺少「口德」，也誠如有人說：「法律是最低的道德標準。」

四、自畫像——被撕裂的靈魂

　　多年前我在臺北市歷史博物館所展覽的「燃燒的靈魂・梵谷」從這樣的展覽來看，根據當時《聯合報》對此次來臺展覽梵谷的自畫像作了比較周延的分析與報導：「梵谷為何如此熱愛自畫像？原因之一是他請不起模特兒，只好畫自己。梵谷也是繼荷蘭國寶藝術大師林布蘭之後，畫了最多自畫像的藝術家，他繼承了林布蘭以自畫像凝視內在之光的風格。他也希望藉這些自畫像，展現他畫肖像的功力，以獲取肖像畫委託案，他的希望雖落空，但他轉而運用自畫像，進行更激進的繪畫實驗。早期的梵谷自畫像，帶有保留的寫實風格或浪漫風格，晚期的自畫像則狂野得多。這些自畫像裡的梵谷或戴上草帽、黑呢帽、氈帽；有時穿西裝、有時穿便服、有時抽著菸斗、有時手持調色盤、有時像是以畫架當盾牌。臺灣觀眾好奇來台展出的梵谷自畫像，似乎一眼珠是綠色、另一眼藍色；其實他的眼珠是綠色的，藍眼珠是陰影造成的視覺效果。畫裡的梵谷時而視線逼人，時而閃爍著神經焦慮的警戒感；大多數時候，梵谷蓄留著絡腮鬍，只有極少數沒有留鬍子。

　　值得注意的是，在割耳事件發生後，耳朵包著繃帶的梵谷即剃去了鬍鬚。菸斗，是梵谷最珍愛的隨身物品之一，他菸癮很重，卻是情非得已。從他的書信可以發現，原來『我抽很多菸，因為可以讓空肚子不感到那麼飢餓……』，而他

　　　　　　　　　　　　　　　　第一輯　雜篇

之所以沒錢吃飯，因他把錢都花在作畫上，讓人對他更加肅然起敬。」

　　從《聯合報》對此次來臺展覽梵谷的自畫像作了比較周延的分析與報導來看，當時有人稱讚梵谷的名畫是「燃燒的靈魂」；我與荷蘭名畫家梵谷同樣是罹患×鬱症的病患，而梵谷的自畫像，在割耳事件發生後，耳朵包裹著繃帶；我與梵谷不同的是，我用「被撕裂的靈魂」來形容自己，才能顯現真實的自己。然而，什麼是靈魂？在台×傳×榮教授的著作《走向智慧的高峰》（天下文化出版）一書中，而他在本書的第 1 章 45 頁、46 頁、47 頁都有對如何理解「靈」的世界？也就是我把他對靈及靈魂詮釋的內容選擇以重點來呈現：「真正的自我是靈，靈的運作就是『良心』。在英文中，良心稱作 Conscience，這個字和 Self-consciousness 出於同一個字源。之所以如此，是因為若沒有了自我意識，良心就無法開顯出來，因為良心是獨特而個別的，並且具有自己的個性。我們必須先具有自我意識，了解自己是一個獨特的人，然後良心的功能才會發揮出來。

　　靈在英文中是以 Soul 或 Spirit 來表示。Soul 通常翻譯為『靈魂』，具有『實體』的意涵。我們常說人是身體與靈魂的組合，可是如此一來，靈魂的負擔不僅太過沈重，靈的本身也變得不夠純粹，因為這等於把所有的心智都歸於靈魂。柏拉圖（Plato，427-347B.C.）談論靈魂的時候，就遇到了這樣的問題。他把知、情、意都涵括在靈魂的部分，讓靈魂變得相當複雜。如此一來，靈魂好像分裂了一般，有高尚的部分，也有卑劣的部分。之所以會造成這種問題，是因為在談『靈魂』的時候，只是把人分為身體和靈魂兩個部分，而不

是身、心、靈三個部分。要把人分位身、心、靈三個部分，就要談到 Spirit。Spirit 通常翻譯為「精神」，具有「狀態」的意涵，亦即靈所表現出來的狀態，譬如，勇敢的精神、謙虛的精神、博愛的精神等。

靈作為一個人的生命的核心，此核心又屬於人類所共有，由此可知靈雖然有其個別之處（真正的自我），但也有其相同之處。我們都是人，所以一定有相似的地方，那麼這個相似的地方在哪裡？或許有人認為在『身體』。然而，身體表面上看起來雖然相似，實際上卻仍有其不同之處，因為身體必須分別占據不同的空間。沒有任何人的身體會完全一樣，即使雙胞也是如此。然而，每個人的靈基本上都是一樣的，只是有的人下工夫去開展，而有的人沒有去開展。

由此可知，從個體的層面來看，每個人的靈都是不同的；而從人類的層面來看，每個人的靈卻又都是相同的。人類之所以為人類，不是因為擁有身體或是心智的層面，而是因為擁有靈的層面。因此，當一個人慈悲為懷的時候，他與全天下所有人都可以溝通。這就是靈的力量。」

從《走向智慧的高峰》作者對靈及靈魂的詮釋來看，譬如，台×傅×榮教授的著作《哲學與人生》（天下文化出版）一書中，而他對法國哲學家德日進的思想的詮釋：「德日進（Pierre T. de Chardin，1881-1955）是法國人，也是柏格森的學生。他是第一流的地質學家、考古學生，曾經參加北京周口店山頂洞人的發現工作，當化石被發現的時候，德日進也到現場進行研究。除此之外，他還是個物理學家、天文學家、神學家、哲學家。德日進的論點可以分成四個部分：演化之能、熱力學第二定律、複構意識定律、主體自覺。以

下分別介紹：（一）演化之能：演化是一種變化，任何變化都是由能量變成熱量（此為熱力學的第一定律）。在這過程之中，會產生出兩種能：一為切線能（tangential energy）；一為輻射能（radial energy）。

切線能所產生的熱量，作用在事物之間的關係上，使一件事物與其他事物結合，藉此從簡單變成複雜。譬如：從細胞變成有機體，從簡單的有機體變成複雜的有機體；輻射能則是作用在事物本身的內部。隨著外在的組合漸漸複雜，內部的結構也會趨於精密；隨著內部結構的趨於精密，事物本身意識能力的層面也會慢慢提高。

簡單來說，整個宇宙慢慢演化，生物也從簡單漸漸變得複雜。外在變得越來越複雜，內部也就變得越來越精密。譬如：一顆石頭不會動、不會變化，但一棵樹卻會隨著陽光產生變化，慢慢成長。這是因為植物的結構比石頭複雜，本身有它內在的意識能力，因此它意識的層面也比石頭高。動物的結構又比植物複雜得多，因此意識層面又比植物更高。譬如：無論我們如何踢一棵樹，他都不會有反應，但如果踢一條狗，牠卻馬上會有反應。

（二）熱力學第二定律：任何能量變成熱量之後，就不能完全回收（或者說不再能夠作用），因此一個封閉系統中的能量會慢慢消耗掉，然後整個系統會陷入混亂而瓦解消滅，這稱為熵（entropy）。有些人把 entropy 譯為「能趨疲」，亦及能量會趨於疲乏。

根據德日進當時的計算，地球只能繼續存在一百五十億年。幾年以前，科學家又重新計算，結果發現地球只能再存在一百億年。一百億年看似很長，事實上並非如此，因為這

個時間有可能會縮短，卻不可能延長——因為地球所有的能量都來自於太陽，只要太陽一消失，地球就會跟著結束，而太陽只能再存在一百億年，能量就會消耗完，若是中間又發生了什麼變化，時間還會更縮短。

以熱力學第二定律可預見一切都將歸於虛無。如此一來，自然界的發展形成了兩個曲線：首先，演化慢慢發展，從簡單到複雜，隨著複雜程度越高，意識層次也就越高；其次，演化的能量會越來越少，最終耗盡。

然而，這一切卻因為人類的出現而有了轉機，人類跨過了反省的門檻，可以自由思考、自由抉擇，以便決定人類自己的未來。說得更明白一些，人類可以在能量耗盡以前，利用智慧發現出新的能量來替代原本的能量，讓地球永遠存在。當然，這只是一種想法，而這個想法是否有可能實現，則至少是一個希望。由此可知，人類的出現對於地球而言是一個重大事件，而對於人類自己來說，則包含了一種挽救未來的希望。

（三）複構意識定律：有機體複雜的結構會孕生意識能力。人類的意識能力已經跨過了反省的門檻，其牠生物則否，因此其牠生物只有直接意識，而沒有反省意識。換句話說，除了人類以外，其牠生物都只能夠意識到外在環境的變化，並作出直接反應，譬如：一頭獅子可以意識到自己面前有斑馬，然後採取獵取的行動。可是當牠能夠填飽肚子以後，就不會再繼續獵取其牠斑馬。獅子不會想要多捉幾隻，然後可以休息個一兩天。由此可知，獅子只能意識到外在發生的情況，而無法意識到自己，並設計自己的生活。

反省的英文是『reflection』，也有反射的意思，也就是像照鏡子一樣藉由反射看到自己。看到了自己，就會有自我，這就是自我意識。有了自我意識以後，才有自由選擇的可能。人類的生命就由此展開。其牠的動物則因為沒有看到自己，只會按照本能需求反應，而沒有選擇的餘地，所以沒有自我，也沒有自由。

我們常聽說動物也會自殺，事實上，除了人類之外，其牠任何動物都沒有所謂自殺的問題。如果我們要說某種動物會自殺，首先必須證明牠有自我、有自由，否則自殺不可能出現。然而，到目前為止還沒有人可以證明這一點。

古書中曾記載：『慧星見，鯨魚死。』這是因為慧星出現會影響地球磁場，鯨魚在憑本能判斷時就產生了誤差。判斷的誤差使牠們拼命往岸上游，以為那邊是水，就算人們將其推回水中，牠們還是會拼命往岸上游，因為那是牠們的本能。相同的，有一次一篇報導寫著，在南極洲有幾萬隻老鼠一起游到海裡，大家都在想，老鼠為什麼要自殺？事實上，這些行為都不能稱為自殺，因為自殺不是群體性的行為，而是個別性的選擇。這些動物群體性的行為，則是由於本能判斷受到干擾所造成的。

（四）主體自覺：人類跨過了反省的門檻之後，就應該要為自己的未來作決定。要決定未來，首先要讓全體人類團結起來。這並非空想，因為人類受到共同威脅的時候就會團結起來。

事實上，人類的共同威脅一直存在，這個威脅就是命運，但這個命運還不太明顯，所以一般人無法有所警覺。能夠使命運明顯化的就是外來的威脅，譬如在『ID4 星際終結

者』（Independence Day）這部電影中，人類為了要抵抗外星人的進攻，就能夠不分彼此團結起來。由此可知，只要人類願意思考，就可以找到一條出路，而能夠讓人類文明永遠存在下去。」

　　從作者對法國哲學家德日進的思想的詮釋來看，譬如，當我靜心下來，偶爾回顧過往，隨著時光的倒流與復現，我發現過去的種種在回憶中，逐漸浮現出來——記得多年前我在臺北市耕莘寫作班上了滿多的文學寫作的課程，如散文、小說、現代詩、報導文學、編採、編輯等，我也前前後後在這個寫作班繳了兩萬多元的學費，後來我發現這個寫作班所聘請的作家及專業人士，如白×、平×、李×、陳×磻……，他們當時沒有一位作家及專業人士對我修稿，以及指出我寫的文章的毛病在哪裡？顯然這些作家及專業人士沒有能力教我寫作，而他們利用在臺灣社會上的電視媒體、電視台、網路、報紙、雜誌等報導來成名及只要人際關做得好可以暢通無行，即使如此，他們可以出來教人寫作，也事實他們都是在誤導學習者寫作，也事實他們都是在誤人子弟。

　　記得，即使我當時在臺北市耕莘寫作班上第二屆編輯研究班時，我已經有所自覺在知識爆炸、資訊氾濫的現代化社會，我也因此向臺北市耕莘寫作班擔任秘書一職的葉×秘書說：「我不想再來耕莘寫作班上課。」但是，她卻對我說：「小子」，也因為過去我都把她當成我心目中的姊姊，所以我覺得彼此之間有些誤會，我為了化解這樣的誤會，我再選擇回去耕莘寫作班上課；即使我再選擇回去耕莘寫作班上第二屆的編輯研究班，但萬萬我沒有料想到，我的一番好意卻被號×出版社的發行人陳×磻先生，而他當時是在臺北市耕

莘寫作班上第二屆編輯研究編輯班的班主任，後來我發現我當時有赤子之心說話很直接，也因為在當時上編輯課程時而全班幾乎只有我在發言，所以我不知道就因此得罪了號×出版社的發行人陳×磻先生，於是他的手段高明而殘忍，他在上編輯課程說：「寫書是現代人的身分證」，他並舉例說明，有一位女士編了一本書到報紙、雜誌去應徵工作屢試不爽、無往不利，也就是每次都可以找到她心目中理想的工作。

即使過去我經常更換工作及有時處在失業的狀態，也因此產生我對失業有強烈的恐懼感，也因此我聽他這麼說：「以為寫書可以到報紙的副刊、雜誌去應徵工作屢試不爽、無往不利。」就在那時候，我利用卜班的時間，如夜晚、深夜、休假日等，三個多月就寫完一本書，書名取為《與生命共舞》，而這本書並沒有出版；即使我寫了一百二十幾篇文章，我也因此寫到痛苦不堪、寫到後來必須吃抗憂鬱症的藥來緩和自己的情緒、寫到我手中的筆好像一把刀，我當時（隨時）都有出現強烈自殺的念頭，譬如，撞牆、用刀子殺害自己等，幸好，不幸中的大幸！我當時還頗有自覺，我拿到刀子時就告訴自己大概三十秒就要立即丟開，或站在高處告訴自己不能從高處往低處看。

即使號×出版社的發行人陳×磻先生是在臺北市耕莘寫作班教第二屆編輯研究班的班主任，他也自己在臺北市有開一家出版社，也事實他是作家，也事實他的人際關係在臺灣的社會，尤其是屬於報章、雜誌的編輯及主編都是有相當的好人際關係，這麼一來，也誠如有人說：「臺灣的社會只要人際關係做的好就可以暢通無行。」

從臺灣的社會只要人際關係做的好就可以暢通無行來

看，後來我發現誠如中國的亞聖孟子曰：「大人者，不失其赤子之心者也。」（《孟子·離婁下》）因此，我像小孩一般說話很直接，也因此我得罪了號×出版社的發行人陳×磻先生，也幾乎得罪了許多臺灣的編輯及主編，即使十幾年前我在寫作上對文字駕馭的能力文還是很薄弱時，我已在《國語日報》、《臺灣新生報》、《聯合晚報》、《青年日報副刊》、《明道文藝》、《益世評論》等等有發表我寫的文章，但自從我把台×傅×榮教授他在寫的著作《轉進人生頂峰》（天下文化出版）一書，其中有一篇〈在逆境中懷抱希望〉，譬如，他舉的例子，就是多年前我在洪建全教育文化基金會下課時，與他分享我寫書造成我的心靈嚴重遭受到撞擊和傷害，以及遇人不淑的遭遇，但在他寫的這一本書中，他卻對我有這樣的批判：「我要負過度天真的責任」，亦即我將此篇我寫的文章投稿到《青年日報副刊》、十年前提出本案民事賠償訴訟案件等等，以及我後來寫的評論〈一百多年來台灣的作家為什麼沒有人獲得諾貝爾文學獎〉，也因此變成我投稿臺灣的報紙的副刊、雜誌而每投一篇就被退一篇，所以臺灣的編輯及主編他們採用文章，亦即大部分是成名的作家及專業人士，事實上，是相當的功利及現實的；事實上，號×出版社的發行人陳×磻先生他多年前曾出版一本書，書名是《最後一把番刀》，而他在上編輯課程時對我「笑裡藏刀」及「惡意對我鼓掌加油」，亦即他手段高明而殘忍對我指導寫書，最後我把寫好的書拿給他看時，他只對我寫的書，書名是《與生命共舞》以一句話來評語，他說：「我寫的書好像抽煙時的煙蒂，所掉落的煙灰。」意思是：「我寫的文章有瑕疵及敗筆。」

後來，我選擇到洪建全教育文化基金會、好好好家庭教育文教基金會去上台×傅×榮教授他在臺灣的社會上所開的一系列哲學課程，而這兩家基金會理事長所聘請的講師都是台×傅×榮教授，可是我在社會上前前後後跟隨他十幾年的時間，我也在洪建全文化教育基金會、好好好家庭教育文教基金會上他的哲學課程約有五年時間，我也從認識他到選擇離開他有十幾年的歲月，我也在三十幾年前就在金門當兵的時候就買了他寫的一本書，書名是《成功人生》（時報版）但是，生存在現代化的社會，而如今是網路資訊後現化的社會，他為了自己的名聲和地位將有關於「十年前我勇敢向臺灣臺北地方法院提出本案的民事賠償的一切責任幾乎推給我」，亦即他在寫的著作《轉進人生頂峰》一書，其中有一篇〈在逆境中懷抱希望〉，他這樣批判我說：「我要負過度天真的責任」，只是他很聰明當然在書中沒有直接提到我的姓名，但事實上，我當時在洪建全教育文化基金會下課後，我與他分享號×出版社的發行人陳×磻先生對我惡意設計：「寫書是現代人的身分證。」的陷阱，即使他聽錯了變成「寫作是現代人的身分證」，也事實天底下哪裡有要負過度天真的責任呢？

即使號×出版社的發行人陳×磻先生在臺北市耕莘寫作班教第二屆編輯研究班的班主任，他也自己在臺北市自己有經營一家出版社，以及耕莘寫作班所聘請的作家及專業人士，如白×、平×、李×、陳×磻……，也事實沒有一位作家及專業人士對我「因材施教」，反而號×出版社的發行人陳×磻先生他當時他在耕莘寫作班教第二屆編輯研究班時，後來我發現我因有赤子之心說話很直接，就因此得罪了由號

×出版社的發行人陳×礒先生，以及他透過人際關係找來的編輯及主編，也因此他當時惡意對我設計：「寫書是現代人的身分證。」的陷阱，也因此造成我的心靈嚴重遭受到撞擊和傷害，也因此造成我的精神疾病的病發主要的原因之一。

　　從號×出版社的發行人陳×礒先生對我惡意設計寫書是現代人的身分證的陷阱來看，事實上，他不但沒有對「因材施教」，反而他對我「誤人子弟」及「惡意陷害」，他也幾乎把一切責任都推給我，即使結果由臺灣臺北地方法院合議庭三位法官利用法官的職權及權威來判決本案，而在本案判決書中卻以三位被告——號×出版社的發行人陳×礒先生、台×哲學系傅×榮教、當時臺北市耕莘寫作班的會長陸×誠神父等，他們「沒有違背善良風俗」、「沒有必然的因果關係」等語不但判我敗訴，而且臺灣臺北地方法院合議庭三位法官他們認為我在指責三位被告；即使臺灣臺北地方法院合議庭的三位法官幾乎淪為舉世聞名的科學家愛因斯坦所留下的一句名言：「專家只是訓練有素的狗。」事實上，臺灣臺北地方法院合議庭的三位法官他們只懂法律和法條，他們懂什麼是「因材施教」？亦即現代化的法官有滿多的案件須經由相關專家及專業人士來鑑定，但「因材施教」不屬於現代化的專業的能力，而是屬於從事良心事業的工作者對學生及學習者特殊的「因材施教」的能力，譬如，古代的孔子、孟子等等的老師有對弟子們「因材施教」，所以我把現代的老師依孔子正名主義，正名為「知識的服務者」、「技能的服務者」。換個角度來看，根據現代心理學的研究心得：「當你在判斷及批評別人時，沒有依據事實、證據作為佐證，而當你在判斷及批評別人時等於在批評您自己。」事實上，臺灣臺

北地方法院合議庭的三位法官在本案的判決書所判決的三位被告他們「沒有違背善良風俗」、「沒有必然的因果關係」等語，以及臺灣臺北地方法院合議庭三位法官他們認為我在指責三位被告；事實上，臺灣臺北地方法院合議庭三位法官他們都是利用法官的職權及權威幾乎將一切都推給我原告的被害者。

後來我重讀《論語》多遍之後，因為我的心靈狀態已達到臨界點，所以我的心靈的超能量能超越時空的界限，而在現在、過去、未來轉換時空，也因此把多年前我被號×出版社的發行人陳×磻先生對我「誤人子弟」、「惡意設計及指導我寫書」，也因此造成我的心靈嚴重遭受到撞擊和傷害，也因此造成我的精神疾病的病發主要的原因之一，由此我超越時空並轉換時空，進入孔氏之門向孔子請益，亦即孔子怎麼對我「因材施教」，原文是，子路問：「聞斯行諸？」子曰：「有父兄在，如之何其聞斯行之？」冉有問：「聞斯行諸？」子曰：「聞斯行之。」公西華曰：「由也問聞斯行諸，子曰『有父兄在』；求也問聞斯行諸，子曰：『聞斯行之』。赤也惑，敢問。」子曰：「求也退，故進之；由也兼人，故退之。」（《論語》‧先進篇》）依據作者的〈白話〉翻譯：子路請教：「聽到可以做的事，就去做嗎？」孔子說：「父親與哥哥還在，怎麼能聽到可以做的事就去做呢？」冉求請教：「聽到可以做的事就去做嗎？」孔子說：「聽到可以做的事就去做。」公西華說：「當由請教聽到可以做的事就去做嗎，老師『父親與哥哥還在』；當求請教聽到可以做的事就去做嗎，老師說『聽到可以做的事就去做』。我覺得有些困惑，冒昧來請教。」孔子說：「求做事比較退縮，所以我鼓

勵他邁進；由做事勇往直前，所以我讓他保守些。」（譯文參考立緒版《論語》）

　　接著，依據孔子「一以貫之」的中心思想，以及孔子對弟子們了解，譬如，性格是穩重或急躁，或弟子們的資質才性、弟子們的狀況及處境、生活背景等，也就是孔子對弟子們所了解的程度，孔子怎樣對我因材施教呢？然後，接引子路請教孔子：「聽到可以做的事，就去做嗎？」因此，我超越時空並轉換時空來請教孔子，聽到「寫書是現代人的身分證」這樣的觀念，而且號×出版社的發行人陳×磻先生他有指導我寫書，他並舉例說明，某一位女士編了一本書，於是她帶著自己寫好的書，到報紙、雜誌去應徵屢試不爽、無往不利，也就是我該不該寫書？孔子回答我說：「不行，因為我的性格急躁，而在寫作方面也是一位初學者。」

　　然而，號×出版社的發行人陳×磻先生不但沒有對我「因材施教」，後來我發現當時我有赤子之心說話像小孩一般很直接，就因此得罪了號×出版社發行人陳×磻先生，於是他當時在耕莘寫作班上第二屆編輯研究班時惡意對我設計：「寫書是現代人的身分證。」的陷阱，也因此造成我的心靈嚴重遭受到撞擊和傷害，也因此造成我的精神疾病的病發主要的原因之一，即使一連串不幸的遭遇及命運就這樣發生，也因多年下來造成我的情緒失去控制、消費行為失去控制及造成我禁不起別人語言的刺激和傷害，也因此會陷入引爆我的心靈的危機，但不幸中的大幸！多年下來我經由時間、唱歌、聽音樂、看電影、讀書、寫文章、散步等的調適和治療，我並沒有被精神疾病所擊倒，也誠如在一九五七年諾貝爾文學獎得主卡謬他在第二次世界大戰曾留下的一句名

言：「我反抗，所以我們存在。」同理：「我反抗，所以我存在。」以此類推，多年前我就告訴自己說：「我可以被關進監獄，但我一定不會自殺。」不過，不論我是否有違法？我一定「周旋到底」。

五、肢體殘障者的心聲與精神障礙者的心聲

　　以前我和滿多的人一樣對肢體的殘障者很有同情心，但我後來自己罹患中度×鬱症的精×疾病，由此通過了臺北榮民總醫院精×科的身×障礙鑑定的單位的鑑定，而取得了「身×障礙手冊」後，我對肢體的殘障者的同情心有三百六十度的大轉變，為什麼？後來我發現雖然每一種殘障者的障礙類別有所不同及每一種障礙類別的殘障者都須承受每一種障礙類別的痛苦，如視障者、精神障礙、肢體障礙、多重障礙等等，亦即每一種障礙都有每一種障礙的痛苦，也有每一種障礙是一般人無法去感同身受的，但對肢體的殘障者來說，我發現他們只是手、腳及肢體上比較不方便而已，譬如，多年前我騎機車而我把機車停在臺北市忠孝東路一段附近屬於身×障礙的停車位格，但我卻被當時的臺北市政府罰款新臺幣一千五百元，事後我把自己的身×障礙手冊寄給當時的郝×斌市長要申訴有關於我是領有身×障礙手冊的精×障礙者，因為我欠缺辨識能力，所以造成我以為同樣是領有身×障礙手冊的人都可以停在身×障礙的停車位格，但當時臺北市政府對我的回函，內容重點如下：「按照身心障礙法律條款的規定，須裝有三輪的機車的肢障者，才符合此規定。」從臺北市政府對我的回函來看，讓我是領有身×障礙手冊的精×障礙者感到非常的心痛，也因此我對肢體的殘障者處處占了身×障礙的優惠感到心中的不平及心痛。

即使心靈好像相機裡的暗房，我也在心靈的暗房沖洗著一張張過去記憶的相片，也就是二十幾年前我在臺北榮民總醫院傷殘中心接受為期一年的義肢、肢架、背架等訓練，與滿多肢體的殘障者相處有一年一個月的時間的點點滴滴，這麼一來，我比較深入訪問了五位肢體的殘障者，而我發現他們的背後都有屬於肢障者的故事；我把他們的故事經過訪問寫成了文章，而且邀請大家一起來關懷肢體的殘障者、精神障礙者、視障者、聽障者、顏面灼傷者等等各種不同傷害的殘障者。

　　第一個肢體殘障者是，多年前曾榮獲十大傑出青年的陳×里（先生在稱呼上省略），而記得那時我在臺北榮民總醫院東區的會議廳內，我與他迎面擦身而過時，就被他一張幾乎皺成不成形的臉，好像他是帶著一副魔鬼般的面具所愣住了一會兒！

　　多年前為了使肢障者更了解傷殘輔具器材及政府對傷殘輔具器材的補助款項，而舉辦單位臺北榮民總醫院傷殘重建中心（多年前早已更名為身障重建中心），就在臺北榮民總醫院東區的會議廳內舉辦了「全國傷殘輔具器材的會議」，也就是我們單位為了舉辦這次全國傷殘輔具器材的會議，就邀請了全國殘障協會、盲人協會、陽光基金會等等各種不同的殘障者及團體前來參觀並展示傷殘輔具器材。

　　這時候，有：醫師、技術員、輔導員、行政人員及政府機關的主管來說明政府在照顧殘障者，以及各種不同類別的傷殘輔具器材而政府的補助款如何運用？等相關的事宜，然後大家便按照承辦單位的按排的位置進入會議的場地，這時有一位醫師以投影片開始說明：「灼燙的人要如何處理？而

我把他歸納有三個重點如下：第一，灼燙的人，首先必須以大量的水沖洗患部；第二，不可以使用任何藥物塗抹傷口；第三，立即緊急就醫。」

接著，陳×里為了爭取對灼燙傷病患有更好的補助，他就挺身站起來跟在場相關單位的主管、醫師、技術員、輔導員及行政人員說：「因為被滾燙的熱水、火燒、化學藥品等灼燙傷的病患，他們皮下組織都已喪失了調節的功能，所以需要『彈性束套』（保護灼燙傷的病患的一種特殊保護套），也就是以防止皮膚直接曝露在外面而受到細菌的侵入導致細菌的感染。」

會議結束後，我走到他的身旁，於是他遞給我一張他的名片，而此張名片印著：「中華民國殘障聯盟秘書長」的頭銜，於是我以關懷的語氣對他說：「我想親自到府上拜訪你。」他則回答我說：「歡迎你隨時到我家拜訪。」原本我想親自到他家拜訪，但我打了好幾通電話。」他則回答我說：「最近沒有空」，我就沒有去拜訪他，後來因為我被臺北榮民總醫院傷殘重建中心的人事主任以精簡人員把我給裁員，我就沒有再打電話與他聯絡，不過他那一張破碎的臉已在我內心深處留下深刻的記憶，讓我難以忘懷。

第二個肢體殘障者是，同樣榮獲十大傑出青年的劉×。他是一個嚴重的小兒麻痺症的病患，上半身痀傴，雙腳則嚴重的萎縮，終生無法站立必須坐在輪椅上，而在他的輪椅的旁邊放了一個尿袋，他一切的生活起居都要靠輪椅來行動。從他三歲那一年開始，就注定這一輩子無法腳踏實地，抬頭挺胸，為什麼？因為他剛好遇上了民國五十年初期的那次小兒麻痺症的大流行，即使就在一次發高燒，也在延誤就醫的

情況下，其後果的後遺症是，不僅雙腳、兩臂及脊椎都被病毒嚴重的侵蝕，也因此他連撐拐杖的力氣都沒有。

　　童年的歲月，他的生活起居都在家中的椅子及床度過的。九歲時，他家人輾轉透過好多的關係才進了臺北市的廣慈博愛醫院，他開始就讀設在院內的小學，由於他是警察廣播電台「愛的路上你和我」的節目主持人；我聽了幾次他主持的節目，覺得頗為感動就決定親自拜訪他。

　　記得那時在臺北榮民總醫院東區的會議廳內的「全國傷殘輔具器材的會議」中，他遞給我他的一張名片，而這次會議結束後，隔了幾天，我就以名片上的電話而打電話到士林的某家診所（他有時會在那裡），而在電話中，他則回答我說：「隨時歡迎我到他那裡參訪」，又隔了幾天，我利用星期六的下午去拜訪他，因為我對士林地區並不熟悉，所以到了那裡就在附近打了一通電話給他，然後我找到了那一家診所便進入了診所的門，這時我看見幾位斷手斷腳的殘障者正在做復健，其中有一位坐在輪椅上的殘障者對著我說：「你是李先生嗎？」我回答他說：「是的」，他又說：「現在他正在忙，請我稍等一下。」過了一會兒，他用雙手捧著一杯水給我喝。

　　過了不久，他的事情辦完了，他就推著輪椅靠近我與我交談，而我與他談話中，讓我覺得他的個性活潑且開朗，偶爾他以幽默的話語逗著我笑了出來，這時我發現在我們的社會中，身體是如此嚴重的殘缺，也如此的善談，也如此的幽默，實在不多見了。

　　這時候，他對我說：「某個殘障協會在今晚有舉辦發揮你的愛心關懷殘障朋友的一系列的歌唱晚會」，於是他邀請

我參加此次的義賣晚會。時間一分一秒的過去，以接近下午五時多，於是我幫他推著輪椅到外面去搭計程車；計程車到了，我把他抱起來坐上了計程車，這時他開玩笑對我說：「他很重耶！」我則回答他說：「不重，少吃一點。」我們彼此發出會心的微笑，我們便坐上了計程車，然後計程車司機便開往臺北市的饒河街夜市，而沿路是一輛接一輛的汽機車穿梭在馬路上，讓我看起來既熱鬧且擁擠的夜市。

　　計程車到了臺北市的饒河街夜市，下車後，我便把折疊在計程車後箱蓋的輪椅拿下來並將輪椅打開，於是我把他抱下車坐上了輪椅往饒河街夜市走去，這時已是黃昏時刻，夜色逐漸的暗了下來，夜市的街燈一個接一個的亮了起來，也照亮了饒河街夜市，這時我看見某個殘障協會所舉辦的義賣歌唱晚會，而晚會的表演台上還有工作人員正在趕工中尚未完成，旁邊則有服務的義工販賣著義賣品。

　　那一天，有一些知名的殘障者，如十大青年陳×里等等，還有許多廣青合唱團的成員來這裡助陣，由此增加了歌唱晚會的熱鬧；在這次義賣的歌唱晚會中，有一位顏面灼傷的殘障者，而他的手指看起來幾乎都斷了，即使他在夜市裡自己自力更生賣著口香糖，他也用萎縮且變形的手掌，他也用殘缺的雙手扶著口琴吹出悠揚的旋律，讓這個熱鬧又寂寞的夜市憑添了社會許多的溫暖。

　　那一天，他被此次歌唱晚會舉辦單位請上了歌唱的表演舞台，於是他上台後，台下的觀眾就對他熱烈的鼓掌，這時掌聲似乎把周遭吵雜的聲音給暫時隔離了，好像周遭的一切都靜了下來，然後他的嘴巴含著口琴吹出悠揚的旋律，以及他準備了特製的音樂器具，如竹筒、臉盆、寶特瓶等等，就

這樣敲敲打打好像朱忠慶打擊樂器，這時我發現身心殘障者的背後都隱藏著許多辛酸血淚的故事，但他們卻能夠突破層層的障礙發揮自己的所長，活出真正的自我。

我偶爾靜下心想一想：身體的殘障並不可怕，可怕的是，心靈的殘障；所謂的「心靈的殘障」，所指的就是對自己嚴重缺乏自信的人，由此延伸，罹患精神疾病（心病）的精神障礙者，他們因受精神疾病的影響及傷害很大，所以造成很容易陷入自殺的陷阱，由此可知多年前《華視新聞雜誌》有這樣報導：「罹患精神疾病及精神官能症的精神病患，自殺率高達百分九十；一般人自殺率，是百分之十。」

民國八十四年十二月三日「國際殘障日」，是劉×與她相識十五年的情人陳×華結婚了。他們兩個是松山高職的同班同學，他們也是廣青合唱團的團員。高中畢業後，他便離開了廣慈博愛院十二年的成長歲月，他搬回當時臺北縣板橋的父母家中，而他憑藉自己對寫作的興趣，他就在家裡開班授課「兒童寫作班」。陳×華因工作忙便離開廣青合唱團，所以她在一家公司擔任會計；兩個人各忙各的工作，也就這樣日漸疏遠；一直到有一天，他突然打了一通電話找她聊天，才再續彼此生活的情況；聊著、聊著她居然聊到了唐詩，而這原本是他教小朋友的題材，他竟把它當成戀愛的話題。

接著，他以熱情的口吻對她說：「我每天教妳一首詩詞。」她則高興地回答說：「好啊！」就這樣，他們一天一通電話，經歷了一整年的相知相愛；一年後，他吻了她，唐詩竟變成了綿綿細柔的情話。他不良於行，他到那裡都須靠輪椅。他當了警察廣播電台的節目主持人後，他出門坐公車

時，他都須靠人背著抱著他上下車，即使他都不在乎別人異樣的眼光，他覺得也沒有什麼見不得人的事，而他唯一擔心的是，上了車沒有人願意讓他坐。

陳×華覺得和一個只能坐在輪椅上的人談戀愛，她的壓力當然有，但重要的是自己的選擇；對陳×華來說，劉×開朗活潑一點都不自怨自艾，而他的個性成熟穩健是與人相處使人感到愉快的人，即使幸福是自己的，當然也要由自己來決定。劉×自我解嘲說：「嫁給我不會錯的，至少我不會跑掉！」因為他喜歡一個平凡而真實的女子，也就這樣他能真真實實的愛她。接著，他自信的說：「在青春期初開始時，他也有同樣的想法，但經過幾次的戀愛後，他對自己越來越有自信，因而覺得自己可以不必劃地自限。雖然手腳不方便，遺傳了自老爸的一口京片子可還滿好聽的，追到了老婆陳×華，就仰仗了不少嘴上的功夫。」

有人對於殘障朋友與異性交往的看法，他說：「殘障朋友通常給自己一個限制，認為龍配龍、鳳配鳳，缺手配沒有腿的，交往異性朋友的心態，總難免因為自卑，而想找同樣殘障的對象。」他的身體是如此的殘缺，心靈卻超越身體的殘障而活得快樂。他們彼此支持著成長，然後他們終於步入紅地毯的那一端成為夫妻（以上參考〈寶島愛情故事〉一文，對劉×的採訪記錄並經由我的修稿及潤稿）。

第三個肢體殘障者是，她是在傷殘重建中心的傷殘技能職業訓練中心的某位電腦班的學員，而我當時偶爾利用下班空閒的時候，我由此走進了傷殘重建中心的傷殘技能職業訓練中心的電腦教室，由此我看著她學習打電腦，於是我興起了想學電腦的念頭，這時我對她說：「我是一個電腦文

盲。」她則笑了笑回答我說：「沒關係！凡事起頭難，請不用擔心。」接著，她教我從認識打鍵盤的按鍵開始，逐漸的學習如何英文打字、如何打中文的注音及倉頡輸入法，可是我對學習電腦打字沒有什麼興趣，還有傷殘職業訓練中心的電腦教室須由訓練中心的學員才能使用，所以我去了幾次就不再去了。

　　有一次，許多的殘障朋友一起自己推著輪椅，即使她以拐杖支撐著她的身體到外面去曬太陽，他們也到外面曬太陽呼吸著比較新鮮的空氣，也因此這些肢體的殘障者行動不便，也因此他們經常待在傷殘重建中心地下室的室內空間很少自己推著輪椅到外面去，或有許多殘障者是由拐杖支撐他們的身體到外面去。

　　這時我恰巧遇見她，於是我便坐下來與她聊天；聊著、聊著她以關心的口吻對我說：「你有女朋友嗎？結婚了嗎？」我則害羞的回答她說：「沒有。」她又對我說：「她要幫我介紹女朋友，可是紅包要包大一點喔！」我再回答她說：「請妳趕快選個男人嫁了，免得以後嫁不出去該怎麼辦？」後來，由於我忙於自己的工作，我就很少跟她再見面，也因她電腦班結束後，據說她到某家航空公司去上班，我就不曾與她再聯絡了。

　　第四個肢體殘障者是，傷殘重建中心的傷殘技能職業訓練中心的某位刻印班的學員。他的長相我已記不清楚，我只記得他的臉龐及皮膚有點黑。我偶爾會利用下班的時間，我由此走進了傷殘重建中心的傷殘技能職業訓練中心的刻印班，於是我看著他一刀又一刀自己刻著：「某某人的姓名。」因此，我就坐在他的身旁與他聊天，這時我以關心的

口吻對他說：「請問你是哪裡的人？」他則回答我說：「臺中后里。」我又對他說：「我是南投地區的人，我的故鄉是在南投縣的草屯鎮的李氏宗祠的後面，由於再過幾個月後，我就要從臺北榮民總醫院傷殘重建中心調到臺中榮民總醫院的工作單位了。」他再回答我說：「這裡結訓後，他想回到臺中去找工作，於是他希望我把家裡的電話留給他。」後來，我被傷殘重建中心的人事主任以精簡人員把我給裁員，我也因此非常心痛的回到自己的故鄉——草屯，後來我不曾接過他的電話，從此我就與他失去了聯絡。

經過二十幾年後，我寫存證信函給臺北榮民總醫院張×明院長，副本給當時的林×行政院長，陳訴二十幾年前我被臺北榮民榮民傷殘重建中心的人事主任，當時他以精簡人員把我給裁員，但經過二十幾年後臺北榮民總醫院的王×來承辦人回函給我，內容重點如下：「傷殘重建中心於 92 年 2 月組織併為本院一級單位後，員工人員減少，所轄區域變更調整，並更名為身障重建中心，與台端所訴擴大營業之情不符。」從臺北榮民總醫院對我的回函來看，事實上，當時臺北榮民總醫院傷殘重建中心與我所訂定的契約書，以及臺北榮民總醫院傷殘重建中心開給我的在職證明，亦即在職證明詳細載明的時間是民國 83 年 1 月離職傷殘重建中心，由此可知臺北榮民總醫院傷殘重建中心對我精簡人員的時間居然長達接近十年的時間。

第五個肢體殘障者是，當時在臺北榮民總醫院傷殘重建中心的員工段×光；他在這裡專門負責做肢架的技工，也因為我們曾是同事並相處有一年一個月的時間，所以我對他有所了解；他是一個罹患小兒麻痺症的肢障的殘障者，而當時

他與我分享他過去的往事，他說：「三十幾年前曾是小兒麻痺症大流行，因為有一次他發高燒，所以家人立即叫救護車把他送去醫院，可是好了之後，他才發現自己的雙腳逐漸的萎縮而變成了肢體的殘障者。」

　　雖然他的行動不方便，可是我與他談話中，我了解他是個性開朗的人；他娶了一位好手好腳的賢內助，他育有一男三女；我與他相處一年一個月的歲月，我深深的感觸到身體某部位的殘障並不可怕，而可怕的是心靈的殘障。

《我是傳奇》

　　——我不是聖人，我是剩下來的人及人生之旅

六、人文的關懷

　　多年以前，就有人對臺灣的學術界以這樣的觀點來描寫：「重理工，輕人文；重文學，輕哲學。」從有人對臺灣的學術界以這樣的觀點來描寫來看，事實上，臺灣何止學術界是這樣子；事實上，從臺灣整個社會來看都是如此，譬如，一百多年來台灣的作家為什麼沒有人獲得諾貝爾文學獎？而多年前臺灣的作家、文學家及政府的文化部門他們卻聘請中國的女婿馬悅然教授來臺灣演講，並把這篇〈中國的女婿〉刊登在《中國時報》的人間副刊，他卻也在這篇文章裡頭評論：「諾貝爾文學獎不是世界文學獎，它只不過是瑞典皇家十八位院士（評審委員）而已。」從中國的女婿馬悅然教授對諾貝爾文學獎的評論來看，如果諾貝爾文學獎不是世界文學獎，那麼請問臺北文學獎、新北市文學獎、中國時報文學獎、臺中文學獎、高雄文學獎、林榮三文學獎、玉山文學獎、金門文學獎……，難道它們是世界文學獎嗎？如此一來，令我感概萬千，好像中國清朝的慈禧太后把自己「閉門鎖國」，結果被八國聯軍來瓜分中國的主權和土地。

　　首先，從臺灣的暢銷書談起，譬如，多年前台×哲學系傅×榮教授，他對臺灣暢銷書的看法，他說：「我們的書店過於遷就暢銷書，以致幾乎每一家的黃金位置所擺設的都是那幾本熟悉的封面，那個熟悉的名字。」從台×哲學系傅×榮教授他對暢銷書的看法來看，事實上，那些暢銷書作家的

特色是，把書本當成商品可以從中謀取名利和金錢，即使可以成為專業的作家，也不需要像一般上班族每天上班和下班如此勞累的工作，但他們卻為了生存寫了滿多迎合世俗、討好現代人口味的作品，甚至以文字來描寫色情來汙染青少年的心靈，由此我想進一步來說明，意思不是暢銷書就不好，亦即須針對書中的思想及作者的見解來評論，譬如，美國派克醫師所寫的一本傑作《心靈地圖》（天下文化出版），多年前他寫的這一本書已上榜六百多周了；即使我不認為暢銷書都是好書，但連續十二年都暢銷必然有它的道理。

然而，我原本只是聽說而已，並不相信某些臺灣的暢銷書的排行榜的作家會以文字來描寫色情來汙染青少年的心靈，後來我在輔仁大學旁的某家書店翻閱了他（她）們寫的書，同時我隨手把書中的話老老實實的抄寫下來，以下是書中的許多的內容：「過辛亥隧道的時候，我心裡有點毛毛的，妞妞不等我開口，就主動後面抱緊了，溫熱的胸脯貼著我背部，卻不再有異樣的感覺，反而察覺到她微微的顫抖，我自己抖得更厲害，腳都快踩不住剎車了。」（文摘錄《苦×極短篇第三集》，皇冠出版，第六十九頁。）「他定定的注視著我，用眼光觸撫我的每一寸肌膚，我幾乎可以感受到他緩緩解開我外衣的鈕釦拉開我裙上的勾勾，用輕微的難以感覺到的手指動作，鬆開我的胸圍，然後在大腿內側神秘美感的邊緣……我警覺的睜開眼睛，用力喝下一大口冰涼的檸檬水，試圖讓自己清醒過來，他手上的戒指，刺痛了我的眼睛。」（文摘錄《苦×極短篇第三集》，皇冠出版，第一百十四頁。）

「女人對自己期望的太少。以為薄薄的一片處女膜，可

以決定自己終生幸福。」（文摘錄《非常真誠有點毒》，方智出版，第二十六頁。）「如果你對作者自製的另一個愛情心理測驗題很感性的話，可以在《認真玩個愛情遊戲》（方智出版）一書中，找到比較『限制級』那一個；若想得到非筆墨所能形容的答案，就可能必須留意吳×如『不定期』的演講了！」（文摘錄《人生以快樂為目的》，方智出版，第二十六頁。）從苦×及吳×如暢銷書作家以文字描寫色情來誘惑人的性慾來看，事實上，我只不過對兩位暢銷書作家做簡單的陳述，而以上書中的內容，只是冰山裡的一角而已，其他還有如汪洋大海一般，尚未發現，進一步來分析，多年前臺灣某些暢銷書的作家在現代化、專業化、證照化、電腦化、科技化等趁機魚目混珠，即使寫了不少色情的書籍，由此勾引人的性慾望，也因為年輕人覺得看看無妨，所以他們認為只是在消磨時間而已，但閱讀這些色情書籍所造成的後遺症是，會造成人沈迷耽溺於色情而無法自拔。

中國對美學有研究的朱光潛先生，他說：「文藝的特質不在解救實際人生中自有解救的心理上或生理上的飢渴，它不應以刺激性慾和滿足性慾為目的，我們也就不應在文藝作品中貪求性慾望的刺激或滿足。」從朱光潛先生對文藝特質的見解來看，事實上，在現代化、專業化、證照化、電腦化、科技化等，而如今是網路資訊後現代化的今日社會，臺灣有某些作家及作者他們為了靠寫作這一行生存，他們便討好現代化的社會的讀者的口味，他們則寫的作品幾乎都以刺激性慾望的文字來勾引讀者性慾望的需求。

況且，新聞局為了保護兒童、青少年，多年前早已有明文規定把電影分成四個等級，有：普遍級、保護級、輔導

級、限制級等，即使書籍沒有等級的區分，也須由書籍來淨化人心，但臺灣的作家及作者卻寫了滿多迎合世俗及討好現代人口味的作品，甚至某些臺灣的作家及作者，他們寫了許多色情的作品來污染兒童、青少年的心靈，也就是我無意批評某些臺灣暢銷書排行榜的作家，不過我想讓大家自己去想一想，如果你家有小孩子閱讀了這類的書籍是否會戕害及汙染他們幼小的心靈，而造成青少年、青年人他們犯罪率逐年升高的趨勢，如飆車、強暴、強劫、殺人等等，層出無窮的問題在我們的社會發生許多流血的事件。

然而，需要釐清的是，我所指的是「名實不符」的書籍，而非「名實相符」的書籍；所謂書籍的「名實不符」，是指它逐漸淪為商品，好像流行的飾物一般，你有我也有，而且作家及作者本身缺乏內涵、修養、見解、思想等，也就是無法啟發與引導讀者，而他們卻以文字描寫色情來勾引讀者的性慾望並汙染兒童、青少年、青年人的心靈。譬如，朱光潛先生他所寫的《談文學》一書中，他列舉了文學上的五種低級趣味，因而他提醒讀者要選擇避開：「偵探故事、色情描寫、黑幕報導、風花雪月的濫調、口號教條的陳述。」

所謂書籍的「名實相符」，是指作家及作者的見解、理念、思想等與書籍的內容相符合，譬如，台×哲學系傅×榮教授他寫的《論語》（傅×榮解讀・立緒版），在多年前在臺灣暢銷書的排行榜是倒數二十名，即使這一本書暢銷是最後一名，但表示臺灣的社會還有希望，也因為作者把這一本兩千五百年多年前孔子與弟子們的言行和記錄，以清晰流利的白話與完整連貫的系統來呈現傳統《論語》的價值，更展現了人性新的心得和風貌——人性向善論，並提供了二十一世

紀的讀者一本較為理想的《論語》讀本。

多年前我就想把《論語》（立緒版）讀過一遍，但讀了歷代學者所註解《論語》的版本，我讀了幾頁就讀不下去了，原因何在？由於歷代的學者對《論語》的註解，只針對文言文來解讀，亦即他們忽略了文字背後的思想和系統。譬如，子曰：「《詩》三百，一言以蔽之，曰：思無邪。」（《論語・為政篇》）其中的「思」，有許多歷代的學者註解為「心思」，而「思無邪」解讀為「心裡沒有邪念」，亦即直到我閱讀了多年前出版的《論語》（傅Ｘ榮解讀・立緒版），我才從書中真正了解這句話的道理；亦即「思」是語首助詞，無意義，「無邪」則是指直而不曲，意思是：《詩經》三百篇「全部出於真情」。

接著，我閱讀了美國作家梭羅的《湖濱散記》，而我的心靈彷彿暫時擺脫了城市的喧囂，與他置身於華爾登湖的大自然的寧靜，由此可以用哲學的理念來指引人生的正途，也可以用文學來點化現實的困境，也讓枯燥乏味的生活憑添了許多的樂趣，然而迎合世俗、討好現代人口味的書籍及暢銷書盤據了臺灣出版界的主要市場，也就是有思想、有見解的書籍及純文學一版能賣完已算是幸運了！

換個角度來看，臺灣的出版業尚稱蓬勃，而根據多年前一項調查資料：「臺灣每個月的新書約有兩千種，一年即有兩萬多種。」從多年前這樣的調查資料來看，事實上，有那麼多新書是否代表我們的讀書風氣就很好呢？再根據多年前的一項調查資料：「臺灣的成年人平均每人每年閱讀 0.7 本，日本成年人則平均每年閱讀 27 本。」從多年前這樣的調查資料來看，事實上，臺灣的成年人平均每年的閱讀 0.7

本與日本的成年人平均每年的閱讀 27 本相差高達了 40 倍；
再根據一項統計資料：「我們的休閒活動中，有百分之七十
的人以電視為主，並且每人每日平均看電視都有二小時以
上。」從多年前這樣的統計資料來看，事實上，臺灣的成年
人不是沒有時間來閱讀書籍，而是他們沒有閱讀書籍的習
慣，他們也不願意把時間花在閱讀書籍上，即使如此，我多
年前走進臺北市重慶南路的書店，以及位於臺北市中正紀念
堂對面的國家圖書館，我也看著一排排書架上的書籍，只讓
我覺得兩眼發昏，這時我想要讀書的雄心壯志也消失於無
形，我幾乎只剩下莊子的警語迴盪於耳際：「吾生也有涯，
而知也無涯，以有涯隨無涯，殆已！」

七、AI 人工智慧的延伸——檢察官及刑事庭的法官

　　《成人世界》於2015年在美國上映的一部科幻片,而劇情由網路的《維基百科》所提供,其劇情如下:「南非犯罪率最高的約翰尼斯堡,光是一天就會發生數百起血腥案件,南非政府於是從科技產業『特創伏公司』(Tetravaal)購買機器人來提升治安。在公司的程式設計師迪昂・威爾森編成開發之下,設計出維護治安的機械警察,代替人類警察衝鋒陷陣的同時還減低傷亡人數。就在迪昂深受讚美的同時,他的成果也得到同事文森・摩爾的嫉妒,文森設計出遠端遙控的巨大武裝機器人『麋鹿』(MOOSE),卻因為人類警察依賴迪昂的機械警察而棄用。在家中,迪昂創造出一個人工智慧原型,其能夠以人類相似的方式思考問題和學習技能,由於執行長蜜雪兒・布萊德利嚴禁在公司產品上植入人工智慧,迪昂只好從公司裡偷來一架因執行任務時受損而即將報廢的機械警察,同時將唯一能升級或修改機器人所用的『防護金鑰』(Guard Key)也一同帶走。

　　但迪昂在回家路上突然被本地幫派三人組綁架,老大忍者由於欠全市最大犯罪首腦希伯兩千萬蘭特,且只剩一星期還債;他本打算靠擄人勒贖,卻想到威脅迪昂來編程這架未啟用的人工智慧機器人來幫他們搶劫。機器人啟動後有著小孩般的心靈,受到迪昂和忍者的女友尤蘭蒂安慰和照顧,為它起名叫『查皮』(Chappie)。忍者三人將迪昂趕走後,尤

蘭蒂開始像母親一樣對待查皮，但忍者逐漸不耐煩而私自跟部下艾美力克將查皮丟在外面一整天，讓它備受外面混混的欺負。這時，文森有意想辦法破壞所有機械警察來讓公司高層批准運行麋鹿，注意到查皮後對他動粗，取走他頭部裡的防護金鑰，卻讓查皮逃跑回忍者的藏身處。忍者向查皮道完歉後開始教導它武術和偷盜技巧，騙它偷車過程中謊稱這些錢將會為它購買它的機器身體部分。

　　文森於夜晚時偷偷回到公司，透過防護金鑰對所有機械警察植入電腦病毒，導致所有機械警察包括查皮均自毀停機。犯罪率在一夜之間猛升，剛來到忍者藏身處接電腦緊急重啟才讓查皮恢復，同時也造成文森試圖滅跡的病毒文件沒有刪除成功。查皮恢復後注意到用來控制麋鹿的神經傳導頭盔，將其帶回去經過稍稍改造，就能用頭盔將它自己意識上傳至一台電腦裡且隨時輸入新的身體。隔天，查皮跟隨忍者去打劫一輛武裝運鈔車，公司裡的迪昂得知病毒是文森搞鬼，但在新聞上看到查皮後只好動身前去接它。

　　查皮回去後從趕來的迪昂口中得知忍者在欺騙它，而希伯也帶人趕到試圖搶走查皮。兩方交戰途中，文森獲得布萊德利授權而遠程操縱麋鹿，趕到現場大開殺戒時殺死艾美力克等大量幫派分子。希伯試圖搶走迪昂的卡車而對他開一槍，而忍者打死希伯後將負傷的迪昂救回去。由於麋鹿窮追不捨，忍者試圖獨自留下為迪昂等人爭取逃跑時間，但尤蘭蒂搶先犧牲自己救下忍者而被槍殺。憤怒之下，查皮透過迪昂車中的特創伏公司製作的高科技炸彈，將麋鹿徹底摧毀。查皮將受傷的迪昂救回特創伏公司後，一路追趕文森至辦公室，將他幾近打死前還是饒他一命。

《我是傳奇》

　　──我不是聖人，我是剩下來的人及人生之旅

查皮隨後透過控制麋鹿的神經傳導頭盔，將迪昂的人體意識上傳至一架測試用機器人，讓他延續生命且能永生。迪昂同樣用防護金鑰把查皮的意識輸入另外一架機器人體內，兩者隨後迅速逃離現場。查皮的存在使得約翰尼斯堡警察終止跟特創伏公司的合約，而全世界科學家都對查皮的創始十分好奇。忍者在燒尤蘭蒂的遺物時，突然找到查皮先前測試神經傳導頭盔時，為尤蘭蒂保存意識的備份隨身碟。忍者、迪昂和查皮埋葬尤蘭蒂的遺體後，查皮黑入特創伏的機器人工廠電腦製造一架新的機器人，隨後對其上傳意識隨身碟，為它的『媽媽』製造出新的身體來復生。」從網路的《維基百科》所提供的《成人世界》這部電影的劇情來看，人類的發明者迪昂是以智慧型的機器警察來取代以人力的警察、刑警的工作，也因為警察、刑警畢竟都是人而人的限制非常大，所以有越來越多的刑事案件無法破案，還有警察、刑警與歹徒發生槍戰會造成人員的傷亡，由此可知根本無法嚇阻日趨嚴重脫序犯罪的社會，如殺人、強姦、搶劫……。

然而，全世界AI人工智慧的延伸以「思想來鋪成」，是我第一個想出來的，因此我於2018年5月出版的書，書名是《散散步，欣賞啊！──尋找過去的記憶》（白象文化事業有限公司），而在本書的〈第一輯　旅行的經驗〉，第一篇散文就是〈散散步，欣賞啊！〉，也就是在這篇散文的第33頁、第34頁，我已有寫到AI人工智慧的延伸，內容如下：然而，在現代化、專業化的今日社會，對現代人而言，什麼是「因材施教」？一般情況幾乎不了解什麼是「因材施教」？縱使有少數的現代人了解孔子的因材施教，也因分科分系專業化的原因，沒有能力因材施教，從這個觀點看來，也誠如有人

說：「現代化的老師，根本無法『因材施教』，而是『因財施教』。」甚至有人說：「因為發財而施教」，例如，補習班的老師年薪高達百萬、千萬，或其他從事良心教育的工作者，一個月的薪水好幾萬元、好幾十萬元，從另一個角度看來，我根據孔子的「正名主義」，把現代化的老師，正名為「知識的服務者」、「技能的服務者」，這樣才是「名實相符」，即使AI人工智慧已經是二十一世紀最新的商機和最夯的產業，譬如，曾是臺灣首富的郭台銘，他目前家裡所僱用的家庭教師就是機器人，不過，對於許多現代化的專家或專業人士而言，眼光和記憶依舊生活在現在和過去的時光中，就這樣，我預測大概2050年在人類的世界，老師這種職業會被智慧型機器人所取代，因此我把這樣的智慧型機器人，取名稱為「知識販賣機」，以此類推，警察會被「智慧型機器戰警」所取代、檢察官會被「智慧型偵查機器人」所取代、法官會被「智慧型審判機器人」所取代、醫師會被「智慧型診斷機器人」所取代……，不過，對於我的預測，許多的現代化的專家或專業人士因基於現實利益的因素，因此畢竟要透過教學、工作賺錢才能生活，就這樣，或許不相信老師這種職業，或其他的職業，會被智慧型機器人所取代，因此信與不信由你？

接著，我為什麼會想到以AI人工智慧來取代後現代化網路資訊的調查人員、警察、刑警、檢察官、法官等？主要的原因是，幾年前我向行政院公×交易委員會所提出的檢舉案件，也就是S×Y網路拆分盤公司的負責人（跨國的網路拆分盤公司的詐騙犯），以及S×Y網路拆分盤公司在臺灣的團隊最前面幾位的領導人（詐騙犯），由此經由法務部調查局

的北×工作小組的王調查官對我問案完畢且做完筆錄後，再經由臺灣臺北地方檢署的檢察官問案、審理本案完畢，但本案的詐欺案至今都沒有任何破案，也就是S×Y網路拆分盤公司的詐騙犯，以及S×Y網路拆分盤公司在臺灣的團隊最前面幾位的詐騙犯，他們利用合法的多層次傳銷來掩護自己吸金、詐欺、詐騙的惡行、利用假投資，真詐財、利用跨國的網路拆分盤且利用手機的交易平台、利用大型的說明會、利用人性喜歡賺錢，不喜歡繳稅的弱點……，以及後來我勇敢向臺灣臺北地方檢署提出謝×綺及曾×亮的刑事案件。

　　從我提出的檢舉及刑事案件來看，檢察官誠如舉世聞名的科學家愛因斯坦曾留下的一句名言：「專家只是訓練有素的狗。」從這句舉世聞名的科學家愛因斯坦曾留下的名言來看，事實上，在現代化、專業化、證照化、科技化、電腦化等網路資訊後現代化的今日社會；事實上，專家或專業人士幾乎只懂他們專業的知識和技能，譬如，檢察官、法官幾乎只懂屬於他們專業相關的法律，但其實要當專家是不容易的事，而大部分只是專業人士而已。同理：「專業人士只是訓練有素的狗。」換個角度來看，事實上「人性原本就是不公平。」從這句思維來看，影響檢察官偵辦案件，影響法官審判案件的因素太多，譬如，親戚朋友的關係、人的情緒問題、電視媒體報導的影響、報紙、雜誌報導的影響、政治因素的影響……，還有以人來偵辦案件、以人來審判案件，也誠如台語說：「平平都是人。」事實上，人的限制很大；事實上，人的社會不論全世界哪個國家，有多少的民事案件因為法律講求證據，所以被害者無法獲得民事賠償？又有多少刑事案件因為法律講求證據，所以無法破案？即使被害者已

經夠可憐了，卻因偵辦案件的檢察官，審判案件的法官的限制而無法破案，也因調查人員、警察、刑警、檢察官、法官等，他們卻以「法律講求證據」當作事證而無法破案的理由來推卸責任，這麼一來，被害者根本沒有任何平反的機會，亦即以智慧型機器人來取代調查人員、警察、刑警、檢察官、法官等司法上的工作人員，由此可知智慧型偵查機器人及審判機器人會自動偵查、查證、分案、分析、掃描、測謊、認定、審案、判決等，才能帶給被害者新的希望。

幾個月前，《逃出立法院》這部電影在臺灣上演，而這部電影有劇情的簡介：「搞笑台版屍速列車。驚爆活屍入侵立法院賴雅妍、禾浩辰再銅框，團結攜手對抗活屍。」從這部電影的劇情簡介來看，其實《逃出立法院》這部電影是過去至現在臺灣的立法院的立法委員在立法院所發生的杯葛、衝突、打架等事件，甚至過去曾在立法院發生立法委員爆發流血打架的事件的真實故事及真實事件的改編，亦即過去不可否認民進黨的立法委員與國民黨的立法委員，也因為彼此選舉的恩怨、政治衝突、利益衝突等，所以我對臺灣立法委員的立法的品質幾乎已失望，因而我為了保護自己無論是「合法的多層次傳銷」，或者「違法吸金、詐欺、詐騙的老鼠會」，我則在認知上一律都是以「違法吸金、詐欺、詐騙的老鼠會來看待」，譬如，N×I網路拆分盤公司、S×Y網路拆分盤公司……的負責人的詐騙犯，以及S×Y網路拆分盤公司在臺灣團隊最前面那幾位的詐騙犯，而他們利用合法的多層次傳銷而假投資，真詐財、利用手機跨國網路拆分盤的網路交易平台，亦即網路拆分盤公司根本沒有跟任何投資者及被害者簽下任何書面的契約書、利用大型的說明會、利

用基督教的大×豪神的恩典團隊、利用人性喜歡賺錢，不喜歡繳稅、利用法律講求證據……，讓投資者及被害者陷入投資的陷阱而不自覺，等發現到時被害者都已無法挽回金錢的損失和傷害。

從S×Y網路拆分盤公司的詐騙犯及S×Y網路拆分盤公司在臺灣的團隊最前面幾位的詐騙犯來看，臺灣與全世界某些國家對詐騙集團及詐騙犯可判到十年以上有期徒刑，甚至死刑，相對於此，經由比較臺灣的司法對詐騙集團及詐騙犯的立法，即便後來臺灣的立法委員有修法，但經由比較還是判的太輕，亦即對詐騙集團及詐騙犯在法律上欠缺嚇阻的作用，還有調查人員、警察、刑警、檢察官、法官等，他們畢竟都是人，事實上，人的限制非常大；事實上，在法律講求證據之下，又有多少民事案件被害者無法獲得民事賠償？又有多少刑事案件無法破案？

從有多少民事案件因法律講求證據被害者無法獲得民事賠及刑事案件因法律講求證據無法破案來看，從過去至幾個月前我向臺灣臺北地方檢察署、臺灣高等檢察署所提出的刑事訴訟案件的前因後果、來龍去脈及幾年前我向行政院公×交易委員會檢舉S×Y網路拆分盤公司負責人（詐騙犯）的詐欺案、S×Y網路拆分盤公司在臺灣的團隊最前面幾位的領導人（詐騙犯），以及過去臺灣的社會所發生的重大的刑事案件為例，後來我發現S×Y網路拆分盤公司的詐騙犯，以及S×Y網路拆分盤公司在臺灣的團隊最前面幾位的詐騙犯，也就是107年4月我向行政院公×交易委員會所提出本案的檢舉，但當時行政院公×交易委員會的陳專員以電子信箱答覆我：「106年3月就有民眾檢舉本案。」隔了幾天，我打

電話給陳專員，而他回答我說：「連同我的檢舉，因此結合我的檢舉及民眾的檢舉，可以在不久的未來將詐騙犯一網打盡。」事實上，本案的詐欺案，經由法務部調查局的北×工作小組王調查官的問案完畢且做完筆錄後，再經由王調查官他對本案確認是詐欺案，然後經由臺灣臺北地方檢署檢察官問案、審理本案完畢，但本案的詐欺案至今都沒有任何破案，即使如此，S×Y網路拆分盤公司的詐騙犯，以及S×Y網路拆分盤公司在臺灣的團隊最前面幾位的詐騙犯，他們利用合法的多層次傳銷來掩護自己吸金、詐欺、詐騙的惡行、利用假投資，真詐財、利用跨國的網路拆分盤且利用手機的交易平台、利用大型的說明會、利用在臺中的新天地舉辦大型的春酒會來詐騙投資者的金錢（參加此春酒會的人不可在現場拍照）、利用春酒會的聾啞人士來讓投資者誤以為他們很有愛心、利用人性喜歡賺錢，不喜歡繳稅的弱點……，也因此讓投資者陷入假投資，真詐財的陷阱，等發現時都已太晚了。

從讓投資者陷入假投資，真詐財的陷阱來看，事實上，過去我曾兩次有差一點被詐騙集團詐騙的經驗，但幸好，不幸中的大幸！我有打電話給165防詐騙中心去求證，我並沒有被詐騙集團及詐騙犯詐騙成功，但我卻因我的老婆陳×顏整天不工作卻自己為了賺錢，她並不了解這樣的S×Y網路拆分盤公司負責人是詐騙犯，以及S×Y網路拆分盤公司在臺灣的團隊最前面幾位的領導人是詐騙犯，即便他們都是屬於吸金、詐欺、詐騙的詐騙犯，他們也利用合法的多層次傳銷來掩護自己吸金、詐欺、詐騙的惡行、利用假投資，真詐財、利用跨國的網路拆分盤且利用手機的交易平台……；事

實上，他們比起詐騙集團還更可怕更可惡；事實上，S×Y網路拆分盤公司的詐騙犯，以及S×Y網路拆分盤公司在臺灣的團隊最前面幾位的詐騙犯，他們是利用合法的多層次傳銷來掩護自己吸金、詐欺、詐騙的惡行；事實上，他們已滲透到全世界跨國企業的公司，以及利用合法的多層次傳銷滲透到每個人的最親近的人身上，等自己發現時都已太晚了，而且S×Y網路拆分盤公司的詐騙犯，以及S×Y網路拆分盤公司在臺灣的團隊最前面幾位的詐騙犯，也因為法律講求證據檢察官無法破案為理由，所以他們仍可逍遙法外及高枕無憂。

再來，我簡述曾×亮（先生稱呼上省略）及謝×綺（原名謝×慧，女士稱呼上則省略）我所提的刑事案件的「前因後果」，「來龍去脈」，後來我發現我被曾×亮利用我是一個精×障礙者且他以金錢為誘因把我當作「人頭支票」，亦即幾年前我過度的擔心會跳票的情況下，我勇敢向臺灣臺北地方檢察署提出「人頭支票一案」，但這個刑事案件經由臺灣臺北地方法院檢察署檢察官以罪證不足予以不起訴處分，也就是股別：定股，案號：104年度調偵字第2078號，而在臺灣臺北地方法院檢察署檢察官不起訴處分書，其偵辦本案的事證及不起訴的理由如下：上列被告因詐欺案件，業經偵查終結，認為不起訴處分，茲敘理由如下：「一、告訴暨臺北市政府警察局中山分局報告意旨略以：被告曾×亮意圖為自己不法之所有，基於詐欺之犯意，於民國102年11月間，在臺北市中山區林森×路100號4樓之9，即其與告訴人李×洲共同居住處，向告訴人佯稱：倘渠能提供空白支票，願意每月給渠新臺幣（下同）1萬元回饋金云云，致告訴人陷於錯

誤，遂於同年月25日，前往華×商業銀行忠孝東路分行開立帳號12×160×554×6號支票帳戶（下稱系爭支票帳戶），並於該日將已簽名及蓋章之支票1本共計25張（下稱系爭支票本）交付與被告，被告當場交付1萬元與告訴人。嗣告訴人至榮民服務處接受法律諮詢，始悉受騙。因認被告涉有103年6月18日修正前刑法第339條第1項之詐欺取財罪嫌云云。

二、按犯罪事實應依證據認定之，無證據不得認定犯罪事實，刑事訴訟法第154條第2項定有明文。次按認定不利於被告之事實，須依積極證據，苟積極證據不足為不利於被告事實之認定時，即應為有利於被告之認定，更不必有何有利之證據；又告訴人之告訴，係以使被告受刑事訴追為目的，是其陳述是否與事實相符，仍應調查其他證據以資審認，最高法院30年上字第816號、52年台上字的1300號判例足資參照。再按刑法第339條第1項詐欺罪之成立，以意圖為自己或第三人不法之所有，以詐術使人將本人或第三人之物交付為要件，所謂以詐術使人交付，必須被詐欺人因其詐術而陷於錯誤，若其所用方法，不能認為詐術，亦不致使人陷於錯誤，即不構成該罪，最高法院46台上字第260號判例意旨參照。

三、訊據被告曾×亮固坦承有於上開時、地，向告訴人李×洲拿取系爭支票本之事實不諱，惟堅詞否認有何詐欺犯行，辯稱：伊係業務經理，告訴人做清潔工作2年多，且住伊上址林森×路租屋處，伊因大姊之子高×杰而涉詐欺案件，致伊所有帳戶列為警示帳戶，資金無法動彈，適告訴人面臨經濟壓力，伊與告訴人商量後，雙方約定以每月1萬元為代價，由告訴人提供支票與伊使用，伊已支付告訴人2萬

元，且伊所簽發之支票金額均由伊付擔，並未致告訴人任何損失，尚有3張支票未能返還告訴人，係因簽發金額甚鉅，短期內無法以其他支票替換，故遲未返還，惟已告知告訴人等語。經查，質之告訴人於偵查中陳稱：伊係被告兼職助理及業務，被告要伊提供支票，每月給伊1萬元，但被告僅在伊交付系爭支票本1、2天後給伊1萬元，之後均未依約給付等語，並提出被告於102年12月1日、103年4月15日簽立支票收據影本、投資利潤立據影本各1紙在卷可稽；複查，被告前確因其外甥高×杰之故而涉犯詐欺案件，有臺灣臺中地方法院檢察署檢察官103年度偵字第8699號不起訴處分書存卷可證，堪認被告所言非虛，又告訴人與被告間有某程度之信賴、事業合夥關係，告訴人因信認被告且有利潤可取，同意提供系爭支票本與被告使用，被告收取系爭支票本後，亦曾支付1萬元與告訴人等情，為告訴人所是認，尚難認被告有何施用詐術，及告訴人有何陷於錯誤之情事。再查，告訴人設立之系爭支票帳戶，並無退票記錄，有華×商業銀行股份有限公司總行104年9月8日營清字第104×041286號函暨所附交易往來明細表在卷可證；又被告與告訴人業調解成立，有臺北市大同區調解委員會104年刑調字第472號調解筆錄1份在卷可稽，益徵被告主觀上應無詐欺之犯意，及為自己不法所有之意圖，自難僅因被告事後未依約持續支付金錢，即遽為不利被告之犯罪事實認定。綜上所述，被告所辯，尚非全然無稽，勘予採信。此外，復查無其他積極證據足認被告有何詐欺犯行，揆諸前揭法條及判例要旨，應認其犯罪嫌疑尚有未足。

四、依刑事訴訟法第252條第10款不起訴處分。本件正

本證明與原本無異。告訴人接受本件不起訴處分書後得於七日內書狀敘述不服之理由，經原檢察官向臺灣高等法院檢察署檢察長聲請再議。」

　　從臺灣臺北地方法院檢察署檢察官不起訴處分書來看，我當時考量這是曾×亮涉及刑事案件，我並沒有向臺灣臺北地方法院檢察署原檢察官提再議狀而上訴臺灣高等檢察署檢察長聲請再議，後來我有到臺北市中山區國×黨第×黨部去法律諮詢，而律師回答我的法律問題：「檢察官偵辦案件是採偵查不公開，但所謂的檢察官以偵查不公開為原則，所規範的是，檢察官而非人民。」事實上，我把檢察官偵辦本案不起訴的理由，依臺灣臺北地方法院檢察署檢察官不起訴處分書將其偵辦本案的事證及不起訴的理由而在這篇文章中真實的呈現，即使如此；事實上，原本我就沒有任何違法，也符合依據中華民國憲法規定：「人民有言論、講學、著作及出版之自由。」

　　再來，多年前曾×亮利用我是一個精×障礙者且以金錢為誘因，讓我是領有身×障礙手冊的精×障礙者，也因為欠缺辨識能力，所以我陷入投資的陷阱，即使當時我與曾×亮的投資是否他每個月的投資利潤有沒有拿給我，後來我卻無法確認？為什麼？也就是當時曾×亮他是直接拿給我跑業務及工作的薪資的現金，但他沒有以薪資袋上面註明任何投資的利潤、跑業務及工作的薪資，後來我發現曾×亮拿給我的老婆陳×顏僅新臺幣二萬五千元，事實上，與我原本投資的金額新臺幣十三萬七千元，與曾×亮歸還給我的錢及他拿給我的老婆陳×顏的錢差距好幾萬元，也因此我勇敢向臺灣臺北地方檢察署提出本案的刑事案件——股別：洪股，109年度

偵字第6324號（本案由臺灣臺北地方檢察署檢察官所偵辦的事證及不起訴的理由省略），但這個刑事案件經由臺北地方檢察署檢察官以罪證不足予以不起訴處分，我則不服有再上訴臺灣高等檢察署檢察長——股別：霜股，案號：109年度上聲議字第3154號（本案由臺灣高等檢察署檢察長所偵辦的事證及不起訴的理由省略），但這個刑事案件由臺灣高等檢察署檢察長仍以罪證不足予以駁回。

　　再來，謝×慧利用我當時是一位領有身×障礙手冊的精×障礙者欠缺辨識能力，後來我發現謝×慧不但欺騙我新臺幣七萬元，還把我當作她當時在臺北縣蘆洲市買的一間公寓式的房子的房屋貸款的擔保人，其金額高達新臺幣三百四十幾萬元，但不幸中的大幸！我當時搭計程車在十萬火急的衝到位於臺北市×信商業銀行×義分行，把我對謝×慧擔保她在臺北縣蘆洲市買的一間公寓式的房子，而她當時把我當作房屋貸款的擔保人屬於我個人重要資料全部拿回來並我把此重要資料撕毀，經過十年後，我到臺北市中山區國×黨第×黨部去法律諮詢，並與幾位律師確認提本案刑事案件沒有任何違法後，我勇敢向臺灣臺北地方檢察署提出本案的刑事案件——股別：劍股，案號：108年度偵字第23521號（本案由臺灣臺北地方檢察署檢察官所偵辦的事證及不起訴的理由省略），但這個刑事案件經由臺灣臺北地方檢察署檢察官以罪證不足予以不起訴處分，並在臺灣臺北地方檢察署檢察官不起訴處分書的最後一頁——以告訴人接受不起訴處分書後得於十日內以書狀敘述不服之理由，經原檢察官向臺灣高等檢察署檢察長聲請再議——股別：崑股，案號：109年度上聲議字第9615號，我則不服以再議狀經由原檢察官上訴臺灣高等

檢察署檢察長（本案由臺灣高等檢察署檢察長所偵辦的事證及不起訴的理由省略），但臺灣高等檢察署檢察長仍以罪證不足不起訴處分，並在臺灣高等檢察署處分書的最後一頁——以告訴人如不服本駁回處分，得於接受處分書10日內，委任律師提出理由狀，向該管的一審法院聲請交付審判，但我到臺北市中山區國×黨第×黨部去法律諮詢，律師則回答我說：「本案委任律師提出理由狀，律師費最便宜要新臺幣四萬元。」接著，律師又回答我說：「可以向法律扶助基金會申請法律上的救濟。」從律師回答我向法律扶助基金會申請法律上的救濟來看，事實上，我當時立即打電話給法律扶助基金會臺北分會的服務專員，他則回答我說：「目前申請案件的人很多，最快安排我在108年12月18日。」問題的關鍵是，10日內委任律師提出理由狀，向該管的一審法院聲請交付審判的最後一天是108年12月16日，由此可知已超過10日內委任律師提出理由狀向該管的一審法院聲請交付審判的法律時效。

從已超過10日內委任律師提出理由狀向該管的一審法院聲請交付審判的法律時效來看，我簡述多年前，前總統陳×扁因貪汙瀆職被北檢的檢察官以貪汙治罪條例起訴後，經由臺灣臺北地方法院刑事庭的法官他們以貪汙治罪條例判刑前總統陳×扁無期徒刑；臺灣高等法院刑事庭的法官他們以「法律的權力說」，判決前總統陳×扁無罪開釋；臺灣最高法院的刑事庭的法官以「法律的影響力說」，判刑前總統陳×扁因貪汙瀆職有罪必須入獄服刑，後來前總統陳×扁在矯正署入獄服刑幾年下來，但因他的身體狀況不佳，所以他獲得陳×姿等等醫療團隊的支持，也因此他獲得臺灣高等法院

刑事庭的法官獲准前總統陳×扁保外就醫，也因此從前總統陳×扁保外就醫以來，也因此根據電視媒體、網際網路、報紙、雜誌等的報導：「前總統陳×扁保外就醫，他參加政治上的言論及活動，因此踩受刑人保外就醫不可參加任何政治上的言論及活動的紅線。」但是，民進黨法務部的矯正署仍縱容前總統陳×扁這種行為，不把前總統陳×扁再抓回去關起來，由此可知誠如有人說：「臺灣都是由政治在決定一切。」

　　從誠如有人說臺灣都是由政治在決定一切來看，我簡述幾年前最高檢察署檢察總長黃×銘，由於他當時偵辦王×平立法院長、民進黨立法委員總召柯×銘等涉及關說案，但當時北檢的檢察官僅偵辦檢察總長黃×銘涉及檢察官偵辦案件以「偵查不公開」為原則，以及涉及違反通訊保密法，也因此北檢的檢察官把檢察總長黃×銘起訴，然後經由臺灣臺北地方法院刑事庭的法官他們判刑前檢察總長黃×銘一年二個月的有期徒刑且易科罰金，但問題的關鍵是，當時的最高檢察署有向法院申請監聽票，還有當時在總統府「國是論壇」的網站，有人這樣寫文章表達有關於北檢的檢察官起訴檢察總長黃×銘的案件，標題則是「關說無罪，監聽有罪。」從作者對北檢的檢察官起訴前檢察總長黃×銘的案件及臺灣臺北地方法院刑事庭的法官判刑檢察總長黃×銘不公正的法律觀點來看，事實上，現代化的檢察官及法官受到電視媒體、網路、報紙、雜誌等等的報導影響很大。

　　後來，前總統馬×九在105年下台後，當時北檢的檢察官偵辦前總統馬×九是以洩密罪將他起訴，由此經由臺灣臺北地方法院刑事庭的法官他們判決前總統馬×九無罪，接著

臺灣高等法院刑事庭的法官他們判決前檢察總長黃×銘向前總統馬×九總統報告：「當時的王×平立法院長、民進黨立法委員總召柯×銘等涉及關說案是屬於洩密罪的罪證成立。」從臺灣高等法院刑事庭的法官他們判決前檢察總長黃×銘向前總統馬×九報告是屬於洩密罪的罪證成立來看，即使最後由臺灣最高法院刑事庭的唐審判長法官判決前總統馬×九無罪，也根據當時電視媒體、網路、報紙、雜誌等報導：「民進黨的陳×師監察委員約談臺灣最高法院刑事庭的唐審判長的法官，關於前總統馬×九涉及洩密罪判決的公正性在哪裡？因此他進行對最高法院刑事庭的唐審判長的法官約談和詢問。」事實上，民進黨的陳×師監察委員是利用監察委員的職權來約談臺灣最高法院刑事庭的唐審判長的法官；事實上，北檢的檢察官僅偵辦前檢察總長黃×銘違反檢察官偵辦案件是以「偵查不公開」為原則，以及他違反通訊保密，但北檢的檢察官他卻昧著良心及利用自己本身檢察官的職權，不偵辦當時的王×平立法院長、民進黨立法委員總召柯×銘等涉及關說案，即使當時的檢察總長黃×銘向馬×九總統報告：「當時的王×平立法院長、民進黨立法委員總召柯×銘等涉及關說案。」事實上，也根據當時某報的報導：「當時最高檢察署有向法院申請監聽票。」事實上，北檢的檢察官僅偵辦前檢察總長黃×銘違反檢察官偵辦案件是以「偵查不公開」為原則及他違反通訊保密，以及僅偵辦前總統馬×九總統的洩密罪，而北檢的檢察官卻不偵辦當時的王×平立法院長、民進黨立法委員總召柯×銘等涉及關說案。

　　即使在北檢的檢察官偵辦案件上已失去公正，但最後本

案也由臺灣最高法院刑事庭的唐審判長的法官判決前總統馬×九沒有涉及洩密罪是屬於公正的判決，為什麼？理由是，當時的檢察總長黃×銘向馬×九總統報告：「當時的王×平立法院長、民進黨立法委員總召柯×銘等涉及關說案。」事實上，並沒有違反檢察官「偵查不公開」為原則及他違反通訊保密，也沒有違反當時的檢察總長黃×銘向最高國家領導人馬×九總統報告：「當時的王×平立法院長、民進黨立法委員總召柯×銘等涉及關說案。」事實上，當時臺灣臺北地方法院刑事庭的法官他們判刑檢察總長黃×銘違反檢察官偵辦案件是以「偵查不公開」為原則，以及他違反通訊保密；事實上，台灣台北地方法院刑事庭的法官他們判刑檢察總長黃×銘一年二個月的有期徒刑且易科罰金，以及後來台灣高等法院刑事庭的法官他們判刑檢察總長黃×銘一年三個月，但可以用罰款代替服刑；事實上，台灣臺北地方法院刑事庭的法官及台灣高等法院刑事庭的法官他們判刑檢察總長黃×銘不但不×正；事實上，當時的北檢的檢察官及台灣臺北地方法院刑事庭的法官及台灣高等法院刑事庭的法官他們都受到電視媒體、電視台、網路、報紙、雜誌等影響，才如此偵辦及判決前檢察總長黃×銘違反檢察官偵辦案件是以「偵查不公開」為原則及違反通訊保密，以及前總統馬×九涉及洩密罪。

　　本篇最後再舉一例，幾年前因電視媒體如火如荼的報導：「味×股份有限公司董事長魏×充，由於涉及餿水油一案，被臺中地方檢察署偵辦本案的檢察官起訴，也經由臺中地方法院的法官判決無罪。」但是，電視媒體的影響之下，居然臺中地方法院判決本案的法官改判魏×充四年的有期徒

107　　　　　　　　　　　　　　　　　　第一輯　雜篇

刑及可上訴臺灣高等法院，還有臺中地方檢察署偵辦本案的
檢察官在電視媒體的影響及眾多的民眾抗議之下，再上訴臺
灣高等法院並請了鑑定的專家，後來我透過司法院的電子信
箱點選臺中地方法院去表達有關於味×股份有限公司董事長
魏×充一案，而當時的臺中地方法院以電子信箱回函給我：
「受教了」，後來臺灣高等法院刑事庭的法官是判決魏×充
無罪？或有罪？我就不得而知了？換個角度來看，檢察官及
刑事庭的法官畢竟也人，也因此受到現代化及網路資訊後現
化的電視媒體、網路、報紙、雜誌等的影響很大，再來幾個
月前美國的×豬一案，也因為藍綠的陣營有人向臺灣臺北地
方檢察署提告，所以原告及被告在偵查庭都辯稱這是屬於
「言論自由」，但北檢偵辦本案的檢察官卻認定×豬一案不
是言論自由的範圍，由此可知我預測大概2050年在人類的世
界，警察、刑警會被「智慧型機器戰警」所取代、檢察官會
被「智慧型偵查機器人」所取代、法官會被「智慧型審判機
器人」所取代、護理師會被「智慧型護理機器人」所取代、
醫師會被「智慧型診斷及治療機器人」所取代……，亦即以
智慧型機器人來取代調查人員、警察、刑警、檢察官、法官
等司法上的工作人員，也因此智慧型偵查機器人及審判機器
人會自動偵查、查證、分案、分析、掃描、測謊、認定、審
案、判決等，才能帶給被害者新的希望。

八、AI 工智慧的延伸——民事庭的法官

　　《極樂世界》於2013年在美國上映的一部科幻片，而劇情由網路的《維基百科》所提供，其劇情如下：「2154年，世界上最富有的權貴集體居住在生活設備齊全的人造宇宙都市『極樂世界』」（Elysium）上，而其他平民繼續生活在污染嚴重、疾病肆虐、犯罪盛行的地球，幾乎無時無刻都面臨著死亡威脅。極樂世界所裝設著可治癒任何疾病、扭轉衰老過程、還能細胞再生的『醫療床』（Med-Bay），讓全地球平民對空間站望眼欲穿，數年下來靠非法移民的方式闖入空間站，短暫使用醫療床來為自己或孩子們治病。極樂世界國防部長潔西卡・德拉蔻為了保證空間站居民的生活水平，實行絕對隔離政策而嚴禁任何地球平民到空間站，而任何入侵空間站的平民全部會被她驅逐或槍決。

　　麥克斯・達科斯塔是一位孤兒出身的偷車賊（英語：Motor vehicle theft），居住在洛杉磯貧民窟度過假釋期，並在全球榜首科技企業『阿瑪達奈公司』（ArmadyneCorp）的機器人工廠打工。他有一天不慎困入機器人處理室而暴露在高度輻射之下，導致身體受輻射中毒影響而只剩五天性命，認為極樂世界的醫療床是唯一能救他的工具後，麥克斯跟好友胡里奧去見他的前雇主，負責極樂世界非法移民工作的人口走私客蜘蛛。蜘蛛賞識麥克斯的決心而答應他，並希望麥克斯能幫他偷取到任何有關極樂世界的數據資料，同時命令部

下通過手術，將一架機械外骨骼安裝在麥克斯身上來助於他行動。

德拉蔻命令一位潛伏特工克魯格於地球擊落兩艘即將非法入侵空間站的太空艦艇、殺死大量平民，自作主張之下受總統帕特爾警告若有下次就革職。對官僚心生不滿的德拉蔻秘密找來阿瑪達奈公司執行長約翰・卡萊爾合作，協助她修改空間站主機內核、將她編碼成新總統便會續簽他的公司。卡萊爾回地球編寫完重啟程序後，將其保存在自己的大腦裡作為保險措施，而他搭乘太空船飛往極樂世界過程中，麥克斯一行人將他的船擊落至貧民窟裡。在解決卡萊爾的機器護衛後，身負槍傷的卡萊爾瀕臨死亡，他們便趁卡萊爾死前將他腦裡的重啟程序下載到麥克斯的外骨骼神經植入中；內容因此顯示亂碼而無法閱讀。對此緊張的德拉蔻被迫再次啟用克魯格，給他武器裝備與戰機而迅速趕到現場，當場殺害胡里奧與其他人，只有腦裡保存著數據的麥克斯僥倖脫逃。

麥克斯一路逃亡到醫院，找他在孤兒院一起長大的護士好友芙蕾求助，而芙蕾將他接回家照顧、順便也要照顧她患有白血病的女兒瑪蒂爾達。芙蕾希望麥克斯能協助她幫女兒到極樂世界使用一下醫療床治病，但麥克斯為了保護她而拒絕，隨後獨自回蜘蛛的總部讀取腦中的數據，得知這是足以能讓全地球人都變成極樂公民的重啟程序。但因為地球通往空間站的空域處於封鎖階段，麥克斯又得知克魯格一行人劫芙蕾母女倆做人質，於是拿一顆放手即爆的手榴彈用自殺式手段搭上克魯格的艦艇飛往空間站，同時讓蜘蛛一行人解除封鎖而秘密搭艦艇前往空間站。麥克斯暗中反擊而讓克魯格被手榴彈炸碎臉部，讓艦艇墜毀至空間站花園，芙蕾迅速帶

著性命不保的瑪蒂爾達使用最近的醫療床，但因為女兒還不是公民而無法為她運行，她們最後集體被空間站守衛抓獲。

德拉蔻急切想拿到麥克斯腦裡的數據，但剛用醫療床痊癒臉傷的克魯格，對德拉蔻一刀刺喉後決定自行奪下數據並成為總統。自食其果的德拉蔻最終死在芙蕾面前，而克魯格的弟兄開始放肆屠殺空間站所有官員，而逃出監禁的麥克斯救出芙蕾和瑪蒂爾達，命令她們去找最近的醫療床等待系統重啟，同時跟趕到的蜘蛛前去系統主機。克魯格身穿軍用級外骨骼伏擊麥克斯，但在決鬥時反被麥克斯拉斷外骨骼腦神經連接器，當克魯格試圖靠手榴彈和麥克斯同歸於盡時，但麥克斯搶先將克魯格扔下橋樑，使他掉下去被炸碎身亡。到達系統主機前時，蜘蛛發現程序被設定成一種致命性的保險措施，一旦啟動會讓麥克斯腦神經被電毀而斃命。即便如此，麥克斯認為只有犧牲自己才能完成心願，於是跟芙蕾最後通話至別，隨著程序啟動而結束自己的生命。

蜘蛛馬上修改系統將全地球人變成極樂世界公民，芙蕾及時用醫療床治好瑪蒂爾達而母女團圓，蜘蛛還派送大量安置醫療床的急救艦艇抵達地球各處，開始救治每一位病患兒童等等平民。芙蕾拿著麥克斯送她的項鏈，默默感謝麥克斯兌現她們倆童年時的承諾。」從網路的《維基百科》所提供的《極樂世界》這部電影的劇情來看，由於地球的環境汙染越來越嚴重，也形成了溫室效應所造成地球的氣候變成異常的不穩定，也造成地球上旱災、洪水氾濫成災頻傳，也因為地球越來越不適合人類居住，所以人類的設計者在地球的外太空建造一座大型適合人類居住的太空站，也在太空站內擁有全世界最先端的科技「智慧型醫療診斷及治療機器的醫療

床」，因而只要人躺在此智慧型醫療診斷及治療醫療床裡面，就會自動從診斷及治療並一次完成，亦即病人躺在此智慧型醫療診斷及治療機器的醫療床，就可以獲得身體全面的診斷及治療，即便有滿多AI人工智慧的機器人已在電影的世界上演，也事實有許多AI人工智慧的機器人已在二十一世紀網路資訊的後現代化社會真實的呈現，如清潔機器人、煮菜機器人、家庭教師機器人等等來取代人力的不足和限制。

在《異星物語》這部電影有介紹劇情的簡介：「以撒是一位在美國宇航局工作的年輕科學家，某天，他通過一顆衛星接收到來自太空的神祕信號，並非往信號標示地點尋找外星人蹤跡；在探尋過程中，以撒竟遭外星人綁架，然而……。」從《異星物語》這部電影有介紹劇情的簡介來看，我為什麼會想到以 AI 人工智慧來取代後現代化網路資訊的調查人員、警察、刑警、檢察官、法官？主要的原因是，民事的核心條款上的規定：「原告是主張權利者須負舉證之責任。」及刑事的條款法律上的規定，亦是如此，但事實上大部分提出民事損害賠償及刑事案件，係因原告（被害者）提出訴訟，也就是大概 2050 年我預測檢察官會被「智慧型偵查機器人」所取代，法官會被「智慧型審判機器人」所取代、警察會被「智慧型機器戰警」所取代，醫師會被「智慧型診斷及治療機器人」所取代……，亦即大概到2050 年時，原告（被害者）提出訴訟已不需要負舉證之責任，而是由被害者提供事實與證據就可以，也因為由檢察官已被「智慧型偵查機器人」所取代，法官已被「智慧型審判機器人」所取代，由此可知已突破人的限制，也就是可以用智慧型偵查機器人及審判機器人採自動偵查、查證、分案、

分析、掃描、測謊、問案、認定、審案、判決等，來還給被害者民事賠償及刑事懲罰加害者的公正判決。

　　舉我個人從十年前我提出的三件民事訴訟案件來說，也就是臺灣臺北地方法院、臺灣士林地方法院及臺灣高等法院的民事庭法官，他們不但判我敗訴，還造成我損失高達新臺幣十一萬元的損失，也就我的第一個民事案件是，在臺灣的社會上從事良心事業的工作者沒有人對我「因材施教」，反而二十幾年前我被號×出版社的發行人陳×磻先生，後來我發現他惡意的對我設計：「寫書是現代人的身分證。」的陷阱，也就是本案我提出民事賠償有三位被告，第一個是，號×出版社的發行人陳×磻先生；第二個是，二十幾年前臺北市耕莘寫作班的會長陸×誠神父；第三個是，台×哲學系傅×榮教授。第二個民事案件是，我被市立聯合醫院松×院區邱×強等等門診的精神科醫師「誤診一案」，亦即依據市立聯合醫院松×院區邱×強醫師開給我的醫師證明：「第一，強迫症；第二，精神分裂症。」後來，我回診於臺北榮民總醫院精神科並通過鑑定單位的鑑定取得身×障礙手冊，而第一次鑑定是「輕度躁×症」，第二次鑑定是「中度躁×症」，以及臺北榮民總醫院李×達精神科醫師他當時有開醫師證明給我「中度躁×症」。第三的民事案件是，我被臺北榮民總醫傷殘重建中心（早已更名為身障重建中心）83年1月以「傷殘重建中心精簡人員為理由把我給裁員」，但後來我發現直到92年2月才精簡人員，由此可知臺北榮民總醫傷殘重建中心對我精減人員的時間居然長達接近十年。

　　從我提出的民事案件來看，事實上，法官誠如舉世聞名的科學家愛因斯坦所留下的名言：「專家只是訓練有素的

狗。」從這句舉世聞名的科學家愛因斯坦所留下的名言來看，在現代化、專業化、證照化、科技化、電腦化等，以及網路資訊後現代化的今日社會；事實上，專家及專業人士幾乎只懂他們專業的知識和技能，譬如，檢察官、法官幾乎只懂屬於他們專業相關的法律，其實要當專家是不容易的事，而大部分只是專業人士而已。同理：「專業人士只是訓練有素的狗。」另一方面，事實上「人性原本就是不公平。」從這句思維來看，影響檢察官偵辦案件、影響法官審判案件的因素太多，譬如，親戚朋友的關係、人的情緒問題、電視媒體報導的影響、報紙、雜誌報導的影響、政治因素的影響……，還有以人來偵辦案件、以人來審判案件，也誠如台語的俚語說：「平平都是人。」從這句台語的俚語來看，因為人的限制很大，所以不論全世界哪個國家有多少的民事案件被害者無法獲得賠償，又有多少刑事案件無法破案，也就是被害者已經夠可憐了，卻因偵辦案件的檢察官、審判案件的法官的限制而無法破案，亦即調查人員、警察、刑警、檢察官、法官等，在「法律講求證據」的情況下，他們幾乎都在推卸責任，這麼一來，被害者根本沒有任何平反的機會，由此可知以智慧型機器人來取代調查人員、警察、刑警、檢察官、法官等的工作，也就是智慧型機器人會自動偵查、查證、分案、分析、掃描、測謊、問案、認定、審案、判決等，如此才能讓被害者帶來新的希望。

經過十年後，即使我鼓起勇氣提出本案——108年度北保險小字第2號的民事賠償，也因鄧×倩法官利用本身的職權及法官的權威、利用原告是主張權利者須負舉證之責任、利用按勞工保險之保險費一經繳納，概不退還，以及利用本院

得心證理由，其本案民事的判決文如下：事實及理由：
「一、原告主張：伊自民國（下同）101年2月23日在臺北市
×貨行售貨職業工會（下稱系爭工會）投保勞工保險，復
106年3月1日由現投保單位財團法人伊甸社會福利基金會加
保，惟聽從系爭工會職員劉×寧『退保重新再來』『加入工
會每年都可調薪』『60歲退休可領到1萬9千元』等詞，自
106年3月1日至107年1月23日期間重複繳納勞保費，爰請求
被告劉×寧及勞工保險局賠償溢繳保費損失等語，並聲明：
被告應各給付原告新臺幣（下同）15000元（見本院卷第11
頁）。

　　二、被告劉×寧則以：伊並無以退休金年資為由誘使原
告入會投保，原告加保屬個人自願，也享有會員福利，其間
原告雖有其他工作但不穩定，原告因己意決定雙重保險，與
伊無關等置辯，並聲明：原告之訴駁回。

　　三、被告勞動部勞工保險局（下稱勞保局）則以：伊已
發函通知原告及系爭工會有關重複繳納勞保費一事，原告可
於文到10日內通知系爭工會申報退保，並追溯自原告由現受
僱單位加保一日退保，保險費不重複計收，惟原告自願重複
加保，保費不退還等語置辯，並聲：原告之訴駁回。

　　（一）按當事人主張有利己之事實者，就其事實有舉證
之責任，民事訴訟法第277條前段定有明文。又民事訴訟如
係由原告主張權利者，應先由原告負舉證之責，若原告先不
能舉證，以證實自己主張之事實為真實，則被告就其抗辯事
實即令不能舉證，或其所舉證尚有疵累，亦應駁回原告之請
求（最高法院17年上字第917號判例參照）。查原告前揭主
張固有全民健康保險證明卡、身×障礙證明、重×傷病免自

第一輯　雜篇

行部分負擔證明卡、繳費明細、勞工保險被保險人投保資料表（明細）、在職證明書、系爭工會退費收據、會員證、保費證明書等在卷（見本院卷第13、78至86頁），惟並未舉證被告等有何故意或過失，原告主張難認有據。原告雖領有中度身×障礙證明（見本院卷第13頁），然未為監護宣告與輔助宣告，且依其前述入會係因工會每年會調薪，退休後可領到較高金額退休金等語（見本院卷第9頁），足見其有完全意識能力，自應其行為負責。

（二）按勞工保險之保險費一經繳納，概不退還。但非歸責於投保單位或被保險人之事由所致者，不在此限。勞工保險條例第16條第2項定有明文。查被告勞保局發現職業工會被保險人即原告，同時由受僱單位雙重加保時，分別於103年10月15日、104年9月25日、104年11月2日、105年7月8日、105年9月6日、105年11月17日及106年3月17日發函通知系爭工會及原告有雙重投保情形，有該局108年4月1日函文陳明在卷（見本院卷第106至108頁），復觀諸原告提出被告勞保局107年11月6日、107年11月23日、107年12月11日函內容，均有告知原告雙重保險等語（見本院卷第17至21頁），原告並未舉證證明，其所繳納之保險之保險費有勞工保險條例第16條第2項但書所定之不可歸責事由，則其主張被告等應返還前開溢繳保費，亦不可採。

五、綜上所述，原告依侵權行為法律關係，請求被告劉×寧及勞保局各付15000元，為無理由，應予駁回。

六、本件證明已臻明確，兩造其餘攻擊防禦方法及所提證據，核予判決結果不聲影響，爰不逐一論述，併此敘明。

七、訴訟費用負擔之依據：民事訴訟法第78條。中華民

國108年6月6日臺北簡易庭　法官　鄧×倩　以上正本證明與原本無異。如不服本判決，須以違背法令違理由，於判決送達後20日內向本庭（臺北市重慶南路1段126巷1號）提出上訴狀。（須按他造當事人之人數附繕本）。如委任律師提起上訴者，應一併繳納上訴審裁判費。中華民國108年6月6日書記官　曾×生。」從臺灣臺北地方法院臺北簡易庭鄧×倩法官利用本身的職權及法官的權威、利用原告是主張權利者須負舉證之責任、利用按勞工保險之保險費一經繳納，概不退還，以及利用本院得心證理由來看，後來我發現鄧×倩法官在本案108年度北保險小字第2號的民事賠償的判決文：「按當事人主張有利己之事實者，就其事實有舉證之責任，民事訴訟法第277調前段定有明文。又民事訴訟如係由原告主張權利者，應先由原告負舉證之責，若原告先不能舉證，以證實自己主張之事實為真實，則被告就其抗辯事實即令不能舉證，或其所舉證尚有疵累，亦應駁回原告之請求（最高法院17年上字第917號判例參照）」事實上，鄧×倩法官根本在利用民事的核心條款：「原告是主張權利者須負舉證之責任。」及「按勞工保險之保險費一經繳納，概不退還。」後來我採取寫存證信函給勞保局石×發局長及臺北市×貨行售貨職業工會的經辦人劉×寧，以及鄧×倩法官作為適當的反擊來保護我是領有身×障礙證明的精×障礙者。

　　接著，我因勞健保的雙重保險及勞保的雙重保險，所以向臺灣臺北地方法提告勞保局及位於臺北市羅斯福路二段91號16樓之臺北市×貨行售貨職業工會的經辦人劉×寧小姐，後來我發現當時的勞保局有回函給我：「勞健保費一經繳納，就不再退費。」但是，當時我因受精神疾病的影響，所

以我時常更換工作，也因此造成我的身心過度的擔心下，也因此我當時有去問別人，而他回答我說：「投保勞健保的雙重保險沒有違法。」也因此造成我陷入該職業工會的經辦人劉×寧小姐利用我是一位領有身×障礙證明的精×障礙者，並她為了賺我繳納工會的會費，以及我提出本案的訴訟，後來我發現她利用勞保局與她從事臺北市×貨行售貨職業工會的關係而變成了「同盟國」，也利用按勞工保險之保險費一經繳納，概不退還。

　　然而，臺灣臺北地方法院臺北簡易庭的鄧×倩法官，她就是我十年前提告市立聯合醫院松×院區邱×強等等精神科醫師對我「誤診一案」而判我敗訴的鄧×倩法官，即便鄧×倩法官不但利用她本身法官的權威及職權，也因為她不但判我敗訴，所以經過十年後我發現她利用民事的核心條款：「原告是主張權利者須負舉證的責任。」及「按勞工保險之保險費一經繳納，概不退還。」從鄧×倩法官利用民事的核心條款及按勞工保險之保險費一經繳納，概不退還來看，事實上，她利用本身法官的職權及法律的權威；事實上，她把一切的責任推給我領有身×障礙證明的精×障礙者，這麼一來，鄧×倩法官誠如有人以台語來形容：「有錢判生，無錢判死。」也誠如有人說：「良心被狗咬掉了。」從這兩句話來看，依據中華民國憲法第八十條規定：「法官依法獨立審判，須超越黨派，不受任何干涉。」我建議修法是：「法官依法獨立審判，須面對自己的良心，不受任何影響。」從我建議中華民國憲法第八十條修法來看，事實上這樣才符合古代的包青天辦案「公正無私」、「鐵面無私」辦案的精神。

　　從勞保局對被保險人繳納的規定來看，事實上，當時該

職業工會的經辦人劉×寧小姐不但完全沒有告知我，她還知道我是領有身×障礙證明的精×障礙者，也因此我當時有跟她分享說：「我有去請教別人我投保該職業工會的勞健保雙重保險及勞保雙重保險沒有任何違法」，也就是該職業工會的經辦人劉×寧小姐根本是在利用我是一個精×障礙者，但她當時在電話中僅對我說：「我所繳納的勞健保費大部分都繳給勞保局及健保局。」但是，她在臺灣臺北地方法院臺北簡易庭的法庭上卻利用我提告勞保局，而她完全昧著良心不承認在利用我是領有身×障礙證明的精×障礙者，即使我是領有身×障礙證明的精×障礙者，但我是明理的人，也因此該職業工會的經辦人劉×寧小姐為了業績及賺該職業工會的會費，也因此她明明在利用我是領有身×障礙證明的精×障礙者卻完全不承認，我也為了保護我是精×障礙者，亦即根據多年前《華視新聞雜誌》的報導：「罹患精神官能症及精神疾病的病患，自殺率高達百分之九十，一般人自殺則是百分之十。」從多年前《華新聞雜誌》的報導來看，我採取適當的反擊，也不論我的判斷是否與事證有出入？我也對得起道德及良心，而且合情、合理、合法。

　　接著，我因勞健保的雙重保險及勞保的雙重保險，所以向臺灣臺北地方法提告勞保局及臺北市×貨行售貨職業工會的經辦人劉×寧小姐，後來我發現在鄧×倩法官判我敗訴之後，我變成勞保局及該職業工會的經辦人劉×寧小姐的「兩面夾殺」；後來發現我當時須放棄勞保局的民事賠償，只針對該職業工會的經辦人劉×寧小姐在臺灣臺北地方法院臺北簡易庭的法庭上向鄧×倩法官說明及舉證民事賠償，但我是領有身×障礙證明的精×障礙者，也因為精神疾病造成我欠

缺辨識能力，所以當時我有打電話給該職業工會的經辦人劉×寧小姐，並當時對該通電話且對該職業工會的經辦人劉×寧小姐進行電話手機的錄音存證，可是我在法庭上因精×疾病造成我過度的緊張，我卻忘了跟鄧×倩法官陳述及舉證我有向該職業工會的經辦人劉×寧小姐的錄音存證，而我卻以一般情況都無法錄音存證來陳述。

　　從臺灣臺北地方法臺北簡易庭院108年度北保險小字第2號鄧×倩法官對本案的判決文來看，後來我有向臺灣臺北地方法申（聲）請「法官迴避」，並在108年度聲字第506號臺灣臺北地方法民事裁定上，而本案我原本上訴臺灣高等法院，但由臺灣臺北地方法民事合議庭的三位法官——徐×慧審判長、郭×好法官、劉×呈法官等對本案民事的裁定上（本案由臺灣臺北地方法民事合議庭的三位法官民事裁定，其判決文省略），以及申（聲）請臺灣臺北地方法臺北簡易庭108年度北保險小字第2號鄧×倩法官的法官迴避及聲請108年度聲字第506號臺灣臺北地方法民事裁定的法官迴避，其本案法官迴避民事的裁定文如下：主文：聲請駁回。理由：一、按法官有民事訴訟法第32條所定各款情形而不自行迴避者，或有第32條所定以外之情形，足認其執行職務有偏頗之虞者，當事人得聲請法官迴避，聲請法官迴避，應舉其原因，向法官所屬法院為之，並應自為聲請之日起，於3日內提出能即時調查之證據釋明迴避原因，民事訴訟法第33條的1項、第34條第1項、的2項及第284條分別定有明文。次按法官有民事訴訟法第32條所定之情形而不自行迴避，或有該條所定以外之情形，足認其執行職務有偏頗者，當事人固得依同法第33條規定聲請法官迴避，然應於訴訟程序終結前為

之，如訴訟程序業已終結，則該法官已無應執行之職務，當事人自不得再行聲請法官迴避（最高法院71年台聲第123號裁判、97年度台聲字第40號裁定意旨參照）。準此，倘案件已經終結，當事人即無由聲請法官迴避。

二、聲請意旨略以：聲請人向相對人劉×寧（臺北市×貨行售貨職業工會）、勞工保險局提起損害賠償訴訟，繫屬於本院簡易庭108年度北保險小字第2號（即第一審），嗣其敗訴提起上訴，由本院民事庭以108年度保險小上字第1號（即第二審）審理，並駁回其上訴。惟第一審鄧×倩法官（下稱第一審承審法官）明知聲請人罹患躁×症領有中度身心障×證明，屬欠缺辨識能力之人，然該法官於審理時，未就此部分為考量，逕將其視同常人而對其為不利之認定，聲請人不服提起上訴後，第二審林×鈴法官、洪×莉法官、林×玉法官（下合稱第二審承審法官）另以裁定駁回其上訴，可見第二審法官同樣認定身心狀況與一般人相同，是本件第一、二審承審法官均未衡量聲請人為精神障礙者，顯有偏頗行為，爰聲請人上開承審法官迴避等語。

三、經查，聲請人向相對人劉×寧（臺北市×貨行售貨職業工會）、勞工保險局提起損害賠償訴訟，經本院台北簡易庭於108年6月6日以108年度北保小字第2號為聲請人敗訴之判決，聲請人不服，提起上訴，嗣本院民事庭於從108年7月31日以108年度保險小上字第2號裁定駁回聲請人之上訴確定在案（下稱系爭案件）等情，有系爭案件歷審判決在卷可稽，並經本院調取該案全卷卷宗核閱無訛，是系爭案件之訴訟程序業已終結，勘可認定。聲請人復於108年8月7日向本院具狀聲請系爭案件第一、二審承審法官迴避，亦有民事聲

　　　　　　　　　　第一輯　雜篇

請法官迴避狀存卷可考，足徵聲請人所為之聲請係在系案件終結之後，揆諸前揭說明，其所指之承審法官就該案件已無執行之職務，或有影響審判公平之虞，聲請人自不得再行聲請該法官迴避。從而，聲請人聲請法官迴避，逾法自有未洽，不應准許。

　　四、爰臺裁定如主文。中華民國108年8月23日　民事庭七庭　審判長法官　徐×惠　法官　郭×　法官　劉×呈以上正本係照原本作成。如對本裁定抗告須於送達10日內向本院提出抗告狀，並繳納抗告費新臺幣1000元。中華民國108年8月23日　書記官　周×怡。臺北地方法合議庭三位女性法官所裁定的民事法官迴避來看，事實上鄧×倩法官還利用民事的核心條款的規定和權威：「原告是主張權利者須負舉證之責任。」及「按勞工保險之保險費一經繳納，概不退還。」事實上，在一九五七榮獲諾貝爾文學獎的得主卡謬曾留下一句名言：「我反抗，所以我們存在。」同理：「我反抗，所以我存在。」

　　再來，由臺灣臺北地方法院臺北簡易庭的庭長，以及裁定本案民事法官迴避的林×珠審判長法官，她也因為是臺灣臺北地方法院臺北簡易庭的庭長，所以她以108年度北小聲字第17號民事裁定的法官迴避，其裁定文如下：上列聲請人與相對人勞動部勞工保險局間108年度北保險小字第2號損害賠償事件，聲請人聲請法官迴避，本院裁定如下：主文，聲請駁回。理由：一、本件聲請意旨略以：本院108年度北保險小字第2號損害賠償事件之承審法官鄧×倩利用原告係領有身心障×證明，患有中度躁×症，欠缺辨識能力，完全採用醫事鑑定委員會之意見，致判決有偏頗，爰依民事訴訟法

第33條第1項第2款規定聲請法官迴避云云。

二、按法官有民事訴訟法第32條所定情形而不自行迴避者，或有第32條所定以外之情形，足認其執行職務有偏頗之虞者，當事人得聲請法官迴避，民事訴訟法第33條的1項固有明文。惟當事人聲請法官迴避，無非以使該法官不執行職務為目的，若事件已為終局判決，則該法官已無應執行之職務，當事人自不得再行聲請法官迴避（最高法院27年抗字第423號判例意旨參照）。

三、查本院108年度北保險小字第2號損害賠償事件已於民國108年6月6日經判決駁回聲請人之訴而終結，嗣聲請人不服上訴後經本院合議庭以108年度保險小上字第1號裁定駁回而確定，有上開裁判書在卷可稽。揆諸前揭最高法院判例意旨，上開事件之承審法官鄧×倩法官已無應執行之職務，聲請人聲請鄧法官迴避，為無理由，應予駁回。

四、爰裁定如主文所示。中華民國108年8月30日　臺灣臺北地方法院台北簡易庭　審判長法官　林×珠　以上為正本係照原本作成。如不服本裁定，須於裁定送達後10日內向本院提出抗告狀，並繳納裁判費新臺幣1000元　中華民國108年8月30日　書記官　陳×諭。

從臺灣臺北地方法院臺北簡易庭的庭長，以及裁定本案民事的法官迴避的林×珠審判長法官來看，鄧×倩法官判決108年度北保險小字第2號民事損害賠償的事件有偏頗，但後來向司院院秘書長，以及全體立法委員陳請有關於「法官迴避在法律時效上只有三天，事實是不合理。」但是，我申請的法官迴避只有三天不合理，經由立法院程序委員會並回函給我，也事實沒有通過法官迴避只有三天不合理的修法。

進一步來分析，臺灣立法院的立法委員，也因為選舉的恩怨，從過去到現在的杯葛、衝突，甚至過去曾發生民進黨立法委員與國民黨的立法委員在立法院所發生的流血衝突、打架等事件，也就是我對臺灣的立法委員的立法品質幾乎已失望，我也因此建議：「由事務官來取代政務官才能解決，臺灣立法院的亂象及臺灣社會的亂象，以及解決臺灣的社會貧富差距越來越嚴重的現象。」譬如，2020年11月3日開始的美國總統大選，因此根據電視媒體的報導：「美國的社會，因為選舉支持川普總統的候選人與支持拜登總統的候選人，所以造成父子反目成仇、母女反目成仇，由此演變成美國撕裂的社會。」同理，事實上在臺灣從過去到目前為止的民主選舉制度都有這種現象。

　　進一步來分析臺灣在2020年11月間，因為民進黨總統蔡×文、民進黨政府，以及民進黨立法委員利用本身的職權枉顧臺灣全體人民的健康，並由民進黨的立法員利用國會多數政黨強勢通過進口美豬美牛，因此遭到在野黨國民黨、民眾黨、親民黨、新黨等等立法委員的杯葛、衝突事件，即使過去民進黨主席蔡×文、賴×德、蘇×昌、陳×邁……，曾為了當時國民黨的馬×九總統開放美豬美牛，而他們上街頭且頭上綁著抗議布條抗議美豬美牛進口，但此一時也彼一時也，而如今的在野的立法委員為了執政的民進黨總統蔡×文，以及民進黨政府開放美豬美牛，與民進黨的立法委員在立法院爆發嚴重的衝突，但民進黨的立法委員利用國會的多數政黨，不但保護民進黨蘇×昌行政院長上台，還強詞奪理為了爭取提升臺灣的國際地位而開放美豬美牛進口臺灣，但事實進口美國的萊豬及美牛，是在犧牲臺灣人民的健康來換

取提升臺灣的國際地位，由此可知令人覺得政治既醜惡又可怕。

　　接著，民進黨總統蔡×文、民進黨政府，以及民進黨立法委員他們都在媚日、討好美國，而他們都藉此由聯手結合美國、日本等等國家來攻打中共及滅共的手段；在2020年1月開始臺灣的總統大選及立法委員的選舉，也就是在選舉期間民進黨總統候選人蔡×文、民進黨副總統候選人賴×德，以及民進黨立法委員候選人利用「守護主權」、「香港反送中」、「一國兩制」、「臺灣的民主是人民的基石」等，以及利用電視媒體、電視台、網路、報紙、雜誌等報導來醜化中共政權，批判中共沒有民主、沒有人權，然而民進黨總統蔡×文、民進黨副總統賴×德，以及民進黨立法委員，而他們在2020年1月再次獲得總統大選及立法委員的勝選；事實上，目前全世界的國家只剩下北韓是唯一的共產國家；事實上，蘇聯的俄羅斯及中國大陸的共產主義早就瓦解，而如今的蘇聯的俄羅斯及中國大陸早就走向資本主義或社會主義的國家，由此可知這是民進黨過去利用捏造二二八事件，而如今利用「守護主權」、「香港反送中」、「一國兩制」、「臺灣的民主是人民的基石」等，以及利用電視媒體、電視台、網路、報紙、雜誌等報導來醜化中共政權，批判中共沒有民主、沒有人權，也就是民進黨總統蔡×文、民進黨副總統賴×德，以及民進黨立法委員才再次勝選。

　　再來，十年前我向臺灣臺北地方法院提告的謝×綺（原名謝×慧，女士則省略）民事賠償案件，並經由臺灣臺北地方法院的法官判決須償還我借給謝×慧新臺幣七萬元，但我是精神障礙者欠缺辨識能力，造成我當時並沒有向管轄法院

申請民事強制執行，即使經過十年後，我鼓起勇氣向臺灣臺北地方法院申請民事強制執行，我也向稅捐稽徵處去查謝×綺的財產清單新臺幣250元及所得清單250元共花了我新臺幣500元，但謝×綺財產清單及所得清單都是零；即使我收到嘉義地方法院的「債權人憑證。」但是，從原告（被害者）對被告（加害者）提告按照法院的訴訟比例都要繳費；債權人（被害者）向法院聲請民事強制執行，也要向法院繳一筆民事強制執行的費用；債權人向管轄法院申請民事強制執行，還要債權人向稅捐稽徵處去查債務人（加害者）的財產清單新臺幣250元及所得清單新臺幣250元，才能向管轄法院申請民事強制執行；即使不但不合理，法院也變成了變×的以賺錢為目的。

再來，我向臺灣臺北地方法院提告曾×亮利用我是一位精神障礙者的民事賠償「投資款的返還」，也因此經由臺灣臺北地方法院臺北簡易庭的法官判決被告曾×亮須返還我投資新臺幣六萬二千元（利息還沒有算），而其他屬於投資的利潤予以駁回，即便後來我同樣向臺灣臺北地方法院申請民事強制執行，但這一次我僅選擇向臺北市大同區稅捐稽徵處查被告曾×亮財產清單新臺幣250元，但我沒有查曾×亮所得清單，也就是我到臺北地方法院聲請民事強制執行時，臺北地方法院訴訟輔導科的事務官分析給我聽，對方債務人名下有兩部車子且他問我說：「我是否知道兩部車子在哪裡？」我則回答他說：「我不知道。」從臺北地方法院訴訟輔導科的事務官分析對方民事強制執行來看，事實上，當時我感到相當的無奈及無力，也誠如多年前我向某家律師事務所詢問開庭的律師費用及法律諮詢，但這家律師事務所的律

師則回答我說：「現代化的法律在保護壞人，懲罰壞人。」從這位律回答我他對現代化的法律觀點來看，我預測大概2050年檢察官會被「智慧型偵查機器人」所取代、法官會被「智慧型審判機器人」所取代、警察、刑警會「智慧型機器戰警人」所取代、護理師、醫師會被「智慧型護理、診斷及治療機器人」所取代……。

最後本篇一年前我勇敢向臺灣臺北地方檢察署提出「人頭支票一案」，但這個刑事案件經由臺灣臺北地方法院檢察署檢察官以罪證不足予以不起訴處分，也就是股別：定股，案號：104年度調偵字第2078號，後來我去臺北市中山區國×黨第×黨部法律諮詢，而我問律師說：「本案被告曾×亮沒有依支票收據上寫明的『每個月支付給我新臺幣1萬元支票的回饋金』，我是否可以提民事賠償？」但是，律師回答我說：「民事案件的法律時效是2年，而你的案件已超過法律時效。」從律師回答我民事訴訟的法律時效來看，事實上，我當時並沒有朗讀本案的不起訴處分書，我也陷入曾×亮利用我是領有身×障礙證明的精×障礙者的人情的陷阱。

九、AI人工智慧的延伸——法院也要賺錢

　　由全世界名導演史蒂芬・史匹柏導演、史丹利・庫柏力克參與製作的《AI人工智慧》於2001年在美國上映的一部科幻片，而故事及劇情由網路的《維基百科》所提供，其故事及劇情如下：「故事設定於近現代的未來世界，世界因地球暖化而導致沿海多數地區被海水淹沒，而為了抑制人口成長，懷孕及產子也必須經過嚴格的審查制度，為了取代多數人口的生產力。機器人的發展技術也因此活躍起來。有一天，製作機器人的科技公司運用了新技術，製造了世界第一個會愛人的機器男孩大衛，送給了同公司員工亨利，因為兒子生病而不在身邊，所以亨利將它帶回家陪伴自己的妻子莫妮卡，用來代替其因為絕症而進行人工冬眠的兒子一同生活。而因為大衛的外表與個性幾乎與平凡男孩無異，而讓原先很排斥大衛的莫妮卡開始接受了他，甚至把他當作自己的親生兒子。

　　起先大衛以為莫妮卡會永遠愛他，但某一天兩夫妻的真正的兒子馬丁因為絕症奇蹟似的康復而從冷凍睡眠中甦醒並出院。而莫妮卡接注意力轉移馬丁身上，導致了大衛失寵。大衛在某次馬丁的生日派對無意間差點害他淹死在泳池中，而為了防止此事再次發生，亨利向莫妮卡提議將大衛送回機器人公司銷毀，但莫妮卡對大衛仍有感情，認為此事太殘忍而反對，但為了自己的兒子的性命著想，只好忍痛私自將大

衛帶到森林中拋棄。

　　為了回到自己認定的母親莫妮卡身邊，大衛與一起被扔掉的機器玩具熊泰迪一起踏上了旅程，旅程中結識了逃亡中的牛郎機器人喬。之前也從莫妮卡講的故事中得知了木偶奇遇記中藍仙女的傳說，大衛認為藍仙女會幫助他實現願望——變成真正的小男孩，這樣母親就能愛他了，因此大衛改踏上了尋找藍仙女的旅程。之後大衛隨喬到達了製作大衛的公司，大衛看到很多與自己完全一樣的『大衛』機器人，他無法忍受，因為他認為莫妮卡只屬於他一個人，於是跳海自殺。於後被喬救起，但喬之後被警察抓走。大衛一個人乘潛水艇在海中發現了被海水淹沒的一座樂園，裡頭矗立著一尊藍仙女的雕像，大衛認為自己找到了，便拼命的向其請求自己想變成真正的小男孩的願望。

　　大衛在潛水艇中一直請求藍仙女，直到大衛身體的能源用完，海水也被冰凍起來。時間經過了2000年，人類已經滅亡，地球被厚實的冰層覆蓋，成為一片荒蕪的冰冷世界。一班未來機器人找到在海中機能停止的大衛。

　　他們重新開啟了大衛，並希望大衛快樂，所以決定滿足大衛的心願，利用DNA再生出同一個莫妮卡（母親）。

　　但再生人只能存活一天，一旦再次入眠後便不會再醒來，所以大衛與莫妮卡度過了一生中最開心的一天，實現他的願望，在母親的懷抱中，流淚微笑地進入夢鄉。」從網路的《維基百科》所提供《AI人工智慧》這部電影的故事及劇情來看，我預測大概2050年檢察官會被「智慧型偵查機器人」所取代、法官會被「智慧型審判機器人」所取代、警察、刑警會被「智慧型機器戰警人」所取代、護理師會被

「智慧型護理機器人」所取代、醫師會被「智慧型診斷及治療機器人」所取代……。

即使在人類的社會中，也從事各行各業的專家及專業人士，他們在現代化、專業化、證照化、科技化、電腦化等，而如今是網路資訊後現代化的社會，他們也都是以自己的專業來付出自己的勞力及心力賺取金錢，也維持著自己日常生活的開銷及存款，因此法院也要賺錢，但問題的關鍵是，法院不可以賺錢為目的，為什麼？理由是，法院是為人民服務的公部門，法院也是懲罰加害者且民事庭的法官審理、判決讓被害者獲得民事賠償，以及刑事庭的法官審理、判決對加害者的有期徒刑、無期徒刑、死刑等刑事徒刑應受的懲罰，也就是法院對被害者與加害者、原告與被告、告訴人與被告訴人之間的勝訴與敗訴都有比例上的訴訟費，但為什麼？管轄法院的民事強制執行，在法律的規定上須由債權人（被害者）親至稅捐稽徵處申請債務人（加害者）的所得清單及財產清單，而申請所得清單須花新臺幣 250 元及申請財產清單須花新臺幣 250 元，即使查債務人的所得清單及財產清單，也事實都是管轄法院的權責，但為什麼臺灣的立法委員及司法須由債權人親至稅捐稽徵處，也事實債權人須花新臺幣 250 元查債務人的所得清單及財產清單新臺幣 250 元共新臺幣 500 元給管轄法院才能執行民事強制執行，也因此法院變成是以變×賺錢為目的來賺錢。

舉我個人的案例來說，十年前我向臺灣臺北地方法院提告謝×慧的民事賠償案件，並經由臺灣臺北地方法院的法官判決須償還我借給謝×慧的新臺幣七萬元，但我是領有身×障礙手冊的精×障礙者欠缺辨識能力，也因此造成我當時並

沒有向管轄法院申請民事強制執行，經過十年後，我才向臺灣臺北地方法院申請民事強制執行，我也向稅捐稽徵處查謝×慧的財產清單新臺幣250元及所得清單新臺幣250元共新臺幣500元，但謝×慧的財產清單及所得清單都是零，即便後來我收到嘉義地方法院的「債權人憑證。」但事實上，從債權人對債務人提告按照法院的訴訟比例都要繳費；事實上，債權人向法院申請民事強制執行，也要向法院繳一筆民事強制執行的費用；事實上，為什麼法院以賺錢為目的及以法律規定上的權威來對債權人強迫向稅捐稽徵處去查債務人的財產清單新臺幣250元及所得清單新臺幣250元共新臺幣500元，才能向管轄法院申請民事強制執行，即使不但不合理，也因此法院變成是以變×賺錢為目的來賺錢。

後來，我向臺灣的司×院的電子「司×信箱」陳請及表達，有關於「我對民事強制執行的司法改革建言是，統一由每個管轄法院去調查對方債務人的財產及所得……」，後來我收到臺灣的司×院陳請及表達電子郵件的回函：淵×君您好：您於109年11月16日寄給本院「司×信箱」的電子郵件，建議修改強制執行法統一規定由執行法院調查債務人的財產及所得一事，為您說明如下：一、強制執行法第5條第2項、第19條第2項前段分別規定，債權人聲請強制執行，書狀宜記載執行之標的物及應為之執行行為；執行法院得向稅捐及其他有關機關、團體或知悉債務人財產之人調查債務人財產狀況，受調查者不得拒絕。債權人依前述規定可選擇以書狀記載執行之標的物，亦得聲請執行法院調查債務人財產狀況，此乃賦予債權人程序選擇自由。又因債務人有無責任財產，常為債權人所熟悉，且攸關債權人之債權能否實現，

　　　　　　　　　　　第一輯　雜篇

債權人聲請強制執行書狀記載執行標的物得使執行法院迅速執行，故不宜規定執行債務人之財產，一律由執行法院調查，以免有害債權人程序權益。

　　二、至於調查債務人財產及所得資料之方法，倘債權人自行依稅捐稽徵法第33條第1項第8款、第3項規定向稅捐機關調查，應依財政部訂頒「受理債權人申請查調債務人財產及所得資料收取服務費標準」，向稅捐機關繳納服務費。倘債權人聲請執行法院調查上開資料，亦應依「法院辦理強制執行程序必要費用徵收標準」繳納費用。兩者收費標準及數額均相同，即每申（聲）請調查1位債務人之所得或財產資料，分別繳納服務費新臺幣250元，不因債權人申（聲）請調查之途徑而有差異。感謝您的來信，祝您萬事如意！司×院　民×廳。

　　從司×院民×廳對我的回函來看，事實上「又因債務人有無責任財產，常為債權人所熟悉，且攸關債權人之債權能否實現，債權人聲請強制執行書狀記載執行標的物得使執行法院迅速執行，故不宜規定執行債務人之財產，一律由執行法院調查，以免有害債權人程序權益。」事實上，與「至於調查債務人財產及所得資料之方法，倘債權人自行依稅捐稽徵法第33條第1項第8款、第3項規定向稅捐機關調查，應依財政部訂頒『受理債權人申請查調債務人財產及所得資料收取服務費標準』，向稅捐機關繳納服務費。倘債權人聲請執行法院調查上開資料，亦應依『法院辦理強制執行程序必要費用徵收標準』繳納費用。兩者收費標準及數額均相同，即每申（聲）請調查1位債務人之所得或財產資料，分別繳納服務費新臺幣250元，不因債權人申（聲）請調查之途徑而

有差異。」事實上，債權人大部分是被害者，也因為被害者的限制非常大，所以怎麼「又因債務人有無責任財產，常為債權所熟悉」，即使債權人大部分是被害者，也因為債權大部分是被害者的限制非常大，所以常因債權人是被害者完全不知道才會陷入債務人是加害者的陷害或欺騙；債權人大部分是被害者，也因為被害者的限制非常大，所以根本就不知道債務人的財產及所得，也因此債權人需要到稅捐稽徵處去查債務人的財產及所得；債權人大部分是被害者，也因為債權人是被害者的限制非常大，所以怎麼「且攸關債權人之債權能否實現，債權人聲請強制執行書狀記載執行標的物得使執行法院迅速執行，故不宜規定執行債務人之財產，一律由執行法院調查，以免有害債權人程序權益。」

承以上事實上，債務人有可能隱匿自己的財產及所得把自己的帳戶的錢轉入其他親人或友人的帳戶，即使債權人大部分是被害者提出民事強制執行由執行法院強制執行債務人的財產，但在法律講求證據之下，反而司×院及管轄的執行法院等利用民事的核心條款的規定：「原告是主張權利者須負舉證之責任。」因此，他們利用原告是主張權利者須負舉證之責任把責任推給債權人是被害者須負舉證之責任，亦即我大概預測2050年在人類未來的社會已不需要由被害者來負舉證之責任，而是由被害者提供事實與證據就可以，為什麼？畢竟警察、刑警、調查人員、檢察官、法官等都是人，事實上，人的限制非常大：事實上「人性原本就是不公平」，也因此以人來調查、偵辦、審判案件的問題太多，譬如，親戚朋友的關係、師生之間的關係、貪污瀆職、政治因素……，由此可知我預測大概2050年檢察官會被「智慧型偵

查機器人」所取代、法官會被「智慧型審判機器人」所取代、警察、刑警會「智慧型機器戰警人」所取代、護理師會被「智慧型護理機器人」所取代、醫師會被「智慧型診斷及治療機器人」所取代……。

　　承以上事實上，債權人大部是被害者，也因為債權人是被害者的限制非常大，所以向執行法院聲請民事強制執行，但司×院民×廳對我回函，不但對債權人大部分是被害者沒有任何同情心，反而他利用民事執行的條款的權威及民事強制執行所規定的條款的權威，反推給債權人大部分是被害者須依規定「至於調查債務人財產及所得資料之方法，倘債權人自行依稅捐稽徵法第33條第1項第8款、第3項規定向稅捐機關調查，應依財政部訂頒『受理債權人申請查調債務人財產及所得資料收取服務費標準』，向稅捐機關繳納服務費。倘債權人聲請執行法院調查上開資料，亦應依『法院辦理強制執行程序必要費用徵收標準』繳納費用。兩者收費標準及數額均相同，即每申（聲）請調查1位債務人之所得或財產資料，分別繳納服務費新臺幣250元，不因債權人申（聲）請調查之途徑而有差異。」事實上，司×院民×廳的承辦人對我的回函，也誠如有人說：「現代化的法律沒有保護好人，也沒有保護壞人，是保護懂法律的人。」甚至，多年前我去一家律師事務所，即便我當時向律師詢問律師開庭的律師費及法律諮詢，但這家律師事務所的律師則回答我說：「現代化的法律是在保護壞人，懲罰壞人。」從有人對法律的觀點及這家律師事務所的律師對法律的觀點來看，事實上，這樣國家何需每年要編列預算且花全民那麼多的納稅錢來聘僱警察、刑警、調查人員、檢察官、法官等，以及發給

法務部行政人員、司法院行政人員……的薪資；事實上，他們都變成了人類社會中的×蟲而已；事實上，這些官階及職位已沒有存在的意義，由此可知我預測大概2050年檢察官會被「智慧型偵查機器人」所取代、法官會被「智慧型審判機器人」所取代、警察、刑警會被「智慧型機器戰警人」所取代、護理師會被「智慧型護理機器人」所取代、醫師會被「智慧型診斷及治療機器人」所取代……。

　　再來，我向臺灣臺北地方法院提告曾×亮利用我是一位精神障礙者的民事「投資款的返還」，也因此經由臺灣臺北地方法院臺北簡易庭的法官判決被告曾×亮須返還我投資新臺幣六萬二千元，而其他屬於投資的利潤予以駁回，即使後來同樣我向臺灣臺北地方法院申（聲）請民事強制執行，但這一次我僅選擇向臺北市大同區稅捐稽徵處去查債務人曾×亮的財產清單新臺幣250元，也因此我到臺北地方法院申請民事強制執行時，而臺北地方法院訴訟輔導科的事務官分析給我聽，對方債務人的名下有兩部車子且他問我說：「我是否知道兩部車子在哪裡？」我則回答他說：「我不知道。」從臺北地方法院訴訟輔導科的事務官對我分析債務人的民事強制執行來看，後來我到臺北市中山區國×黨第×黨部去法律諮詢，我也跟律師法律諮詢有關於民事強制執行，為什麼？當事者除了須繳一筆民事強制執行的費用之外，還要自己親至稅捐稽徵處去申（聲）請債務人的所得清單新臺幣250元及財產清單250元共新臺幣500元，也因此才能向民事強制的管轄法院申（聲）請民事強制執行，律師則對我回答說：「法院不是討債公司如何如何？」事後，我覺得這位律師回答我的民事強制執行的法律問題，事實上，是不倫不類

的比喻；事實上，法院當然不是討債公司；事實上，這位律師，以及許多律師利用他們對法律的權威來解釋現代化的法律，也誠如舉世聞名的科學家愛因斯坦曾留下一句名言：「專家只是訓練有素的狗。」事實上，要當專家是一件不容易的事情，大部分也都只是專業人士而已。同理：「專業人士只是訓練有素的狗。」

　　從舉世聞名的科學家愛因斯坦的名言來看，事實上，我當時我感到相當的無奈及無力，也誠如多年前我向某家律師事務所詢問開庭的律師費用及法律諮詢，但這家律師事務所的律師則回答我說：「現代化的法律在保護壞人，懲罰壞人」從這位律回答我他對現代化的法律觀點來看，我預測大概2050年檢察官會被「智慧型偵查機器人」所取代、法官會被「智慧型審判機器人」所取代、警察、刑警會被「智慧型機器戰警人」所取代、護理師會被「智慧型護理機器人」所取代、醫師會被「智慧型診斷及治療機器人」所取代……。

　　承以上與以下，是我對臺灣司法改革及憲法改革的建言，譬如，幾個月前我曾以寫信的方式來陳請及表達，也就是正本給臺灣的司×院秘書長，副本則給民進黨蘇×昌行政院長來陳請及表達，內容經由修稿及潤稿後，呈現如下：首先，我想說明的是，第一，自從民進黨總統蔡×文在105年當選為中華民國的總統以來，即使她在推動臺灣的司法改革及憲法改革，但後來我發現這樣的司法改革及憲法改革幾乎僅限於在「去中國化」，也誠如有許多人從過去至幾個月前，而他們在FB（臉書）這樣表達：「仇視中國，媚日討好美國。」從許多人表達對民進黨總統蔡×文執政以來的感受來看，譬如，幾個月前我在電視媒體看見這樣的報導，內

容重點如下：「民進黨立法委員通過　國父遺像不須懸掛在政府機關，而在野的立法委員，他說：『太閒了嗎？』」

　　從這樣的報導來看，民進黨總統蔡×文、民進黨政府，以及民進黨立法委員，他們不但去中國化，甚至去　國父遺像不用懸掛在政府的機關，即使民進黨總統蔡×文為什麼要推動臺灣的司法改革及憲法改革？其實背後所隱藏著就是去中華民國而走向臺灣獨立，也因為民進黨立法委員利用他們目前是國會的多數政黨且一黨獨大，所以他們不顧在野黨，如國民黨、民眾黨、親民黨、新黨等等的反對　國父遺像不用懸掛在政府機關，亦即　國父孫中山先生是推翻當時腐敗的滿清政府，而他在一九一二年建立了中華民國，由此可知民進黨立法委員不但不懂得「飲水思源」，還背祖忘本。

　　第二，依據中華民國憲法第八十條的規定：「法官依法獨立審判，須超越黨派，不受任何干涉。」從中華民國憲法第八十條的規定來看，事實上過去臺灣的立法委員在擬定這條憲法時，他們根本不了解誠如有人說：「人心隔肚皮。」

　　承以上事實上，沒有人知道警察、刑警、調查人員、檢察官、法官等，他們因為人心隔肚皮，所以沒有人知道他們有沒有超越黨派，即使除非警察、刑警、調查人員、檢察官、法官等，他們有明顯的外在的行為，也在法律講求證據之下，必須有當時的錄音存證或書面的事實與證據來證明警察、刑警、調查人員、檢察官、法官等沒有超越黨派，亦即我向司法院建議把中華民國憲法第八十條的規定修法為：「法官依法獨立審判，須面對自己的良心，不受任何影響。」從我向司法院建議把中華民國憲法第八十條的規定修法來看，這樣才符合古代的包青天「公正無私」、「鐵面無

私」辦案的精神。

　　第三，我建議的司法改革是，根據電視媒體、網路、報紙、雜誌等報導，也因為從過去至幾個月前警察、刑警、調查人員、檢察官、法官等的疏失，所以造成被害者的「冤獄案」，不可由全體人民的納稅錢來給付因冤獄案的被害者，即使有疏失的警察、刑警、調查人員、檢察官、法官等，也須負部分賠償的責任，而他們賠償多少錢？也須經由臺灣的立法委員通過修法來規定，舉例來說，幾個月前根據電視媒體的報導，內容重點如下：「臺灣史上以國家賠償法賠償最高冤獄案的被害者家屬，而總共賠償金額高達新臺幣一億多元，但承辦此案的檢察官、法官等僅在電視上向冤獄案的被害者家屬公開道歉，而且法官在電視上說：『司法需要改革』。」

　　本篇的最後再舉我個人案例來說，幾年前我到中國大陸的海南省去收養我的老婆陳×顏大哥的女兒，即使從我過去辦理的文件中，也事實是最繁瑣的文件，我也因此聽從我的老婆陳×顏的意思去收養，我也跟隨我的老婆陳×顏跑了好幾個海南省公家的機構，我們也好不容易通過海南省的公家機構可以來臺辦理收養；即使我們好不容易通過海南省的公家機構可以來臺辦理收養，但回到臺灣之後，我便拿著相關的文件到臺灣的海基會去辦理文件的認證；到了臺灣士林地方法院遞狀後，我們還須接受基×教某個機構對我們進行收養的訪談，但訪談結束後，我們卻被臺灣士林地方院的司法事務官駁回本件的收養；我們不服由臺灣士林地方院上訴臺灣高等行政法院，但還是被臺灣高等行政法院的法官駁回，以及不服須10日內委任律師上訴臺灣最高行政法院；我的老

婆陳×顏去找到一家律師事務所，而陳×澤律師對她說：
「委任律師出庭算我們最便宜的價格，但至少律師費要新臺
幣二萬元。」我當時為了收養還跟父親借錢來完成我的老婆
陳×顏的心願，但本件我們的收養最終由臺灣最高行政法院
合議庭的三位法官裁定駁回我們的收養，也就是從臺灣士林
地方院的司法事務官、臺灣高等行政法院的法官及臺灣最高
行政法院三位合議庭的法官對本件收養的裁定判決文都選擇
省略，後來我被S×Y網路公司負責人（詐騙犯），以及我
被S×Y網路公司在臺灣的團隊最前面幾位的領導人（詐騙
犯），他們利用假投資，真詐財、利用合法的多層次傳銷
（直銷），來掩護自己吸金、詐欺、詐騙的惡行……；後來
我發現是我的老婆陳×顏利用我到中國大陸的海南省去收養
他大哥的女兒，也事實我是領有身×障礙證明的精神障礙者
欠缺辨識能力，後來我發現沒有能力收養我的老婆陳×顏他
大哥的女兒。

第二輯

人生之旅

一、前言

　　小說裡頭的故事是透過作者心靈的運思，也就是作者把虛構的人、事、時、地、物，以及時空、歷史的背景來描寫小說虛構的故事，由此延伸有許多小說的虛構故事並沒有改編，直接經過演員、編劇及導演把小說虛構的故事以電影來呈現而讓觀眾來欣賞，譬如，《哈利波特》、《絕處逢山》、《少年 Pi 的奇幻漂流》、《抓住救命稻草的野獸們》……；有許多小說虛構的故事，再經由作者、編劇及導演改編成為電影的劇情和場景，譬如，《綠野仙蹤》、《清秀佳人》、《香水》、《桂花巷》、《媽閣是座城》、《我是傳奇》、《丹麥女孩》、《直播風暴》、《美麗佳人歐蘭朵》、《雙面特務》、《野蠻真相》（改編諾貝爾得主作品）、《仙田傳奇》（改編自宣天的短篇小說）……；有許多故事是發生在全世界每個國家每個社會有許多感人真實的故事，再經由作者、編劇及導演改編成為電影的劇情和場景，譬如，《諜中諜》、《我要為你呼吸》、《你是我活的勇氣》、《神力女超人的秘密》、《奪命隧道》、《愛美獎行動》、《72 小時前哨救援》、《當我羽化成蝶》、《前哨救援》、《傳奇 42 號》、《天搖地動》、《女魔頭》、《為愛遷徙》、《打不倒的勇者》、《火線情深》……；人生之旅是我自己的人生真實的故事沒有經由任何改編，而故事的開始，記得二十幾年前我閱讀作家趙衛民先生所寫的一篇文章，標題是〈少年闖將〉，我由

此回憶自己走過的歲月與人生，我發現自己不是少年闖將而是少年撞將。所謂「少年闖將」就是，他描寫從少年起求學的過程，在高度競爭的情況下，僧多粥少，他如何闖關、他如何過關斬將才獲得哲學博士（Ph.D.）的學位，也就是任何一門學科，學到最後所到達的境界都是哲學的層次，即使他從國外取得哲學博士的學位，他也才有機會在臺灣的某大學開始從副教授任教，而他後來是否有升為教授的職位，我就不得而知了？所謂「少年撞將」就是，自從國中畢業後，我便進入社會就業，因而我為了在社會上求得生存，我必須在各行各業中尋找安身的處所，但我卻換了太多的行業和職業，如機械工廠的學徒、公司的作業員、推銷員、汽車烤漆技術員、送報員、發報員、工廠的作業員、公司的品管員、送羊奶、清潔工、倉儲、電話行銷、外場服務員、專任管理員（照顧精神病患）、護佐（在醫院協助護理師的工作）、照顧服務員等等。

二、幼年的回憶及童年的往事

　　我們的家庭原本是個大家庭，有：爺爺、奶奶、爸爸、媽媽、三位兄弟，而我是家裡的老么，自幼就被奶奶呵護撫養長大，記得直到小學六年級時，我的鞋帶還是奶奶幫我綁的；奶奶的溺愛造成我日後過度的依賴幾乎對任何的抉擇缺乏自信心，也就是跟我有相似人生成長經驗的人，在知識爆炸、資訊氾濫的現代化的社會，而如今是知識、資訊都已氾濫的網路資訊後現代化的社會，亦即我很容易會被詐騙集團、詐騙犯，以及許多的現代人及後現代人利用和傷害，舉例來說，N×I、S×Y……網路拆分盤公司，利用跨國的網路拆分盤的交易平台、利用合法的多層次傳銷（直銷）來掩護自己吸金、詐欺、詐騙的惡行、利用跨國的投資而假投資真詐財、利用合法的多層次傳銷團隊的運作，而最前面幾位詐騙犯詐騙投資者（被害者）的血汗錢、利用大型的說明會、利用人性喜歡賺錢而不喜歡繳稅等等，也誠如青少年的流行語：「變態」，而他們所指的是行為的變態，由此延伸，我指的是「心靈的變態」，也就是詐騙集團、詐騙犯、歹徒等等的心靈嚴重的突變，也好吃懶做、整日游手好閒不工作，而這些人的心靈所想的竟是怎麼詐騙被害者辛辛苦苦賺來的血汗錢。

　　即使我想掙脫這樣的依賴，但以前這樣依賴的陰霾還是深植在我的心中，不過我後來肯定自己的純真、真誠及赤子

之心，譬如，中國的亞聖孟子曰：「大人者，不失其赤子之心者也。」（《孟子・離婁下》）中國的老子說：「復歸於嬰兒。」西方的哲學家尼采，他的思想精華有所謂的「精神三變」：「第一變，變成駱駝；第二變，變成獅子；第三變，變成嬰兒。」從西方的哲學家尼采的思維來看，在目前全世界已達約有七十五億的人口，而在現代化、專業化的今日社會，也誠如舉世聞名的科學家愛因斯坦（Albert Einstein，1879-1955）曾留下一句名言：「專家只是訓練有素的狗。」但要當上專家，其實是不容易的事。同理：「專業人士只是訓練有素的狗。」從舉世聞名的科學家愛因斯坦的思維來看，有許多的現代人利用本身專業的知識，以及利用語言和文字，怎麼攻擊怎麼防禦？我則為了保護自己，我也學會怎麼反擊怎麼防禦，也誠如中國的莊子說：「外化而內不化。」我也滿欣賞荷蘭人有一句諺語：「事情沒有變得更糟！」事實上，在我人生的過程中，我遭受到人為及宗教的誤導和傷害，也因此造成我的心靈嚴重遭受到撞擊和傷傷，也因此造成我的精神疾病的病發主要的原因之一，即使我的人生一路走過來可以用「大風大雨」四個字來形容，但比起與我同病相憐的人，我還是不幸中的大幸！

　　拉開記憶的窗幔，我努力地從記憶的線索，而從記憶的線索去尋找過去的回憶，由此我回憶過去的往事──父親曾對我說：「我是在南投縣草屯鎮土城里出生的。」我幾乎已記不清楚，從我誕生開始至幼年時期的這一段幼年的回憶，而幼年的回憶隨著時間的一點一滴的消逝，也就是一歲到三歲的幼年的回憶，而許多幼年的回憶已經塵封在我的記憶的深處模糊得難以辨認；我只能在一張張泛黃的相片裡，努力

去尋覓一些幼年的回憶——父親、大哥、二哥，母親則抱著我坐在中間，而我的小嘴巴咬著一隻塑膠魚，這成為我唯一讓我回憶幼年的憑藉；六歲時，我開始在南投縣草屯鎮土城里的家鄉的一座廟裡上幼稚園，與童年的小朋友玩捉迷藏、跳格子及玩彈珠的遊戲；七歲時，我在南投縣草屯鎮土城國民小學的大禮堂上幼稚園大班，我就這樣度過了一個無憂無慮的快樂童年生活；八歲時，我就讀南投縣草屯鎮土城國民小學，父親則是南投縣草屯鎮土城國民小學的家長會長，也就這樣使我從小對自己的期許，就比同年齡的人來的高。

從出生到國中畢業，也就是一歲到十六歲的十六年之間，我都居住在南投縣草屯鎮土城里。家裡務農，田地播種水稻和蔬菜；山上種植荔枝、龍眼、番石榴、竹筍等，可以採收的水果和竹筍。家從樓下到樓上，上下的隔層、樓梯及門都是以木材做成的；牆壁上是用土塊做成的，再以水泥漆粉刷而成的白色牆壁，也因為是五棟房子連在一起，所以被當地人以台語稱之為「五間連」。

記得小時候，奶奶在家裡有開雜貨店賣糖果、餅乾等等，然後奶奶還要忙裡忙外招呼客人，後來我們三個兄弟經常去打開糖果、餅乾的罐子，將糖果、餅乾吃得只剩下一點點，於是奶奶覺得成本與實際收入差距越來越大，她就收手不做了；爺爺到山上挖竹筍、摘水果、除草，或者到稻田裡施肥、種菜；我與童年的玩伴偶爾會到田裡去釣青蛙、捉泥鰍，父親則曾對我說：「奶奶以前曾開過餐廳。」

回憶中，記得當時家的門前有一條水溝，目前早已用水泥板覆蓋在上面；我喜歡與隔壁的小孩到水溝裡玩水，玩得渾身濕透，回家後，奶奶看見我衣服和褲子都濕了，就趕緊

把我擦乾換上乾淨的衣服，可是我原本體質虛弱又喜歡玩水，就引起感冒造成經常流鼻涕，後來我也因此罹患了鼻竇炎。

當時我偶爾會順著水溝走到它的上游——龍泉圳，然後我和幾位童伴把外衣脫掉，打著赤膊只穿著內褲，就這樣跳進大圳裡游泳。

然而，在《草屯鎮誌》中，由洪敏麟先生他對龍泉圳有這樣的描寫：「黃春帆於日據初居住土城屯園，為霧峰林家代辦樟腦產業，唯一堪稱富有者，其餘居民經濟凋零，埔園收入不敷繳納稅金，廉價售於黃氏。十數年後，文明漸開，米價看好，且草鞋墩區新圳修築後，農家逐日富裕。民國十一年黃氏向台中州當局申請開發水利，且以月眉厝埔園變更水田為範例，不辭勞者，向南投郡守，明治製糖廠廠長，相議提陳意見。糖廠首初提議設抽水機以電力從烏溪崁下抽到，但此議未獲採納，再由當局設計鑿圳。」「台中州當局以南埔方面積極具開發價值，且地當將來開發山地入埔里應經之要衝。即派州產業技師，測量烏溪水面高度，選擇開鑿隧道暗渠地點等工作。未幾著手開工，築於民國十七年三月底竣工。先是於民國十二年十月獲准組織龍泉圳水利組合。今土城水利工作站立一座紀念碑即春帆翁銅像為永遠紀念。」多年前我重遊舊地，我則費了一些心思才對於龍泉圳的由來，有進一步的了解。

當時我順著龍泉圳走去，走到岔路，再轉入小徑，這時在我的頭頂上是一片交權的竹蔭，於是我抬頭看上去，竹蔭下透顯出有幾絲的陽光，斑斑駁駁的灑落一地，然後我努力地走到它的上游，而從這裡經過暗渠，由此可以通往雙冬及

龍泉圳的源頭。

　　這時候，走著走著，我走到一處看起來已經很老舊的房屋，我便從此處路旁的小徑往山下的小徑走下去，然後經過一座由一根一根的竹子並一起綁起來的竹橋，竹橋下則溪水潺潺流著，而當我經過這座竹橋時，我都小心翼翼的走過去，就在這時我努力地往山的另一邊爬上去，穿過了樹林和竹林的混合林，再往上爬上去，不遠處就可以到達父親自己種植荔枝、龍眼及竹筍的山地，記得當時我偶爾會隨著父親到山上去摘荔枝、龍眼及挖竹筍，或者到廟前的曬穀場去幫忙曬穀；下雨時父親、母親及家裡的人又要趕緊搶著把稻穀堆成一堆，然後蓋上一層防雨的帆布。

　　在我的記憶裡，記得童年過元宵節的時候，長輩們會拿給我過年的紅包，於是我把紅包裡面的錢拿出來，就用裡面部分的錢去買紙做的燈籠，或者爺爺教我削竹子，我就這樣跟爺爺學著做燈籠；我童年時的燈籠是用點蠟燭的，而如今燈籠早已變成了一個一個的LED燈，而且各式各樣造型的燈籠，有：鼠、牛、虎、兔……的造型，把元宵燈節的夜裡點綴著五彩繽紛、燦爛奪目。

　　當時我是先把燈籠弄成平面，就這樣，即使燈籠裡頭有一個插蠟燭的鐵片，我也點燃蠟燭把蠟油滴在鐵片的上面，我也把蠟燭插上去先穩定蠟燭，以防蠟燭倒下來把燈籠燒掉，而等這些都做好後，我就把燈籠的紙，由下往上拉起來，就在這時我看見蠟燭的微光，在夜裡，閃閃的發亮，把燈籠表面的圖形透顯出來，煞是可愛！

　　在元宵燈節的夜裡，我提著紙做的燈籠，我接著把燈籠點燃蠟蠋，蠟蠋的光則透過紙燈籠若隱若現照著黑夜，而讓

黑夜充滿了明與暗的光影，記得當時我和幾位童伴一起提著紙燈籠，走在蟲鳴雜奏的夜裡，尋找那忽閃忽滅的螢火蟲；點點的螢火蟲，在忽閃忽滅的草叢中，然後等螢火蟲停在草葉上時，我瞬間把螢火蟲抓住，就在這時我把螢火蟲放進去小袋子裡，小袋子裡則閃爍著螢光看起來別有一番趣味；蟋蟀、青蛙奏起了安眠曲，就這樣，我和幾位童伴才提著紙燈籠各自回家，然而歲月如流，我所回憶的幼年殘缺的回憶及童年往事，隨著時間一點一滴的消逝，而我僅能以回憶來回憶過去的往事——我自己走過的人生旅程。

三、求學的過程及工廠的學徒

　　小學的時候，我就讀南投縣草屯鎮土城里的土城國民小學；在小學五年級，有同學送給我一個雅號「書獃子」，我的成績則在班上都是頂呱呱。

　　記得有一次我在小學考試的時候，居然我把自己的姓名「李淵洲」寫成「李淵」；小學的老師閱卷完畢且把試卷發還給我後，他就帶著一些指責的語氣對我說：「連自己名子都會寫錯，將來還能做什麼？」當時我聽了他這麼說，我漲得面紅耳赤，頗為尷尬，而我現在回憶起來，那豈不是變成了唐高祖當上了「皇帝」？

　　小學四年級的時候，有一次在上體育課中，有一位同學他的姓名叫做張×發，而他在網球場的某個角落玩石頭，而他玩一玩卻把石頭拋向空中，這時石頭剛好打中我的頭頂，我的頭頂上立即流出鮮血；我感覺頭頂上相當的疼痛！我簡直痛得受不了！同學看見我的頭頂流著血，就趕緊扶我到學校的醫護室，由校內的護士幫我消炎、止血及包紮。

　　我已記不清楚小學的那一年的某個暑假，我和幾位同學一起到烏溪游泳，但我不會游泳且不知道那個地方水有多深？我就貿然的跳入水中，這時身體便沉入水裡翻轉，我則不斷地掙扎喊救命！就在危急的時刻，有一位同學跳入水中，把我救上岸緊接著他實施人工呼吸及把我進到體內的水壓出來，這時我咳嗽了幾聲，我才逐漸的清醒過來。

就在小學一年級至六年級期間，奶奶偶爾會利用暑假帶我去東勢姑媽的家裡；因為當時姑丈在幫人家修理雨傘、補破的鍋子，所以我隨著姑丈和表哥到東勢、卓蘭等地方，為需要服務的鄉下人家修理雨傘和補破的鍋子。

　　小學畢業進入國中的九年國民義務教育，我去就讀南投縣草屯鎮的旭光國中，然而在鼻病、課業的壓力、父母的期許、自卑的陰霾等諸多的因素，使得我原本在小學時，而在班上名列前矛的成績一落千丈，就在禁不起打擊的情況下，記得國中畢業前的兩個星期我就把全部的教科書、參考書全部都賣掉了；記得我當時把書賣給收廢紙的老伯，然後他用秤砣在秤桿上滑動不知秤了幾台斤？他拿給我二十塊錢。

　　國中二年級時，我被編在升學班，相對沒有升學的班級稱為「放牛班」；升學班的同學畢業後各奔前程，據我所知有許多同學已考上心目中理想的學校，沒有考上的同學則選擇到補習班繼續補習，等待明年的考試，而我呢？只能孤獨地躲在黑暗的角落暗自哭泣，彷彿臺灣這個社會，對我而言，變得沒有希望，前途也在升學主義的壓迫下，當上了拒絕聯考的小子，同時也扼殺了我偉大的夢想。

　　國中畢業後，我好像一隻鬥敗的公雞，挫折、失敗的傷痛有如積雪般覆蓋了自己，就這樣我的世界只能用「自卑」二個字，來描寫當時的處境。

　　當時父親覺得我不適合讀書，國中畢業後，就把我送到位於靠近臺中機場的一家「永新機械工廠」去當機械工廠的學徒。

　　這家機械工廠專門生產自×水接管的開閥，然後產品完成且包裝好賣給國營的自×水公司，也因為父親在臺中的自

×水公司當上了主任秘書的職位，所以機械工廠的老闆正好是我父親的朋友，就這樣的原因父親才會帶我到這家機械工廠當學徒。

也許父親當時覺得我書念的不好，就學習一技之長至少可以安身，可是父親並沒有發現自己孩子的性向是傾向於人文科學，而所謂的「人文科學」是包括：文學、哲學、藝術、宗教等四門學科我比較能夠觸類旁通，即使跟我有相同敏感度的人，身為父母、老師的也要特別去觀察和留意，以免自己的小孩在社會上到處碰壁且受到社會上無情的打擊幾乎喪失了自我的信心。

事實上，當時父親在臺中自×水公司已升到主任秘書的職位，但後來我發現他為什麼沒有介紹我和二哥去公家機關及國營事業機構；事實上，父親的性格過度的老實及他錯誤的觀念「欺負也是一種鼓勵」，即使如此，他自己錯誤的觀念不但害了自己，也傷害了我和二哥。

事實上，工作對一個人而言太重要了，結果父親僅介紹大哥去×營的臺中菸酒公賣局工作（調酒員），還有後來大嫂因個性的強勢而強迫父親介紹她到自×水公司上班，可是父親卻沒有介紹二哥和我到×營事業機構及公家機關上班；事實上，三十年前臺灣的×營事業機構及×家機關沒有完全規定一定要經由考試才能進入×營事業機構及×家機關工作，譬如，工友、菸酒公賣局的調酒員等等屬於較低層的工作，但父親卻把二哥按排在南投縣南投市的南崗工業區的某家木材工廠去上班，後來二哥結婚後才跟二嫂離開南投縣草屯鎮土城里到臺北縣的三重市去謀生；後來二哥為了生存去做屬於高危險性的工作——裝潢，但他卻多年前從工地的高

處摔了下來；後來我有去新北市的三重區探望二哥，而當時我以為二哥因為脊椎打上鋼釘他從此就癱瘓，可是幾年前回到南投縣草屯鎮的家，我看見他的時候，他依然能站立行走且還能開車，只是不能搬重物，即不幸中的大幸！但是，父親也沒有幫我介紹到國營事業機構及公家機關去上班，以致於造成我因為工作不穩定，所以到處去找工作而被人惡意陷害、利用及詐欺。

　　進一步來分析，有許多做父母的在教育上犯了三種錯誤，第一，父母把自己的子女視為自己的延長線，因而父母想以自己的子女來達成他們未完成的夢想；第二，「愛知足以害之」，由於做父母的過度疼愛子女，過度的保護自己的子女，以致於子女好像溫室裡的花朵禁不起社會上的打擊，就這樣做父母的反而是害了自己的子女；第三，事實上，工作對一個人而言太重要了，而我的父親卻沒有幫我和二哥介紹去國營事業機構及公家機關上班，卻僅有介紹大哥和大嫂去國營事業機構上班，還有因為他職務的關係，三十年前有許多人去請父親幫忙介紹他們到國營事業機構及公家機關上班，反而我和二哥是他自己的兒子卻沒有介紹去國營事業機構及公家機關上班。

　　在機械工廠這段期間，我住在這家機械工廠所提供二樓的宿舍，而我早晨起床洗臉、刷牙，吃了早點就打卡去機械工廠裡面工作。起初我來到這家機械工廠工作，是當車床和鑽床的黑手（台語：黑手）的學徒是相當的辛苦，由於我是一位國中剛畢業的毛頭小子，所以我在工作時經常被師傅叫來叫去，還說我工作時糊里糊塗、笨手笨腳。有趣的是，他們把我取了一個不雅的外號叫做「癲狗」，意思是：工作時

不用心經常犯了相同的錯誤，就好像狗兒瘋瘋癲癲的。

　　每天我不斷的重複著同樣的節奏、同樣的生活、同樣的工作，星期一，星期二，星期三，星期四，星期五，星期六，好不容易等到星期日，我終於可暫時逃離監獄般的生活到外面呼吸自由的空氣，讓自己放鬆一下！由此使我想起了法國存在主義文學家卡謬（A.Camus）所寫的〈西齊弗神話〉：當西齊弗把巨石推到山頂時，巨石因著本身的重量，又滾回山腳。如此日復一日、年復一年，覺得人活著是荒謬的，是沒有意義的，因而諸神認為：沒有比徒勞而無望的工作更為可怕的刑罰（參考黎明版《荒謬之超越》）。

　　下班後，我還要為師傅跑腿買東西，不然他就不把車床和鑽床的技術教給我。俗話說：「當學徒要學三年六個月才能出師。」從這句俗話來看，難怪乎！現代的年輕人寧可選擇到KTV、便利商店、酒吧等等去上班，也不願意當學徒學技術了。

　　因為自卑感的作祟，每次從這家機械工廠放假回家我都不敢走馬路，所以我只好操小巷從家的後門回家，記得當時我走在回家的馬路上，彷彿身體和靈魂是分離的，因而我深怕遇見熟識的人，他們問我目前就讀哪一所學校？即使如果當時地上有洞的話，我就如駝鳥般把自己的頭埋起來，真是自卑到無地自容，也扭曲了我的性格幾乎瓦解了我生存的意志。

　　原本我在國中上課的時候，抽屜裡面塞了滿多因流鼻嚏所留下的衛生紙；國中畢業進入社會就業的第二年，因鼻病未見改善而日漸惡化。從這家機械工廠放假回家，我跟奶奶說：「我的鼻子很不舒服。」奶奶就帶我到南投縣草屯鎮的

「何耳鼻喉科診所」去檢查鼻子，而醫師對我說：「我罹患了鼻竇炎須立即動手術切除，不然會引起其他的併發症。」

　　動鼻子切除鼻息肉治療鼻竇炎是相當痛苦的，是不曾罹患鼻病且動過鼻子手術的人能夠去感同身受的，也就是醫師動完鼻子的手術後，還要用紗布把鼻子給塞滿了，以防鼻子手術後的流血，這時我只能靠嘴巴呼吸不能用鼻子呼吸，但逐漸的嘴巴也越來越乾；奶奶不忍心看我那麼痛苦，她就用棉球浸在溫開水而時常擦拭我的嘴唇來減輕我動鼻子手術後的疼痛，可是兩個鼻孔都塞滿了紗布，因而造成讓我整日昏昏沉沉的，彷彿整個人要窒息一般的痛苦。

　　這是我人生的過程中的第一次手術。四十年前的醫術、設備並沒有現在那麼好；動鼻子手術的過程，只有針對鼻子做局部的麻醉且醫師在動鼻子的手術時，我的意識還是清醒的。

　　這時候，我隱約聽到手術刀的聲音，醫師從上齒齦的嘴唇劃開，就這樣往上掀起來，這時好像屠夫在殺豬時掀豬頭皮似的，然後醫師拿著木製的榔頭在鼻骨上敲敲打打，由於鼻骨因鼻嚏長期的浸蝕而腐壞，所以醫師更為了清除鼻竇內的濃鼻嚏必須用手術刀把鼻息肉切除；我痛得受不了！呻吟的聲音發出痛！這時醫師才再補上一針麻醉劑；手術分成兩次，先動一邊的鼻子，住院一個星期，再動另一邊的鼻子，住院一個星期。

　　出院後，臉部因手術而浮腫起來，而我回到南投縣草屯鎮土城里的家的時候，我在鏡子前面看著自己腫脹醜陋的臉，自卑感更深入內心，我就這樣把自己深鎖起來，整整兩個月沒有跨出家門與人接觸。

原本我喜歡跟左鄰右舍、親朋好友打招呼，閒話家常，可是我越來越少跟人來往，從此陷入無邊的黑暗，而我的世界只剩下自卑、憂鬱，甚至想以自殺來解決自己痛苦的生命，但我內心想著：「動鼻子的手術是如此的疼痛！自殺更痛！會流更多的血？」

　　過了好幾年的驚悸期，後來我人生的經歷越來越豐富，並在我讀通哲學這門學科，我才覺悟到自殺是荒謬的，因為人是一個主體可以透過主體的選擇將自己豐富的潛力給開發出來而呈現價值的生命，所以自殺卻毀滅自己的主體和生命，由此可知自殺是相當的矛盾及荒謬的。

　　等臉部的腫脹消退後，這家機械工廠老闆的弟弟親自開車載我回去繼續當學徒，記得當時我在關工廠的活動鐵門時，我因拉得太快來不及閃躲，所以造成我的腳趾頭慘糟鐵門底下的輪子輾過；輾過腳趾頭時立即流出血，這時我痛得受不了！我以為腳趾頭斷了。

　　這時候，這家機械工廠老闆的弟弟剛好路過這裡，他也剛好看見我的腳指頭流著血，他就趕緊開車載我到臺中市某家醫院的急診室去掛急診；在急診室裡，醫師為我消炎、止血，然後在我的腳指頭的傷口處縫上了十幾針再包上紗布。

　　我在這家機械工廠前前後後做了一年多的時間，而我無法忍受薪水太低、工作辛苦等因素，我還沒有辦理離職也沒有告知父親的情況下，我就悄悄地離開這家機械工廠，到另一家同樣是以車床為生產母機且生產其它產品的小型鐵工廠，而這兩家鐵工廠比較起來，以原料來說，前者是銅，後者是鐵。

　　我在這家鐵工廠待了幾個月，由於晚上沒事做，所以工

人和老闆就在一起打麻將；起初我只是看著他們打麻將，但過了許久我也禁不起這樣的誘惑，就這樣學著打麻將；原先打麻將的時候，我贏了一些錢就頗為興奮而越打越火熱，可是好景不常，過了幾天，我輸了新臺幣七千元，於是我覺得自己很墮落且健康不佳，我就回到南投縣草屯鎮土城里的家靜養。

我在家裡靜養了幾個星期，覺得自己沒有工作可以做，也因此無聊、寂寞就湧上了心頭，這時我剛好遇見以前的一位男性的鄰居，而這位男性的鄰居對我說：「他的哥哥在南投縣草屯鎮自己開了一家公司，所生產的產品是擺放在家庭裡面，養魚的水族箱內打空氣的幫浦。」於是，他問我說：「我是否做看看？」而我，覺得閒得無聊，就答應了他，可是我在這家公司做了幾個月公司的作業員，而公司的老闆卻沒有支付給我薪資，我就這樣離職，後來這家公司的老闆透過他的弟弟拿給我工作的薪資。

又過了幾個月，兵役課寄來役男當兵的體檢通知單，於是我前往設在南投縣草屯鎮公所的體檢場來接受檢查，而檢查的結果是，乙等體位，再過幾個星期寄來抽籤的通知單，我便前往南投縣草屯鎮公所的抽籤地點去抽籤，而我抽到陸一特是屬於陸軍三年的義務役的兵種。

當了二年多車床和鑽床黑手的學徒，因而我在臺灣的社會上混了三、四年，不但技術沒有學好，也染上了不良的習慣又屢遭社會上現實的打擊，就這樣頓覺心灰意冷；當時我覺得這個社會相當的冷酷無情，一點溫暖也沒有，我就毅然決然簽下四年半志願役領導士官班的軍旅生涯。

　　　　　　　　　　　　　　第二輯　人生之旅

四、軍旅生涯及行軍記

　　我簽下了四年半志願役領導士官班的職業軍人，記得當時二哥剛從馬祖退伍回到南投縣草屯鎮的家，然後他就前往位於臺中縣的成功嶺的訓練營地來探望我，而且他從父親那裡得知我要簽四年半的職業軍人，他就勸我不要簽職業軍人，也因為他深刻的體會到當兵不僅失去個人的自由，所以營地的體能訓練、部隊演習、戰鬥教練、夜行軍、構築工事等，也就是當兵及軍事訓練的苦是過慣了老百姓生活的人，一時之間是很難去適應的；有一些人簽下志願役的職業軍人，卻受不了這種苦居然選擇逃兵，逃兵又被抓回來必須接受軍法審判而判刑坐牢且須補沒有服完的這段兵役，而我聽了二哥這麼說，我仍然勇敢選擇簽下四年半領導士官班的職業軍人。

　　這是我人生中第一次的賭注，而成功嶺的教育班長以熱忱的心鼓勵剛入伍的役男簽志願役的領導士官班，也因為我抽到陸軍第一特種兵（陸軍三年的義務役），所以只差志願役的領導士官班一年半的時間，況且福利、薪資方面都比當義務役士兵更為優厚，而當時連家裡的水電費都有半價優惠。

　　那一天，記得成功嶺的訓練營地，讓有意願簽志願役的領導士官班的役男放假一天，於是我拿著簡章由成功嶺搭公車到臺中國光號車站去搭國光號，即回到南投縣草屯鎮的

家；回到家裡，我跟父親說：「我要簽四年半的領導士官班。」父親則回答我說：「請我自己想清楚，當兵是很苦的。」但是，我仍以堅定地語氣回答父親說：「我知道。」然後，父親拿給我他的印章，我就把印章蓋在志願役的領導士官班的同意欄上。

　　當天我就趕回成功嶺將簽好的簡章交給輔導長；隔天我攜帶著個人的行李，和許多剛入伍同樣想當領導士官的役男，由教育班長帶我們坐火車前往中壢仁美第一士官學校而接受為期六個月的領導士官班的軍事訓練。

　　受訓期間，早晨六點準時吹起床號，一時之間領導士官的同學紛紛疊起蚊帳、棉被，而且用自己的雙手把蚊帳、棉被捏得有角有線條，看起來整齊有秩序，好像豆腐乾，這時同班的同學快步走到澡堂洗臉、刷牙，然後把鋼盔、軍事裝備、盥洗用具等依照規定的位置、方向擺放整齊，而這些動作都完畢，同班的同學便快步到連集合場上集合。

　　這時候，只聽見班長下達立正的口令，於是全連領導士官班的同學即碎步看齊；經過二次的看齊口令，值星班長就把連隊整理好交給值星排長，接著值星排長向連長報告全連軍士官兵的人數，這時由連長親自早點名訓話，連長訓話完畢，就是一天開始的軍事訓練，如帶槍踢正步、五百障礙、單兵攻擊、步槍射擊等等軍事訓練，甚至有時連隊走得不整齊，這時值星排長就一聲令下，叫我們領導士官班的同學全部臥倒在柏油路上帶槍匍匐前進，也因為身體與柏油路面發生強烈的摩擦，所以手腳都被擦得皮破血流。

　　軍中有一句話：「合理是訓練，不合理是磨練。」如果我現在還有一些耐心，顯然是我接受領導士官班的軍事訓練

而磨練出來的。在陸軍第一士官學校受訓六個月，受訓完畢，領導士官班的同學以抽籤的方式分發到陸軍的各個部隊，而我抽到金門野戰部隊，當一個步兵連的班長，以中士任用。

陸軍第一士官學校讓領導士官班的同學休假幾天，各自回家與自己的家人團聚；假期結束，我就在南投縣草屯鎮搭國光號到臺中，這時國光號到了臺中我便下車，走路前往臺中火車站，等了一陣子，火車到站停靠，旅客們依序步上了火車，我也隨著旅客們的腳步步上了火車，然後旅客們和我開始尋找自己的票的坐位，而我找到坐位就坐下來，這時火車漸漸的駛離了臺中火車站且火車向前駛去，與外面一幕幕的風景而經由我的眼睛快速的流動，然而我不知道火車停靠多少站？我大部分則坐在火車上休息，等我醒來的時候，火車已停靠在高雄的火車站，我也隨著旅客們的腳步依序步下車站，然後我步出了高雄火車站到外面搭計程車前往高雄國軍英雄館，計程車到了高雄國軍英雄館，我在此住了一個晚上，隔天在此吃完早餐，我們便搭軍用車前往高雄某個軍港搭軍艦（此艘軍艦稱之為太武軍艦），然後軍艦往金門的方向駛去。

軍艦在海上行駛了約有二十小時，也因為我第一次搭軍艦又沒有吃暈船藥，就在軍艦裡頭的床上吐了好幾次，吐得我頭昏眼花，這時我心海的思緒仿若海浪般的漂流，所看見的景物也隨著自己在旋轉。

等待好不容易金門終於到了，軍艦便駛進了金門的料羅灣靠岸停妥，這時我看見軍士官兵則依序步下軍艦，我也隨著軍士官兵的腳步步下軍艦，然後我隨著軍士官兵步行走到

料羅灣上一間外面以迷彩的顏色加上防護網的房間，而我在此等了一陣子，然後我被旅部派來的士官帶往金門的旅部、營部，再向金城附近的一個基地連完成報到；我在基地連待了約六個月，然後隨著營隊移防到金門的第一線來捍衛臺灣海峽的安全。

就在金門當野戰部隊的士官的班長這段期間，譬如，構築工事、夜行軍、保養槍枝、整理軍事裝備等，已成為軍中生活和訓練的家常便飯的事；晚間我還要站安全士官，以維護連隊的安全。

這時候，深夜我站在崗哨內，由崗哨的窗口一眼望去，一片黑漆漆的海面，這時我只聽見一波又一波的海浪打在金門岸邊的聲音，然後我抬頭看著天空中的星星，因而內心勾起了思鄉的情懷，眼淚也禁不住從眼眶裡流下來，滾動的淚水也流過臉頰。

記得我在金門當野戰部隊的士官的班長的時候，當時還有陣地關閉，所謂「陣地關閉」，顧名思義，就是：「金門是戰地，與大陸遙遙相望，而為了預防共軍的襲擊，到了傍晚六時必須實施限制車輛、人員在道路上通行。」夜晚時營區內燈光必須套上燈罩，以防燈光外洩而被共軍發現。

我在金門站安全士官的時候，偶爾會接聽到某個連隊的士官兵逃兵或攜械逃亡的消息，這時金防部的指揮官就下達金門全區實施陣地搜索的命令，緊接著各個連隊動員了大批的軍士官兵出去地毯式的搜索，直到將逃兵抓到才結束了陣地搜索。

我覺得在金門逃兵是做了一件滿愚蠢的事，為什麼？也因為金門只是一個小島，所以不論有多能耐的人逃了不久就

　　　　　　　　　　　　第二輯　人生之旅

會被抓到，而在金門逃兵要被軍法審判有期徒刑七年，甚至攜械逃亡軍法審判則判死刑，譬如，金防部的指揮官下達槍決某連隊攜械逃亡的士兵，並要求被關禁閉的士官兵前往靶場來觀看這位士兵當場被槍斃，意思是：以達到「殺雞儆猴」的效果。

　　因為金門在過去是戰地，所以為了預防共軍打過來的砲彈，砲彈落在柏油路上而起火燃燒，亦即整個金門的道路是由水泥鋪成的，可是自從民國八十一年金門開放觀光，道路上已有使用柏油路鋪路。

　　自從大陸淪陷後，國民革命軍退守臺灣就是以金門這塊土地作為反攻復國的前哨與跳板，有所謂「無金馬即無臺澎，有臺澎便有大陸。」甚至有形容「金門浯州，固若金湯，雄鎮海門。」的話，因而金門縣的工作人員以裱框掛在金門的旅遊景點的牆壁上供遊客觀賞，由此可知金門的重要性。

　　據說在那時候，金門只是一片黃土，後來經過幾位將軍下達綠化的命令，當時黃土上才開始長了綠草綠樹；據說在那時候，每位士兵要負責種三棵樹，可是沒有照顧好導致樹枯死了就要關禁閉；士兵們把樹視為自己的生命一般那麼珍惜它，即使每天早上起床時的第一件事，士兵們就去看自己種的樹，士兵們也把自己盥洗過的水澆在樹上，由此可知當時的金門是很缺水的。

　　在金門水泥鋪成的道路上兩旁幾乎都種了木麻黃，而在金門水泥鋪成的道路上也形成了木麻黃的樹林道；木麻黃隨風飄動好像披著長髮的女郎，就這樣隨風飄落細細長長的髮絲（葉子）在地面上。連長早點名完畢後，各班各自由班長

帶開去打掃所分配的區域，而我在金門當士官的班長時，就時常帶著班兵到金門的樹林道把飄落的木麻黃掃除，以恢復水泥路面的暢通。

　　早晨我站在金門的樹林道上，這時我忍不住吸幾口新鮮的空氣，讓自己遠離了都市的塵囂和汙染，亦即比起臺灣混亂的交通、汙染的空氣，讓我感受這裡的空氣真好！更何況臺灣的大都會區滿街都是紅綠燈且過馬路時，還要東張西望而讓繃緊的神經，緊張的害怕被馬路上來往的汽機車撞到，這時我站在金門的樹林道上許久連一輛車子也沒有看見。

　　雖然金門有好幾個旅遊觀光景點，可是我在休假的時候，除了返臺休假之外，我大部分到金城及山外看電影、逛街，很少到金門的旅遊景點去欣賞金門的觀光旅遊的景點和風景。

　　就在金門待了一年十個月，而整個師從金門移防到臺灣，然後部隊進入臺南附近的一個基地營，開始準備下基地的軍事操練，而演習的項目，有：夜行軍、打靶射擊、五百障礙、師對抗等等，真是既辛苦又勞累！

　　行軍時全身必須全副武裝，軍事的裝備，有：六五步槍、彈匣（沒有裝子彈）、背包、S腰帶、水壺等等。我初次接受行軍訓練的時候，也因為腳底很嫩很薄，所以我的腳底因鞋底和地面發生強烈地摩擦，而且行軍不久我的腳底的腳皮就長了水泡，這時從我的腳底經由神經系統不斷地發出痛！即使腳底很痛，痛到我受不了！但我也仍強忍著痛而用力踩踏，也讓腳部的神經稍微麻痺一下來減輕痛苦，然後我鼓起勇氣繼續行軍。

就在行軍途中，我的腳底的腳皮因行軍久了就被磨破了，於是我使用剪刀將長了水泡周邊的皮膚剪掉，而我並不知這樣會感染細菌？隔了幾天再行軍腳底的腳皮就感染了細菌，細菌引發了感冒導致身體發高燒！高燒並沒有退燒，這時連隊的輔導長才帶我到南部的軍醫院掛急診且在急診完成後，這家軍醫院的醫師對我說：「我須辦理住院。」

　　在行軍途中，部隊有時會行經過市區、鄉鎮的道路，這時有許多民眾注視著一個接一個的軍士官兵，而整齊有秩序的部隊頗有雄壯威武的氣勢！而當我們行軍走過這些民眾的面前時，我們好像受到他們英雄式的歡迎！

　　因為我是野戰部隊步兵班的班長，所以我配帶的武器是六五步槍，然而我有時會跟班兵說：「機關槍讓我扛吧！」或者跟砲班的班兵說：「砲讓我扛吧！」就這樣我扛著機關槍或砲在我的肩上，即使行軍許久後，當我把機關槍或砲從肩上放下來時，這時我整個身體也有輕飄飄的感覺，彷彿是天空中自由自在飛翔的鳥兒。

　　有一句俗話：「習慣成自然。」行軍久了，原本腳底上的腳皮的水泡因磨破了再長出來新的腳皮，即便連續腳底上的腳皮的水泡因破了又再長出來，也因此腳底上的腳皮越來越厚，也因此行軍起來就不會因腳底上的腳皮的水泡而痛苦難熬！也因此行軍起來就輕鬆多了！然後我把行軍當成去野外散步一般，甚至心裡背著且嘴巴唸著詩詞來增加行軍時的樂趣，譬如，禪宗有一句偈語：「春有百花秋有月，夏有涼風冬有雪；若無閒事掛心頭，便是人間好時節。」……接下去，一個字踏一步並嘴巴把它唸出來，那麼就越走越輕鬆了！

這時候，我們的連隊走進了位於屏東縣的山地門，由此從此處的斜坡往上爬，連隊的軍士官兵則在做山地的行軍和軍事訓練；山地的行軍比起平地的行軍要花費更多的體力和流更多的汗水，而且在山地門的山上我們配帶各種軍事武器，如六五步槍、機關槍、砲等等，由此我們穿梭在叢林裡做野外的軍事訓練，就在這時我一眼看過去，兩旁都是碧綠的青山，群山環抱，可以讓我暫時忘記行軍時的勞累，即使我們繼續的行軍，汗水也浸濕了野戰軍服，但我們的連隊的軍士官兵花費了滿多的體力才爬上了這座山的山頂，這時我抬頭看見有一個小型的瀑布傾瀉而下，然後我把步槍、裝備等放在瀑布旁的地上，我就這樣脫下野戰軍服，跟幾位班兵在瀑布下沖洗清涼的森林浴。

　　行軍到了傍晚及夜晚的時候，我們連隊的軍士官兵就要在野外搭帳棚，其實帳棚就是兩件軍用的雨衣搭成的，而搭時我們先把四個角固定，中間再拉繩子固定就完成，然後搭好再由班長派士兵去營部抬飯盒，等我們的手上都拿到飯盒，連長才下達開動的命令，這時我們就捧著熱騰騰的飯盒，讓我們吃起來也有一番滋味在口裡。夜晚我們都睡在帳棚裡面，就這樣到了深夜因下雨及露水的原因，而我身上所蓋的軍毯太單薄，身體就不斷的在顫抖，這時我只好與班兵抱在一起睡覺來互相取暖；早晨起來我們把帳棚收好後，我們便繼續行軍。

　　夜行軍是既勞累又有趣的，由於夜晚及深夜正是民眾睡覺的時候，所以在深夜行軍的時候，有許多地段是沒有燈光而一片漆黑，這時由連隊的排長拿著軍用手電筒照明前方的路，來帶領連隊的軍士官兵往前行軍；偶爾會發生有些士兵

　　　　　　　　　　　　第二輯　人生之旅

因邊行軍邊打瞌睡而脫隊的現象，甚至有些士兵掉進路旁的水溝裡再爬起起來繼續行軍。

行軍途中連隊有時會經過私人的果園，這時我們被滿園的水果所吸引著，於是有一些士官兵忍不住腹中的飢餓就會偷偷的進到果園裡面去摘水果；連長有規定不能摘果園裡的水果，如果去摘被抓到就要禁足關禁閉，但為了果腹還是有一些士官兵貿然去摘水果。

師對抗演習期間，營部一天的伙食僅供應兩餐，另外則吃乾糧和罐頭，其實部隊接到任務就各排或各班去攻防戰，因而幾乎整天都吃不到飯，這時連隊的軍士官兵就只好跟流動攤販購買食物來吃，而這種流動攤販被士兵則把它以台語稱之為「蒼蠅」，意思是：「因為流動攤販對於軍中的消息非常暢通，所以只要部隊在演習或行軍一定有他們的踪影，好像蒼蠅一樣粘著部隊移動而移動。」

就在師對抗結束的時候，砲兵連、營部連等等軍事單位在演習結束後，他們都坐上了軍用的卡車回到自己的營區和連隊，這時營長卻對步兵連說：「因為你們是野戰部隊的步兵連，所以要發揮步兵的精神，你們還是行軍回自己的連隊。」我們聽了營長這麼說，我們感覺當野戰部隊的步兵連實在很辛苦的。

行軍的路程，即使我在臺灣及金門的道路上走了好幾百公里的路，而這些行軍的經驗也成為我日後深刻的回憶，記得行軍時連長要求我們每位軍士官兵一天只能喝一壺水，而且水壺的水要加鹽巴以防流汗過多而喪失體力，導致身體虛脫而無法繼續行軍，也因為臺灣南部夏天的陽光非常的酷熱，所以我在行軍時覺得頭頂上的鋼盔簡直燙的可以煮蛋似

的！於是為了不讓自己造成口乾舌燥，我就把水含在嘴巴裡不敢直接往食道吞下去，過了許久將嘴唇、舌頭潤濕後才把水慢慢的吞下去，就在這時有一位士兵對我說：「如果現在有一碗冰，那麼就可以消除臺灣酷暑難熬的天氣！而且在行軍結束後，他要去洗三溫暖。」

　　這時候，在行軍的途中有一些士官兵受不了這麼熱的天氣，就違反連長的命令和規定，他們則偷偷的去裝水，於是他們猛喝水結果喝了太多的水，汗水就從毛細孔不斷的流出來，即使汗水浸濕了野戰軍服，也造成身體虛脫沒有辦法繼續行軍，他們也只好坐上了軍用的醫護車回到營區，回到營區連長的賞罰是：「沒有脫隊的士官兵可以獲得休假，而脫隊的士官兵且違反連長的命令和規定必須禁足打掃營區的廁所及保養槍枝。」師對抗演習結束，連隊隨著營隊移防到陸軍軍官學校當守衛營。

　　陸軍軍官學校是培育軍官成為軍中領導幹部的搖籃；陸軍軍官學校的設備完善、紀律嚴謹、師資優良等，還有校園裡頭的環境，令人賞心悅目。當時我經常利用傍晚時分，就繞著黃埔湖周遭的柏油路跑步，跑步結束後，我就坐在黃埔湖的湖邊的草地上享受著微風的拂面，這時微風吹過湖面激起了片片的漣漪，而此刻夕陽緩緩落下，酡紅的餘暉則映照在湖面上呈現出閃閃發亮的光點，光點則同時映照在我的瞳孔中，讓我感覺有如莊子所謂的「天地有大美而不言。」

　　三十年前我在陸軍軍官學校當守衛營的時候，而本營發生一件因志願役士官利用夜晚站安全士官時攜械逃亡。據說他是為了一位風塵女郎，與人爭風喫醋，就意氣用事出此下策；那一天夜晚他想和對方作個了斷，他就攜帶六五步槍和

十幾發子彈坐著計程車到高雄市某個夜間營業的場所，但他到高雄市某個夜間營業的場所時，就被警察以臨檢為理由，而發現他有攜帶六五步槍將他攔下來，然後警察和他就發生激烈的槍戰。

根據當時電視媒體如火如荼的報導：「高雄市發生警匪槍戰，一位警察當場被歹徒擊斃，另一位則重傷緊急送醫；刑警和警察一起包圍他，他就在幾乎彈盡而在無力反擊下，他就選擇了舉槍自盡。」警匪槍戰結束後，才被檢察官驗屍時發現他的身分是軍人，這時參謀總長得知警匪槍戰的消息，立即南下去了解狀況，他並下達命令指示：「以『連坐令』懲處相關失職的軍士官兵，營長記申誡，連長記過處分，失職的士官兵則關禁閉。」而我，那個夜晚並沒有站安全士官覺得自己滿幸運的；本營是陸軍軍官校的守衛營，但為了一位站安全士官的士官因攜械逃亡所釀成的警匪槍戰事件，而我們每天全營必須開檢討會，也連續開了有一個多星期來檢討改進這個事件。

在陸軍軍官學校，當陸軍軍官學校的學生畢業典禮的時候，總統和參謀總長會到陸軍軍官學校親自校閱部隊及精神講話；當天陸軍軍官學校的學生則以踢正步通過典禮台，而且有幾位陸軍軍官校的學生代表到典禮台上接受總統以中尉軍官來授階成為陸軍的軍官。

後來，因為軍中的政策大幅度的改變，所以離島的金門、馬祖、澎湖等已不再移防，僅有志願役的軍士官兵互相的對調，於是我又被調回金門隨著連隊在金門的尚義機場附近的營區及碉堡轉移陣地。

當時整個師集結在金門的料羅灣的軍港，也就是整個師

所有的軍事武器、裝備、軍士官兵等必須有好幾艘的軍艦才載得完。軍艦在大海上行駛聲勢浩大往往會引起對岸的共軍密切的注意，同時也增加了危險性，更何況一次離島的部隊移防所花費的軍事的經費頗為可觀，也因此改由志願役軍士官兵來對調，不僅省去勞師動眾且符合經濟的效力，記得當時我是搭了一艘老舊的軍艦（此艘軍艦俗稱開口笑），這時我在船艙裡頭覺得太過悶熱，於是我爬上了船上的甲板上吹海風；軍艦在海上行駛了約二十幾個小時才到高雄的某個軍港靠岸，而這艘老舊的軍艦比起我過去所搭的太武軍艦慢了好幾個小時。

　　我第一次來到金門的時候，就在金城附近的基地連準備下基地的軍事演習和訓練，過了不久連隊隨著營隊便移防到金門的最前線來捍衛臺灣海峽的安全。我在金門站安全士官的時候，我幾乎每天看著大海，如此我軍中的生活變成了「看海的日子」，我也欣賞了金門戰地美麗的風光，然而隨著志願役軍官和士官的對調，我又重回金門的懷抱。

　　就在金門前線的城堡和碉堡，而城堡和碉堡是由一塊一塊花崗石所疊砌而成的；隔著蔚藍柔和的海，對岸就是中國大陸。

　　早晨我從漆黑的坑洞爬出來時，陽光就射進我的眼睛使我感覺有些刺眼，然後我走上了城牆一眼望去，東邊是剛初升的朝陽，而它那白刃般的光芒一束束穿過雲層投射在海面上，此時此景波光粼粼的海面上在陽光下閃閃發亮——在一片蔚藍的海面上，海面與天空交融在一起，讓我看起來海面上染上了一片金色的風景。

　　　　　　　　　　　第二輯　人生之旅

這時候，風吹過了海面激起了浪花，也吹得海浪在徐徐翻動，緊接著一波一波的海浪沖刷著長長優美的金門海灘，而從海水和海灘所撞擊的聲音，就這樣發出低沉沙啞的聲音。這一刻，我彷彿漫步在美國夏威夷的海灘上享受著如此的美景，於是我拿起軍用的望遠鏡注視著大陸沿海的陸地，也勾起了我對大陸的情懷和愛國的情操；金門馬山有一個觀測站，而我在金門前線的時候，據點上經常有聽到由馬山的女軍官播放著對岸共軍的「心戰喊話」，並播放著軍中愛國歌星鄧麗君的歌曲。

　　當時偶爾連長會派我帶領幾位士兵去支援工兵連，而任務是：「前往花崗石的爆破的地點，將炸開的花崗石搬上軍用的卡車。」怎麼炸開堅硬的花崗石？工兵連的工兵先在花崗石上鑽洞，鑽好洞後再裝上炸藥，緊接著牽信管（引爆炸藥的管線）到一個控制開關，等這些動作都完成，再按下開關就爆炸了；花崗石炸開時，震響崩裂的聲音震響了我的耳膜，同時花崗石的石塊在瞬間向四面八方散開，看起來讓我覺得頗為壯觀。

　　據說有一些工兵在引爆花崗石的過程中，也因為不小心在接信管時碰觸到火花緊接著就爆炸了，所以來不及逃的工兵而他們的身體被炸的遍體鱗傷，奄奄一息，這時由金防部的指揮官下令，緊急以軍用的直升機後送臺灣的軍醫院來搶救命在垂危的工兵。

　　就在金門前線的據點，架設了各種軍事武器，如重機槍、不知名的砲等等，而我記得有一種砲是七五無座力砲，而這種砲是屬於筒後噴火，於是在試射時，威力可以讓整個據點有感覺在震動。據說某個連隊的士兵不清楚這種砲是屬

於筒後噴火，而他在試射這種砲時把自己的手臂放在砲的後面，結果砲彈打出去而整個手臂也不見了，這時由金防部的指揮官下令，緊急以軍用的直升機後送臺灣的軍醫院來搶救命在垂危的士兵，而且金防部的指揮官下達加強訓練這種砲，並要求連隊的軍官說明操作這種砲的安全性，以免再次發生類似不幸的事件。

在金門當野戰部隊的士官期間，我除了返臺休假之外，我大部分去山外、金城等逛街或看電影，由此以排解我在連隊上緊張的軍中生活。我偶爾會利用休假時與連隊上的士官到金門的民俗文物館去欣賞裡頭的古厝建築、庭院樓閣、壁樑雕畫及民俗文物，然後我與他們一起拍照留念。

當時我在金門農曆過年的時候，我與連隊的班長和排長一起偕同到金門的太武山；三十年前金門的太武山是不對外開放的，僅有每年的農曆過年時才對外開放。

我們先搭金門的公車前往太武山的公墓，下車後，我們便步行進入太武山的公墓瞻仰參觀古寧頭、南日島、大膽島諸役，以及「九三」、「八二三」砲彈陣亡將士之英靈，公墓兩旁則青山合抱，景色宜人；環墓公路遍植巨柏、綠草及各種品種的花木。

我們欣賞了這裡的風景，我們便沿著玉彰路而往此處的山坡往上爬上去；路的兩旁種植木麻黃和不知名的樹，而且這些樹依著花崗岩蔓延上去，這時清風微冷吹得我們繃緊神經，也使我們瑟縮著往上走上去。

我偶爾停下腳步，抬頭望著寬闊的藍天，這時我覺得在陽光的調配下，天空藍得柔和；我由上往下望去，我感覺太武山好像一頭沉睡的巨獅；爬了約三十分鐘到達太武山的山

頂，就在這時我抬頭望去，花崗岩上刻著「毋忘在莒」四個字，然後我們在此拍照留下了珍貴的回憶。據說，因為整座太武山已被挖空而裡面架設了各種軍事的槍炮對準對岸的大陸，所以太武山的軍事管制甚嚴，我已忘了那時候，是從哪個洞口進到太武山的「擎天廳」，而我僅記得擎天廳裡頭的壯麗雄偉，而且置身在花崗岩的擎天廳中讓我有陰涼的感覺。

往前行，離我不遠的地方就是「海印寺」，而此地供奉觀音佛祖、如來佛、十八羅漢，正門則題了「海日照靈山觀世觀音觀自在，印嚴參法相是空是色是如來。」等佛教的偈語。

就在金門的野戰部隊當士官的班長的期間，我除了在金城的基地連準備下基地的軍事演習及軍事訓練之外，其他都在金門前線的據點捍衛臺灣海峽的安全。記得當時我在金門尚義機場附近的據點，而在據點的前面有一個探照燈且探照燈的前面就是大海，於是我和連隊的幾位士兵就負責操作及保養探照燈，夜晚時還要監視海面是否有可疑的船隻靠近金門的岸邊和海灘？其實我在這個軍事的據點我不曾接過上級的指示，夜晚時還要我們起來操作探照燈來照明海面上；在這個據點平時比起在連隊上輕鬆多了，可惜好景不常，過了不久就有一位連隊的排副嫉妒我們待在此據點太輕鬆，於是他向連長打小報告要求我和連隊的幾位士兵早晨必須回去連隊早點名，再過一陣子我就被調回連隊且更換另外一位士官來到此據點，記得那個探照燈的據點，而在此據點的前面的中央公路旁有一個電影院，於是我經常利用沒有執勤務時，就在電影院門口旁購買票，然後通過門口人員的驗票就走進

去裡面看電影，以排解我緊張的軍中生活。

　　就在金門前線的據點，而據點的前面有一片寬闊的海和長長優美的海灘，海灘上則插了好幾排的長條四方形的鐵條，即使在金門的海灘上過去都有埋藏地雷，也因此來預防對岸的共軍搶灘入侵金門這塊土地上；在漲潮時，長條四方形的鐵條被海水所淹沒；退潮時，露出它的原來的形狀，亦即讓共軍的軍艦無法直接靠近金門的海灘而形成了一道保護網，由於我偶爾想去金門的海灘上撿拾貝殼，可惜這裡在當時是戰地嚴禁任何人到海灘上，也自從民國八十一年金門開放觀光以來，金門這塊的土地就由歷屆的金門縣長下達清除金門這塊土地上的地雷，以此來恢復金門觀光的安全性。

　　就在金門當野戰部隊的士官的班長的時候，也因為平常軍中的生活是規律的，也因此讓許多軍士官兵覺得單調和無聊，也因此有許多軍士官兵就會選擇去當時金門的軍中樂園（八三一）去尋歡做樂，記得有一位連隊的士兵對我說：「有某一位士兵與金門八三一的妓女做愛時，而那一位妓女與他做愛，還同時在織毛線衣。」我聽了他這麼說，覺得不可思議。

　　因為我時常到軍醫院掛號看病，所以連金門的花崗石醫院，我也曾在那裡動過一次摘除鼻息肉的手術，有趣的是，連隊上有一位排長稱我為「病號班班長」，然而記得我從第一次到南投縣草屯鎮的「何耳鼻喉科診所」，動了鼻竇炎及摘除鼻息肉的手術至退伍重回臺灣的社會至目到前為止，多年下來我算一算居然已動過了六次鼻子摘除鼻息肉的手術，還有耳朵也因鼻子及感冒引發了中耳炎，也就是我在高雄八0二醫院動了一次耳膜穿孔修補的手術，也就這樣臺灣的各

　　　　　　　　　　　　　　第二輯　人生之旅

大醫院幾乎都有留下我的足跡，有；臺北榮民總醫院、新莊新泰綜合醫院、臺中榮民醫院、臺中中國醫藥學院、高雄八0二醫院，甚至連金門的花崗石醫院，我也曾在那裡動過一次摘除鼻息肉的手術。

金門的花崗石醫院是在花崗岩中挖出來的軍醫院。我剛到花崗石醫院住院的時候，就有一位這裡的護士（以前稱之為護士，幾年前已更名為護理師），她對我說：「來到這裡先要找她『拜碼頭』。」意思是：「她是大姐頭，來到這裡必須先要跟她打聲招呼，那麼在此住院就會比較方便。」

還有讓我記憶深刻的是，記得當時我在中壢仁美陸軍第一士官學校接受半年的領導士官的訓練；有一次在第一士官學校上游泳課後，我感覺身體十分的不適，到了夜晚則患了重感冒並引發了中耳炎；我到三軍總醫院看門診，但我並沒有治療好，也因為我抽籤是抽到金門的野戰步兵而隨著陸軍的軍士官兵來到金門，所以耳朵因耳膜穿孔流著膿物，於是我在金門痛苦十個多月，等部隊移防回臺灣時，我耳朵的疾病已拖了一年多的時間。

就在我無法忍受每天的耳朵流著膿物和耳鳴的痛苦，於是我鼓起勇氣向軍中的張老師投訴，而當輔導長接到上級的通知，他才親自帶我到高雄八0二醫院去做檢查，而檢查的結果，醫師則對我說：「我罹患了中耳炎且耳朵內化膿已把耳膜給弄破了，必須立即動耳膜穿孔修補的手術。」手術的時候，因為沒有全身麻醉只有局部麻醉，所以醫師和護士在旁講話的聲音，我幾乎都可聽見，這時我痛得受不了！呻吟的聲音發出痛！醫師則再補上一針麻醉劑，護士也在旁請我忍耐一下！而她對我說：「手術就要結束了。」手術後，我

在此僅住院四天而院方就要求我出院回去部隊休養，然而當時我對軍醫院對我住院僅四天卻要求我出院，讓我覺得軍醫院對我沒有什麼同情心？

　　還有在金門當野戰部隊的士官的班長的期間，我發生了一件使我難以磨滅的記憶，記得當時有一次在金門某個戰鬥教練場，這時由旅長下達命令：「由本營的軍士官兵前往金門某個戰鬥教練場演練單兵攻擊。」然而，我已記不清楚那時自己在想什麼？為何會發生這樣軍事的意外？就在離我不遠的地方而地上擺放著許多六六火箭彈及火箭彈（六六火箭彈是屬於摧毀戰車所使用的武器，不過實彈已射完而改裝成訓練彈）。

　　因為我過去在金門野戰部隊當士官的班長時，所以連隊曾派我去旅部的營區訓練六六火箭彈，我也曾是六六火箭彈的助教，我也親自射擊過實彈的六六火箭彈，即使有這樣的原因，如此我對六六火箭彈就有了比其他軍士官兵的熟悉感，也想再嘗試射擊六六火箭彈，但我以為射完的六六火箭及火箭彈裡頭已沒有彈藥，這時我向前走了幾步就拿起六六火箭彈，而將它拉開分離成火箭筒，然後我將火箭筒放在肩上，眼睛則對準覘孔瞄準做射擊練習。

　　記得當時腦（心）海中我已忘了自己在想什麼？可能跟自己的性格喜歡思考有關係？譬如，法國哲學家笛卡兒的一句名言：「我思故我在。」然而，接下去我居然按下板機，這時訓練彈瞬間劃破沉寂飛出去，就在這一瞬間，我只聽見咻一聲，訓練彈碰到前面一棵樹就發出輕微的爆炸聲，也同時冒出了火花；在危急的時刻，我只看見輔導長迅速的把一位士兵推倒在地，才化解了這次的危機。

即使訓練彈的威力很小，我也整個人在過度驚嚇的情況下，我只記得當時的連長叫我站在金門某個戰鬥教練場的花崗岩旁罰站，旅長則集合全營的軍士官兵精神訓話，精神訓話後；即使過了不久我就坐上了旅長的吉普車前往旅部的禁閉室，也因為有這樣的軍事意外事件的發生，所以我的軍旅生涯是第一次被關進旅部的禁閉室，其實我四年半志願役的軍旅生涯也只有一次被關進禁閉室。

當時我的心非常的惶恐不安，害怕自己被軍法審判而不能退伍，再經過約兩個星期，也因為我們的連隊抽到體能戰技連，所以必須返臺參加陸軍軍官學校的體能戰技，也就這樣的原因連長派了一位排副前往旅部的禁閉室把我從旅部的禁閉室領出來。

記得當時我們連隊是搭軍艦，還是搭軍機返回臺灣？我的記憶已模糊得無法辨識？不過我還記得我們在陸軍軍官學校參加體能戰技連，也就是必須通過各種體能戰技的考驗，如五百障礙、手榴彈、步槍射擊、刺槍術、五千公尺跑步等；每個比賽的項目都有軍中的裁判在評分，而以全國的陸軍中得分最高的那一個連隊成為本屆的體能戰技連。

以單就步槍射擊這個項目來說，對我而言實在一項滿大的考驗，為什麼？因為步槍射擊須閉上左眼張開右眼對準覘孔射擊，可是我的左眼閉的不好，所以每次在軍中有射擊的時候，而我只好在自己的眼鏡上的左邊的鏡片用一塊布遮起來，以這種方式來射擊；陸軍軍官學校所舉辦全國陸軍的體能戰技閉幕後，我們的連隊又返回金門的營區。

因為接近退伍只剩下半年的這段期間，我的情緒變得焦躁，於是我向連長報告：「我的情緒十分不穩定，希望能在

早點名後，讓我暫時離開連隊去金門的道路上跑步。」連長聽了我這麼說，就這樣同意我早晨出去跑步，而當時早晨我因這樣的原因，就沒有帶著士兵去打掃金門的水泥道路，這時我一個人孤獨地從尚義機場沿著金門的水泥道路往山外的方向跑去；這時冷風冷空氣陣陣吹來，使我跑起來感覺精神抖擻；每當早晨跑步結束時，我滿身流著汗水，我也感覺整個人神清氣爽，心中的陰霾也一掃而空；當時我心裡想著：「往後的日子我要跑步過一生，可是十年前我已很少再去跑步，後來我有加入『亞力山大休閒中心』，在跑步機上跑步，過了不久連在跑步機上也沒有繼續在跑步，而僅在該休閒中心裡面泡三溫暖及休息來放鬆自己的工作及精神疾病所帶來的壓力。」

　　連長體諒我退伍前的情緒不穩定，就放了幾天的假讓我到「金門的官兵休假中心」，去放鬆繃緊的身心，可是我在此度假並沒有到金門的旅遊景點，我只待在這裡閱讀杏林子、謝冰瑩、錢穆、吳經熊等等的作家及學者的書籍；在金門山外的某家書店，我買了一本書，書名是《成功人生》（時報出版），也許就這樣的原因我從此喜歡閱讀文學和哲學的書籍。

　　開啟記憶的盒子，在時間之流中我擷取了一、前言；二、幼年的回憶及童年的往事；三、求學的過程及工廠的學徒；四、軍旅生涯及行軍記，而我的軍旅生涯即將接近尾聲；我已接近退伍只剩下三個月，而我當時在心裡上我想的竟是，趕快退伍以免發生其它的後遺症。

五、退伍後的人生之路及男怕入錯行，女怕嫁錯郎

　　我原本以為當志願役領導士官就可以消除過去深埋在內心裡厚厚的的自卑感來恢自信心，但我在軍中依舊吃不開，即使領導士官班的學弟都已升上了排副而我仍是班長，如此我也越想越懊惱、越想越自卑——四年半的軍旅生涯結束，我就沒有繼續簽下去。

　　退伍回到故鄉——南投縣草屯鎮，而我在家裡休息幾天將軍中過度勞累和緊張的生活放鬆下來，於是我前往位於南投縣草屯鎮太平路上的「勝家電器有限公司」去應徵工作——推銷員，然後我被這家公司的主管錄取推銷員這份工作，而起初我到這裡上班除了休假外，我就把縫紉機、擺放的架子及木板放在摩托車後面的空位上並把它用繩子綁好後，於是我騎著摩托車載往中興新村或草屯鎮的市場，到了市場我把架子弄開上面則放著一塊木板再把縫紉機擺上去，這時我對來往的人群發廣告單並進行推銷，同時對有意願購買的顧客把他們的姓名及住址抄寫下來，我再親自到府上拜訪。

　　我在當時經常騎著摩托車穿梭在南投縣草屯鎮及南投市的中興新村的街道上，而我到顧客的家裡說明勝家縫紉機是怎麼操作的，以及跟顧客推銷其它勝家的電器產品，以促成購買的意願；我剛來勝家電器有限公司及勝家縫紉機上班的時候，我的業績還算不錯，但好景不常，我做了幾個月就越

做越差，隨之也對自己越來越沒有自信心，也因為做這種推銷的工作時常要去面對顧客的拒絕，所以要面對挫折感是滿大的。

　　過了不久，我在電視上有看見這樣的廣告：「臺中職業訓練中心有職訓，如汽車修護、汽車板金、塗裝、電鍍等等技能職業訓練，而且臺中職業訓練中心與省立臺中高級工業職業學校（幾年前已更名為臺中市立高級工業職業學校）有建教合作。」因此，我當時想了想覺得學習一技之長以後可以在社會上安身。然而，自從四十年前我在臺中機場附近的永新機械工廠去當車床和鑽床黑手的學徒之外，也有到省立臺中高級工業職業學校的夜間部去就讀，而我當時以為就讀該職業工業學校的夜間部應該比起一般的高中比較容易，但期中考過後，我的自信心就幾乎瓦解了，即便當時父親有到省立臺中高級職業工業學校夜間部的班上跟老師說，而他們都有勸我繼續唸下去，但我卻被挫折的陰霾擊倒了，三個月後我就輟學沒有去省立臺中高級工業職業學校的夜間部就讀，記得那時我連回母校去辦休學的勇氣都沒有，而退伍後我又回到自己的母校就讀，這真是使我始料未及的一件事。

　　當時我把推銷員的工作辭掉，我就到臺中職業訓練中心接受為期一年的職業技能訓練。俗話說：「男怕入錯行，女怕入錯行。」從這句俗話來看，事實上，就是我錯誤抉擇的開始，也因為我罹患鼻竇炎而塗裝及電鍍這種行業根本不適合我去做，所以退伍後我經常更換工作，有：推銷員、汽車烤漆技術員、保險業務員、送報員、發報員、清潔工、倉儲……。

有一句話說得好：「商場有如戰場。」退伍後，幾年下來，我到處碰壁而受到社會無情的打擊且覺得戰場已轉移到商場上，於是我好像在臺灣的社會上打游擊戰，然而多年前我曾寫信給退除役官兵輔導委員會的主任委員去表達和陳請：「為什麼四年半的志願役軍官退伍時可以領到榮民證；四年半的志願役領導士官卻領不到榮民證？」過了不久，我收到退除役官兵輔導委員會的回函：「請我寄上退伍令、陸軍第一士官學校領導士官班的結業證書，來作為驗證是否我符合榮民的身分？」當我再次收到退除役官兵輔導委員會的回函，我便立即拆開信封，這時信封裡面我看見一張榮譽國民證，而我看了這一張榮譽國民證許久，即使過去累積有太多的挫折、失敗、失業的恐懼感及心靈的創傷，眼淚也在失去控制而從眼眶裡流下，我則哭得很厲害對自己說：「我自願回去再去當志願役士官，至少可以免去對失業的恐懼感。」

就在臺中職訓中心訓練的這段期間，我除了休假日之外，每天早晨起床就按照職訓中心所規定的生活作息，如整理內務、升旗典禮、職訓中心的主任對學員的精神講話、打掃職訓中心周遭環境清潔等，然後各個技能班由班長帶到自己的實習工廠；在塗裝的實習工廠，我和國中剛畢業的同學一起學習塗裝的技能，從最基本的除銹、補土、研磨開始學習；在研磨金屬表面的補土的時候，鐵板則須放置在水龍頭的底下，接著將金屬表面的補土的粗糙面用砂紙磨得光滑，然後把金屬表面的補土吹乾就可以開始噴漆。

因為現代化的社會有越來越多的材質和產品表面上必須塗裝，所以來預防生銹、蛀壞材質且增加產品的美觀。塗裝

可區分成三大種類，第一，金屬塗裝；第二，木材塗裝；第三，建築塗裝，而不同種類的塗裝所使用的塗料是不一樣的，譬如，金屬塗裝是使用油漆或烤漆；木材塗裝是使用透明漆；建築塗裝是使用水泥漆。

除了讓學員在職訓中心的實習工廠實習各種技能之外，還有聘請省立臺中高級工業職業學校的教師來到職訓中心教學，如國文、英文、塗裝等等課程，也因為我們在此學習技能已是高職延教班的一年級的學生，所以在職訓結束後，我們就要白天工作，晚上則到省立臺中高級工業職業學校的夜間部去上課。

在電鍍實習工廠實習的時候，從認識基本的化學名稱，如 H_2SO_4（硫酸）、Hcl（鹽酸）、Nacl（氯化鈉）、H_2O（水）……，然後我們去電鍍實習工廠實習電鍍方面的技能；電鍍時須把電鍍的鐵片掛在除銹的電鍍槽內，接著通過幾個電鍍槽，而電鍍槽有正極和負極兩者交互作用才完成電鍍，但鐵片是掛在哪一極因經過多年我已忘了，然後我們在研磨機上刨光電鍍過的金屬表面，促使經過電鍍的鐵片表面上的色澤更佳的亮麗；電鍍時是要選擇鍍銅或鍍鎳或鍍其它的金屬是關鍵所在，而這是決定電鍍產品的顏色；除了在電鍍的實習工廠學習電鍍的技能外，記得當時我還做過化學實驗，而我做過哪些化學實驗我都忘了。

職訓中心有提供讓學員住宿的宿舍，於是晚間我就在宿舍裡頭溫習功課、看電視或與同班的同學聊天，而我要外出必須按照職訓中心請假規定來請假。在職訓中心職訓期間而中心供應了伙食和住宿都是免費的，但在職訓期間的學員是沒有薪水的，也因為這樣的原因，所以我在此選擇打工賺取

零用金來提供日常生活的消費，然後我背著或推著割草機（兩種款式不同的割草機）把職訓中心周遭的雜草剪短或割除。

在職訓中心職訓半年後，也因為我的鼻子時常感到不適，所以我到位於臺中縣大肚山上的臺中榮民醫院的耳鼻喉科做檢查，而檢查了結果是，醫師對我說：「鼻內的黃鼻嚏已越來越多，而且須將鼻內的鼻息肉給摘除，並矯正鼻中隔彎曲。」過了不久，我跟職訓中心請假，就前往臺中榮民醫院接受鼻子的手術，然後我躺在冰冷的手術台上看著手術室裡頭的擺設，讓我覺得仿若死亡的陰霾即將觸及我的生命。

就在這一刻，麻醉師拿了一個形狀像是漏斗的塑膠容器蓋在我的鼻子上端，於是麻醉師請我吸氣而我吸了幾口後，僅有幾秒鐘我就失去了意識，等我醒來時，我已躺在手術室外面的通道而準備被醫院的工作人員推進病房，就在這時我肚子裡的膀胱因積尿太多而漲了起來，我就這樣的原因很想下床去尿尿，可是身體卻不聽使喚又無法起身，而這是我第三次動鼻子的手術，亦即每一次動鼻子的手術都讓我覺得痛苦難熬！也因為手術後醫師把鼻孔內塞滿了紗布以防鼻孔內因手術流血，所以我根本無法用鼻子來呼吸而是用口來呼吸。

記得當時我發生了一件小插曲：我原本寫了一封信，而我拜託一位職訓中心同班的同學幫我把這封信轉交給省立臺中高級工業職業學校的校長，而這封信所陳述的內容重點如下：「我罹患鼻竇炎，但塗裝及電鍍這種職業會產生有害的氣體，而且對我是罹患鼻竇炎的人會影響健康很大，所以請校長幫個忙讓我轉到其它的技能班。」可是他聽錯了，沒有

把這封信拿給省立臺中高級工業職業學校的校長，他卻拿給職訓中心的主任。

我動完摘除鼻息肉及治療鼻竇炎的手術後，即使塗裝班的班導師知道這件事就找我去談，但他的語氣對我十分的不高興，也因為他認為我先要告知他讓他知道，所以才不會導致職訓中心的主任來指責他，我也只剩下三個月就要在該中心結訓。

然而，我當時突然接到一通大嫂打來的電話，而她在電話中哭著對我說：「父親目前被羈押在臺中市看×所。」我聽了她這麼說，一時之間讓我感覺十分的驚嚇！我也不知如何所措？就趕緊去職訓中心輔導室跟輔導員訴說事情的狀況，而且我請求他帶我去臺中市看×所去見我的父親，但他回答我說：「他愛莫能助。」然而，我當時是否有鼓起勇氣前往臺中市看×所去探望父親？或我根本我沒有去臺中市看×所去探望父親？我的記憶已模糊的無法辨識？不過，我的記憶裡偏向有到了臺中市看×所去探望父親，而我到了臺中市看×所，我就先向臺中市看×所的執勤人員詢問，他則回答我說：「我要找的人目前收×禁見。」我當時的心情急得像鍋上的螞蟻不知如何是好？於是我只好無奈的選擇離開臺中市看×所，後來父親經過幾年的上法庭及官司纏訟，檢察官及法官才還他清白，而他回到臺中自×水公司的工作崗位上，不過他的職位從原來的主任秘書被調為專員。

我在臺中職訓中心受訓一年，結訓後我與幾位同班的同學一起到位於臺中市文心路的一家「福特汽車修護廠」去應徵汽車烤漆的工作，而當時幸運的是，我和幾位同班的同學都被錄取了；白天我們在此做汽車烤漆，傍晚我們則到省立

臺中高級工業職業學校的夜間部去上課。

　　因為我們在臺中職訓中心所學的技能都過度的廣泛，有：木材塗裝、建築塗裝、金屬塗裝及電鍍的技能，所以很難學到一門專精的技術，還有臺中職訓中心在技能教學、設備方面又似乎與社會上屬於技術性的職業尚有一段距離，由此可知臺中職訓中心在技能教學理論方面而大於技能實務的層面。

　　然而，做汽車烤漆是頗為辛苦的工作，也就是一輛汽車發生車禍被撞到後，須先經由汽車修護廠的維修人員的板金、焊接的過程把汽車原來的形狀給恢復，然後才開始汽車烤漆的作業流程：首先，用研磨機把汽車表面的漆先刮除，接著在汽車的鋼板上的表面補土，亦即把補土填補在汽車外殼的板面的凹凸不平，等補土乾便開始用粗的砂紙研磨或用研磨機研磨，接著以細的砂紙加上水來研磨，直到補土與汽車的鋼板上的表面的補土看起來平且表面光滑為止，接著噴底漆，等底漆乾便開始用細的砂紙加上水研磨，研磨完成便把汽車用水噴槍把整輛汽車全部清洗一次，清洗完成便把汽車的表面擦乾再貼上防漆紙或報紙，以防汽車烤漆時噴到車窗、輪胎等等汽車的零件；等這些動作都完成，才將汽車開進或推進烤漆房內用噴槍噴上漆即是車原來的顏色；烤完漆把汽車的表面有凸出的小點用極細的砂紙加上水磨掉，接著打上一層蠟便完成了汽車烤漆，然後把汽車交給廠內的汽車維修人員進行維修，這樣才完成汽車烤漆及汽車維修而完成交車給車主，即使這些動作看似容易，也只不過在重複著同樣的動作，可是只要其中有個動作做得不夠徹底便有可能導致汽車烤漆的失敗。

進一步來分析，其實一般在汽車修護廠裡的汽車不可說是汽車烤漆，為什麼？因為漆裡頭已添加了硬化劑，所以汽車沒有進入烤漆房同樣在外面噴漆也會乾，也因外面的環境不佳而導致汽車表面上的漆會形成許多的污點，由此可知真正的汽車烤漆就是原廠的汽車才是名實相符的汽車烤漆。

　　當時我在做汽車烤漆的過程，有好幾次把手指給磨破了，於是我只好把手指的指尖用膠帶把指尖的部分包起來繼續的研磨，然而我做二年的汽車烤漆的工作，也換了許多家的汽車烤漆，如福特汽車、賓士汽車、喜美汽車、福斯汽車、日本豐田汽車等不同廠牌的汽車公司，可是我覺得比起一個沒有去職訓中心接受職業訓練的學徒還不如，我就這樣又加深了我的自卑感，還有因為這種汽車烤漆的工作會產生有害人體的氣體，所以對我的身體的健康影響很大，而且每天重複著同樣的節奏、同樣的動作、同樣的生活，就這樣從星期一至星期六，好不容易等到星期日，我終於可暫時離開被管制的生活到外面自由的活動，讓自己輕鬆一下！

　　這一段在福特汽車修護廠的期間，我發生了一件有一位同事打我的事件，而這個事件發生的地點，就在臺中市文心路的福特汽車修護廠的員工宿舍。為什麼他會打我呢？後來我發現因我有赤子之心說話時很直接，所以我說出來的話，我沒有考慮這樣會得罪別人？記得就在那時候，那一位同事把我在員工的宿舍裡推倒在地上，同時在我倒地的時候，旁邊則剛好有一把刀子，於是我當時非常的氣憤立即想把地上的刀子刺向那一位同事的身上，但在危急的這一瞬間，同宿舍的另一位在職訓中心同班的同學趕緊把我拉開才化解這次的危機。

我從福特修護廠離職，然後經由漆行老闆的介紹去位於臺中工業區的賓士汽車修護廠工作。我除了在賓士汽車修護廠工作之外，我還經常利用早晨起來跑步，這時我起床洗臉、刷牙後便走出賓士汽車修護廠前面的馬路上，於是我活動一下筋骨促使血液循環以減少跑步時的運動傷害，而我的跑步路線是：沿著臺中工業路轉向中港路往大肚山的方向跑去；跑進東海大學而在校園裡繞了一圈，順著原路再跑回去。

　　我在賓士汽車修護廠做汽車烤漆做了一年後，我認識一位從事房地產買賣的人，於是我跟他傾訴我的遭遇的困境：「我目前在做汽車烤漆的工作，也因為汽車烤漆這種職業會產生有害的氣體，所以對我的身體的健康影響很大，而且我已動了幾次摘除鼻息肉的手術，最近又在臺中中國醫藥院動了一次摘除鼻息肉及治療鼻竇炎的手術。」他聽了我這麼說，他對我頗為同情我的遭遇，他就勸我不要繼續做汽車烤漆的工作，然後他介紹我到南山人壽保險公司先去上課來學習做保險業務員推銷保單且兼做直銷，以及跟他學習房地產的買賣，然後他答應我可以住在他的家裡，我就這樣把汽車烤漆的工作辭掉。

　　然而，我當時為什麼會選擇離職臺中工業區的賓士汽車修護廠？其中還有一個原因，就是我當時到臺中市文化中心、誠品書店或墊腳石書店聽了一場林×玄作家的演講，他說：「他高中畢業後，就去參加大學聯考結果沒有考上，然而爸爸就把一些田地賣掉且把賣掉田地的錢拿給他，也就這樣爸爸要求他到補習班補習，然後他拿到爸爸給他的錢，他並沒有去補習班補習，反而到臺灣的各地去流浪，後來他考

上了世新工專，電影科。」我聽了他陳述他這一段自己人生成長的過程和經驗，內心深受感動就這樣想學他到臺灣的各地去流浪，以便在未來的日子同樣可以圓成作家的夢想，結果呢？因為我過度的受林×玄這位作家的影響而變成了幻想，所以我真的學他想到臺灣的各地去流浪，然而當時我在賓士汽車修護廠做汽車烤漆的工作，即使當我把汽車烤漆的工作辭掉時，我也再次陷入人海茫茫中的徬徨無助，也因我沒有穩定的工作導致生存和欠缺金錢的壓力隨之湧上心頭，後來我發現他當時可以選擇去臺灣的各地去流浪，可是我所對面的二十一世紀已經不可選擇到臺灣的各地去流浪，由此可知我驗證了台語的一句俚語：「先顧肚子，再顧佛祖。」

六、崇拜者的迷信及迷思

　　翻開人生的另一章，記得三十年前我去南山人壽保險公司上課時，也因為我想做一位保險業務員來推銷保險的保單，只不過當時我並沒有去考保險的證照，而三十年前保險的證照還沒有全面實施，所以沒有保險證照仍可在保險公司做保險業務員來推銷保單，結果呢？我在南山人壽保險公司做了三個多月的保險業務員連一份保單都沒有賣出去，只有省立臺中高級工業職業學校夜間部的一位女老師，而她基於同情我願意買保險，但再過一陣子，我選擇放棄沒有把這份保險的保單做成。

　　就在這段期間我也有兼做直銷，可是我從健康食品、遠紅外線、化妝品、護目鏡等等產品換了約有六家直銷公司，因而讓我感覺直銷這種行業，對我而言，好像吃東西無法消化，也誠如台語一句俚語：「未消。」我有一次在臺中市搭乘公車時，我看見公車上貼了直銷的廣告：「一代狗熊變梟雄。」意思是：「從平凡的人變成鑽石級的直銷商，即使他們原本是缺錢的狗熊也因此變成了有錢的梟雄。」

　　當時我在做保險業務員、直銷、房地產等都賺不到錢，我只好選擇再去做汽車烤漆的工作，然後我對幫我介紹工作的那一位先生，開始對他因對我不了解而導致我再次面對經濟的困境，事實上，當時他不要勸我離職汽車烤漆的工作並對我說，還有其它的工作比較適合我，我也還在原來的臺中

工業區的賓士汽車修護廠做汽車烤漆的工作，也不必落到目前的經濟困境。

　　記得我還沒有離開臺中市的時候，也因為我的心情非常低落，所以難以身心安頓，我便去參加慈濟功德會，然後由慈濟的師兄師姐推薦我到花蓮的「靜思精舍」去拜見證嚴法師；我要前往花蓮靜思精舍之前，他們教我如何向證嚴法師頂禮。

　　記得那一天，我搭乘火車前往花蓮，而沿途的景色宜人也隨著火車向前移動，這時一幕幕的風景幾乎映入我的眼睛，可是我卻身心過度的勞累及憂鬱已沒有心情去欣賞火車外面的風景，過了約二個多小時火車到了花蓮，我隨著旅客的腳步步出了花蓮的火車站，這時我便叫計程車載我到靜思精舍，計程車到了靜思精舍司機便停在外面的馬路上，於是我付了車費，自己沿著兩旁種植的七里香的步道走進了靜思精舍裡面。

　　當時有好幾位師兄師姐穿著深藍色的衣服（慈濟人稱它為「忍辱衣」），他們也跟我一樣來這裡參拜證嚴法師，這時我只見他們不論男女個個見到證嚴法師，就跪著頂禮膜拜，但我跪不下去，為什麼？因為我覺得她跟我們一樣都是人，所以怎麼可以對人下跪呢？於是我拿了一張椅子在旁邊的角落坐下來，也讓我覺得人對人跪拜的場景簡直不可思議。

　　也許在慈濟人的心目中證嚴法師是佛，可是我認為一個人不論有多麼高的修行，人畢竟是不完美的、人是有限的、人是會犯錯的，進一步來探索，西方有一位哲學家雅士培他寫的一本書，書名是《四大聖哲》（業強版），有：孔子、蘇格拉底、釋迦牟尼（佛陀）、耶穌等，但誠如台語有一句俚

語：「平平都是人。」事實上，每個人要面對生與死是沒有例外的；事實上，人死不能復活也是沒有例外的，譬如，在西方的《聖經》，有：「耶穌死而復活」的經文，由此可知《聖經》是過去許多西方人所寫的神話故事，更何況站在中國儒家的立場，十年前證嚴法師把臺灣熱心人士的捐款，而她把這筆臺灣熱心人士的捐款不去救濟臺灣的人民，反而去救濟其他國家的人民，譬如，我當時親眼目睹了許多慈濟的義工在臺中市某個夜市對來逛夜市的人群宣揚證嚴法師捐助國外人民的慈悲，而且希望大家能踴躍的捐款，因此從證嚴法師對佛教的無緣大慈，同體大悲的觀念來看，事實上，我無法接受證嚴法師對自己的臺灣人還有很多人的生活正陷入經濟的困境，而她卻利用傳統佛教的權威讓滿多的人捐款去救助國外的人民，由此可知《大學》八個條目：「誠意、正心、格物、致知、修身、齊家、治國、平天下。」「親親而仁民，仁民而愛物。」（《論語・盡心篇》上），意思是：「循序漸進而不可本末倒置。」

　　進一步來探索，佛教主張「普度眾生。」問題的關鍵，普度眾生只不過是個理想，其實道理很簡單，要普渡眾生之前先普度自己，也誠如台語的一句俚語：「先顧肚子，再顧佛祖。」反觀臺灣的社會仍有滿多的貧窮的人須等待救濟，但證嚴法師卻把臺灣滿多善心人士捐款的錢捐給其他的國家的人民，由此可知證嚴法師的觀念和作法違反儒家的基本立場，即使過去我曾捐錢給慈濟公德會，我也就這樣我不再捐了。

　　根據多年前媒體的報導：「有人拿新臺幣一千萬元給宋×力請他開釋並向他跪拜，還有妙×禪師利用佛教來騙財騙

色。」還有林×玄這樣的大作家，多年前許多人在他演講時，把他當成心靈上的大師來崇拜並跪在他的面前請求他來開釋，後來直到爆發了一系列的內幕，有許多崇拜宋×力、妙×禪師的信徒，以及崇拜林×玄作家的讀者及聽眾才發現自己上當受騙了，也因為他們不知道只要是人都有可能犯錯，所以如此過度的崇拜，如宗教的教主、禪師、法師、神父、修女、牧師、作家、歌星、電影明星、運動明星等等而變成了迷信，這麼一來，變成了被害者就是自己，進一步來分析，在《宗教與人心安頓》（洪建全教育文化基金會出版）一書中，作者以理性的思維來詮釋宗教：「許多人以現世福報、當下開悟、打通經脈、本尊顯現、心靈安慰為理由，投入在所謂的『大師』門下，其實都是為了逃避恐懼，亦即為了趨吉避凶，談不上真正的信仰。也正因為如此，這些宗教案件曝光之後，有些信徒公開表示：他們早就覺得有問題，但卻不敢脫離組織，惟恐遭到作法招災的後果。」

　　記得當時我患了一次重感冒導致整個人昏昏沉沉的好像要窒息一般，於是我鼓起勇氣跟幫我介紹南山人壽保險業務員的那一位先生說：「請他開車載我回去南投縣草屯鎮的家來靜養身體。」他聽我這麼說，他答應了，他就開車載我回家；我在家裡休息幾天後，閒著無聊便走到家的後面去散散心，這時我看見一塊空地上發現附近的人利用空閒的時間把這塊空地的雜草給拔除了，然後種上了自己喜歡吃的蔬菜和水果。

　　因為我當時的心情一直陷入苦悶中，而為了紓解心中的鬱悶我便戴上斗笠扛著鋤頭拿著鐮刀，有模有樣的像個農夫學著鋤草掘土去了。這塊空地一邊已被附近的人開墾出一片

菜園，另一邊則依舊雜草叢生。原本以為自己頗為興致想來發洩一下情緒，如今一眼望去，那麼多的雜草——我的心已冷了，而當我拿起鋤頭除了幾下，我的心想著算了吧！即使雜草是如此的多怎麼鋤得完呢？但轉念想一想，既然鋤頭、鐮刀都拿來了，為什麼要半途而廢呢？我也再次拿起鋤頭使勁的鋤，拿起鐮刀狠狠的割，我用勞動和汗水來紓發心中的鬱悶。

　　經過幾天辛勤的努力，我終於鋤出一塊幾坪大可以種菜的地方，這時我把鋤好的雜草堆在一起，讓陽光曝曬幾天等雜草比較乾燥，我便放了一把火將雜草給燒了；熊熊的烈火把雜草瞬間化為灰燼，同時把我久日的鬱悶隨著烈火的燃燒燒得殆盡，心中逐漸恢復少許的平靜，更為了紓解失業所帶來的負面情緒，我則利用早晨起來慢跑。

　　起床後，走出戶外，活動一下筋骨，由此促進身體的血液循環，這時我便沿著南投縣草屯鎮太平路往中興新村的方向跑去，此時此景陣陣早晨的清風拂面，路旁的行道樹與我擦身而過，讓我感覺早晨的空氣清晰多了；跑過台電南投的營運所，而在此時此刻向左彎就跑進了省府路，這時我抬頭望去，馬路的兩旁則種了椰子樹而形成了椰林大道；馬路的左邊有荷花池，這時葉子出水很高好像在跳芭蕾的舞者的迷你裙；當荷花盛開時，層層綠綠的荷葉中綻放著白的、粉紅的等等的花朵看起來有如出浴的美女，這時清爽的風送來陣陣的清香，讓我忍不住深深的吸一口清新的空氣。

　　往前跑去，這時我抬頭望去，我看見一個以門的造型建造而成的並在門的上面呈現「中興新村」四個字，我跑過此處前面有個圓環，圓環裡面有個鐘塔；我繞著圓環往光華路

的林蔭大道繼續努力地跑著，經過民政廳、臺灣銀行、市場、兒童樂園、圖書館等施設，然後我跑進了中興會堂前面的運動場上繞了一圈，就沿著中興會堂後面的環山路順著環山路往虎山路的方向跑回家。

　　我有時會問自己：「何苦如此折磨自己的身體。」但是，我為了紓解鬱悶的心情，我也不會覺得這樣每天持續不間斷的跑步是一件辛苦的事，反而在早晨我迎著晨曦、聞著朝露出去跑步，我的心情也隨著跑步而舒暢起來，也因為跑步被認為是一種可以使心靈獲得寧靜的活動，所以它很自然也可以穩定內心情緒的變化，而讓自己在跑完的時候，可使心靈獲得安適且有心情開闊的感覺。當我把跑步變成了每日例行的生活的一環，這不僅增加了自己的體能，也對自己比較有自信心，也改善了我遭遇人生的逆境時，能夠以隨順的態度來面對自己的逆境和挑戰。

七、臺北榮總醫院傷殘重建中心與人為及宗教的誤導和傷害

　　打開記憶的寶盒，偶爾駐足回首自己的人生旅程，就會發現過去的一切，有時仍可顯示一幅清晰的圖案來仔細地審視自己走過的人生的過程，記得我當時連續跑了幾個星期，就在中興新村的光華路遇見一位掃地的老伯；我當時處在失業狀態，心裡感覺很沒有安全感想找一份工作來安頓自己的身心，然後我就跟他詢問：「這裡的公家單位是否有缺清潔工？」他則回答我說：「你自己到中興新村的公館處去問看看。」我聽了他這麼說，我就鼓起勇氣前往中興新村的公館處去應徵清潔工，而此處清潔隊的領班對我說：「臨時工一天的薪資伍佰多元，按日計酬，休假日不給付薪資；如果你願意明天就可以來此工作。」

　　隔天，清晨五點我就起床，洗臉、刷牙後，我便騎著摩托車前往中興新村的清潔隊；我到了到那裡領班就叫我去拿掃把、畚箕，以及推著收集垃圾的推車，而且他按排一位清潔工帶我到中興新村的兒童樂園去打掃周遭的道路和環境，然後我沿路的掃下去；打掃完自己所分配的區域且把垃圾推往中興新村垃圾收集場後，我們便回去休息，而在下午二時三十分，我們隨著垃圾車去收集垃圾。

　　起初我來到中興新村打掃周遭的道路和環境，而我把打掃清潔的工作當成運動，可是掃了幾個月，我覺得臨時工沒有保障就鼓起勇氣到中興新村的公館處去找公館處的處長，

然後我向公館處的處長詢問：「我在這裡打掃做清潔工是否有機會升為在職的清潔工？」但是，公館處的處長回答我說：「在這裡當清潔工已不可能升為在職的清潔工。」我聽了他這麼說，我覺得頗為失望，後來我在中央日報看見這樣的廣告：「由臺中就業輔導中心委託臺中實踐家專附設技能訓練中心開辦烹飪班，受訓三個月結束就有輔導就業。」我當時覺得學習一技之長將來可以安身立足於社會，於是我把中興新村掃地的工作辭掉便前往臺中實踐家專附設技能訓練中心報名烹飪班。

　　我萬萬沒有想到自己會去學習烹飪，也就是我到了實踐家專才知道不但要學習中餐、西餐、日本料理、蔬果雕刻、點心等，還須上課，有：營養學、色彩學、用餐禮儀，甚至有聘請化妝師來到這裡上化妝課。全班有二十六位學員，女性有二十位，男性則有六位。我原本以為女性應該很會煮菜，可是我發現有些現代的女性跟我一樣，對於煮菜這種家務事非常的陌生。

　　也許現代人生存在現代化快速變遷的現代化社會，他們為了生存必須工作，也為了能跟得上時代的腳步，也為了在忙碌的工作中而能節省時間，也就這樣有越來越多的現代人選擇外食，久而久之現代的女性願意親自下廚，而且能煮出拿手的好菜的女性似乎越來越少了。

　　每次上烹飪課的時候，臺中實踐家專的工作人員會將今天學習煮什麼菜？把大綱影印發給學員，於是學員便一邊看著菜單，另一邊則看著廚師煮菜並作筆記以加深印象。廚師教我們一些煮菜的注意事項和切菜時的技巧，譬如，鍋內要煮菜、煮蛋、煮肉等等之前，鍋內的水必須先煮沸，才能把

菜、蛋、肉等等放進鍋內；切菜時，食指、中指要緊靠著刀面依續的切下去以免切到手指，這時我看著廚師拿著菜刀動作快速而俐落，好像手指和刀粘在一塊似的。

上蔬果雕刻的時候，廚師把白蘿蔔、紅蘿蔔雕成一個又一個不同花樣的動物和飾品，讓我看起來既美麗又好吃。我們在臺中實踐家專上了三個月的烹飪課，這時我發現來到這裡不是學習煮菜，而是學習怎麼吃菜，為什麼？因為我這方面的敏感度太差，所以我並沒有學到任何煮菜的技巧，倒是廚師把美食煮好後，我們就開始品嚐一道道可口美味的佳餚。

我們在臺中實踐家專附設技能訓練中心學習烹飪已接近尾聲，於是這裡的工作人員就邀請臺中地區的名廚帶我們到臺中的全國大飯店去參觀滿漢全席，也帶我們去臺中的東海漁村去吃海產。據說吃一頓滿漢全席需要兩個多小時，亦即須依古禮就坐還要穿古代的衣服；吃一頓全套的滿漢全席也不便宜須花費好幾萬元。

就在烹飪課程要結訓之前，臺中實踐家專附設技能訓練中心有一位女性的主任她找我到她的辦公室談，她則對說：「臺北有一份工作是屬公家機構，受訓一年可以成為正式的技工；你願意就可以自己到臺中就業輔導中心去找一位女性的主任，但請你不要跟其他的學員說，因為名額只有一位而已。」我聽到這麼好的就業機會就立即採取行動，所以我先打電話給這位臺中就業輔導中心的女性主任，我則對他說：「我為什麼想找她的理由？」隔天我就依約前往臺中就業輔導中心到她的辦公室，坐下來她與我談有關於臺北榮民總醫院傷殘重建中心（多年前已更名為身障重建中心），就業的

相關事宜，以及填寫我個人就業的資料；隔了不久，我就到臺北榮民總醫院傷殘重建中心，接受為期一年的義肢、肢架、背架等技能的訓練。

臺北榮民總醫院傷殘重建中心是位於臺北榮民總醫院的東院區，經由天母的石牌路轉入行義路就可以看見傷殘重建中心，或經由臺北榮民總醫院區經過員工的宿舍就可進入傷殘重建中心。在硬體設施方面，一樓，有：行政部門、掛號處、醫師診斷室、病房等；地下室分成兩個部門，第一，專門為殘障人士做傷殘輔具器材，如義肢、肢架、背架、拐杖等；第二，傷殘重建中心附設傷殘職業訓練中心，有：電腦班、縫紉班、刻印班等。

然而，臺北榮民總醫院傷殘重建中心的前身是在中國大陸的南京傷殘重建院，也因為當時國民革命軍歷經了北閥、抗日、剿匪等戰役，所以有不少的傷兵及平民老百姓就這樣斷手斷腳，即使當時的政府就在南京建立傷殘重建院，以便因戰爭造成殘障的傷兵及老百姓還有義肢能夠重新站立起來及義手可以拿東西，但政府播遷來臺就選擇在臺北土城頂埔附近重新建立內政部傷殘重建院，後來才搬到臺北榮民總醫院當時還尚未改建的大樓，也經過了幾次的折騰才搬到現在的臺北榮民總醫院的東院區。

起初在中國大陸的南京傷殘重建院，所做的義肢是相當的簡陋，也因為當時的物資、技術方面都非常的缺乏，所以僅能提供斷腳的人的義肢，也僅能讓斷腳的人重新站立起來行走而外表根本沒有美觀可言，後來逐漸的改良材質，並邀請日本的專業技術人員來此教導傷殘輔具器材方面的技術，因而把義肢、肢架、背架等的品質、功能、美觀往上提升並

改良缺點，可是臺灣仍缺乏傷殘輔助器材的研發機構導致傷殘輔助器材方面的技術還落後日本有十年。

　　來到臺北榮民總醫院傷殘重建中心就醫的殘障者大部分是榮民，剩餘的才是一般社會的殘障者。起初我到這裡工作跟以前的工作環境大有不同，也因為我所面對的是許多缺手斷腳的人，所以起初覺得比較不自在，後來才逐漸習慣了這裡的工作環境。

　　義肢的製造過程是經過測量、打模、灌模、修模、做保護套、灌膠、吊線、粗修、試穿、細修等步驟。在製作義肢的每一個過程、每一個步驟、每一個細節、每一個動作都不可馬虎草率，如此才能把腳磨得像腳，而讓失去腳的人能夠重新的站立起來行走來面對嚴酷的現實挑戰，然後我拿起一隻失去神經的義肢便走進了研磨室，我就開動研磨機開始聚精會神的研磨它，以關懷的情感輸入它，以技術使它成形成腳，可是我依然缺乏像米開朗基羅、羅丹等藝術家對人體的雕刻是雕得如此的出神、逼真、細緻，讓每一塊的肌肉、每一條血管、每一個毛細孔，看起來簡直要爆開來似的！

　　就在臺北榮民總醫院傷殘重建中心的這段期間，我接觸到許多殘障人士，其中有四位我的印象比較深刻，其他五、六位是樂生療養院因為烏腳病截肢的病患。

　　第一個肢體的殘障人士是，記得當時在傷殘重建中心有一位高中的女學生，看起來清純可愛，留著烏溜溜的長髮，笑起來臉頰有兩個小酒窩，讓人見到她覺得頗為喜歡，可是她卻罹患骨癌而截肢，讓人覺得惋惜。我當時看見她在傷殘重建中心的地下室時，她以枴杖支撐著她的身體走起路來一拐一拐的，於是她用手扶著手扶杆走路，而且走幾步路就須

停下來喘口氣。我看她走路是如此的費力，內心忍不住為她惋惜，而他的面貌看起來清純可愛尚且年輕，又如何面對如此坎坷的人生的旅程？

這時候，我以親切的語氣問她說：「妳的腿是怎麼截肢的？」她則回答我說：「醫師診斷我是罹患了骨癌，骨癌的癌細胞已侵入上半身的體內，如果不立即動手術把腿鋸掉恐怕連命都沒有了，於是我百般無奈的選擇把腿交給了醫師才保住了生命。」我繼續問她：「妳是學生嗎？」她再回答我說：「是的，目前就讀臺北市某個私立高中。」我聽了她這樣簡略的陳述，而我觀察她的眼神、臉部的表情的變化及說話時情緒的反應卻絲毫找不到有任何的沮喪，我就這樣深深的體悟到「生命存在的尊嚴和可貴」，也因為一個人不論身體的殘障是多麼嚴重，所以只要她能接納自己，跨越殘障的障礙，這麼一來，她都比誰活得更有價值。

隔了幾天，義肢組富×台組長他叫我幫她測量殘肢並打模，這時我頗為緊張並以緊張的語氣說：「她是女生耶！」他則回答我說：「就因她是女生才讓我有學習的機會。」

那一天，她在傷殘重建中心的地下室，她以枴杖支撐著身體一步又一步扶著手扶杆辛苦的走著，這時我趕緊走向前想去扶著她走路，但她婉謝了。

當時我走進了傷殘重建中心打模的工作室，而由她的姊姊扶著她走進來，然後我準備布尺、殘肢尺、石膏繃帶、剪刀、臉盆等工具，而我把這些工具準備好，她便自行把褲子脫掉，於是我請她用手扶在工作台上身體稍微傾斜，左腿稍為張開，再把石膏繃帶放入水中浸濕，再用雙手扭乾石膏繃帶並把它撐開來，再順著她的殘肢末端逐漸往上纏繞，再由

第二輯　人生之旅

上往下纏繞而重複二、三次這種動作，然後我邊纏繞著石膏繃帶，也同時用手掌抹去重疊的折痕，而這些動作完畢後，我便把殘肢的缺口封起來才完成取模（取模式依照每個殘障者的殘肢打模，以便做義肢時用）。

　　然而，我在打模的時候，我必須用大拇指頂住她的股骨（股骨是屁股坐下來的那一塊骨頭），然後我拿起殘肢尺（測量殘肢特殊用的尺），頂住她的鼠蹊部（鼠蹊部是鼠蹊部和腹部相交界的凹處），再測量她的大腿的殘肢。我拿起直尺用大拇指頂住她的股骨垂直下來測量她整隻大腿和腳部的總長度，測量好我把尺吋記錄下來就寫在紙上摺成四方形，其內容如下：病患的姓名、性別、日期、AK（大腿）或BK（小腿）等，這時我繃緊的心才放鬆下來覺得自己把工作做好了。

　　我偶爾看著她在傷殘重建中心的地下室，於是她扶在復健用的扶杆上來練習走路，這時我彷彿看見她的生命再次能夠站立起來；我偶爾會走到一樓的病房去探望她陪她聊天傾聽她的心聲，由此使我聯想起，有一個人覺得自己窮到連一雙鞋子都買不起，可是當他遇見一位沒有腳的人才知道自己是多麼幸福啊！也許滿多的人都想到自己擁有越多越好卻忘了珍惜自己目前所擁有的一切。

　　這時激發了我的聯想，就是已經去逝的抗癌小英雄周大觀，他所寫的一首童詩，詩名是〈我還有一隻腳〉，而有滿多的人通常失去一隻腳，他們在心裡上就會產生悲觀的態度，於是開始苦惱為什麼自己只剩下一隻腳？但他卻小小的年紀就有如此樂觀的態度，以這一點來說，讓我敬佩，還有罹患先天性嚴重肌肉萎縮的朱仲祥，也就是他靠著自己自力

更生創立了「熱愛生命工作室」；他在演講的時候，他必須趴在演講台上對著聽眾講話，他說：「一個人的態度決定他的高度。」意思是：「樂觀的態度使他不卑不亢，充滿自信心；他罹患嚴重的肌肉萎縮，高度則顯得很矮小，這就是殘而不廢最好的活見證。」因此，我對抗癌小英雄周大觀的評價比起朱仲祥的評價，覺得抗癌小英雄周大觀比較名實相符，而朱仲祥因曾在電視媒體曝光下出現在「台灣聯盟」的政治團體中，所以我發現對兩者的評價——在知識爆炸、資訊氾濫的現代化社會，事實上，政治早已泛政治化，即使懂得人會與現代化泛政治化的政治活動盡量保持距離及選擇避開，而朱仲祥二十幾年前早已去逝，我也寫了對兩者殘障兒童的看法與評價。

　　第二個肢體殘障人士是，她是一個活潑好動的殘障兒童，而她的長相已在我記憶裡相當的模糊，我只記得她活潑好動；她來到傷殘重建中心的時候，記得是由爸爸抱她過來的，媽媽則隨之在旁，也因為她的義肢已做了二年多，所以看起來有些老舊且不符實用須重新做一隻新的義肢，即使她的腳踝（腳踝是與小腿的交接處兩旁凸出的圓骨）以下已截肢，也因此她整個左腳掌都完全沒有了，也因此兒童的殘肢測量比起成年人的殘肢測量，在測量及製作義肢上比較特殊，也因此須由義肢組組長親自測量，我只能在旁學習如何測量？

　　那一天，記得他抱著自己的女兒準備測量殘肢，但因為測量時須把褲子脫掉，所以她看起來有些害羞不願意把褲子脫掉並又哭又吵，這時他哄哄她說：「乖，一下子就好了，好了爸爸就帶妳去兒童樂園玩。」於是，他邊說邊從口袋裡

拿出一粒糖果塞進她的小嘴巴才順利把她的褲子脫掉。義肢組組長測量好她的殘肢，再把原來的義肢穿在她的腳下，穿好後就把她放在地上，這時我只看見她在地上活潑亂跳看起來頗為好動的殘障兒童，亦即沒有仔細的看她腳部的移動，看起來表面還以為她是一般正常的兒童而非殘障的兒童。

接著我以關懷的口吻問他：「她是發生什麼意外的情況下才去醫院截肢的？」他則這樣無奈的回答我說：「她是在三歲時已失去左腳了，由於他們兩個夫妻為了增加家庭的收入都在外工作，所以白天家裡沒有時間照顧她就把她鎖在家裡；她在家裡沒有人陪她玩，她就自己爬上二樓，然後她從二樓順著樓梯摔落在一樓的地板上。」他們下班回到家裡，她已昏倒在地上多久不得而知？他們一時驚慌之下，他就趕緊抱著自己的女兒衝出門外，而在馬路旁攔下一輛計程車就緊急送往醫院的急診室，計程車到了醫院的急診室，他立即下車且抱著她快步進入急診室內，這時醫師立即診斷照X光，才發現她的腳踝以下的骨頭都碎了；醫師對他說：「必須馬上動手術截肢，不然傷口開始腐爛擴散到身體的其他部位會危及生命的安全。」於是，他們只能忍痛簽下手術的同意書，讓醫師動手術來截肢她的女兒的腳。

當時我望著他們兩位夫妻的眼睛，深深的感受到有越來越多的家庭，在這麼高度競爭的現代化社會求生存且臺北市是高消費的城市，他們都須由兩位夫妻在外賺錢來維持家庭的生計和生活品質，即使在現代化的都市生活型態，小孩也就這樣變成了「鑰匙兒」，也就是現代化的社會造成有越來越多的兒童發生意外事件主要的原因吧！

第三個肢體殘障人士是，他是一個雙腳截肢的重度殘障

者，而他看起來長相好像非洲的土著，皮膚黝黑、大大的眼睛、潔白的牙齒，手掌張開時比起一般人還要大。起初我在傷殘重建中心的地下室看見他時，我簡直不敢相信他沒有雙腳就坐在地上，我則站在他的身旁而他的高度僅到我的腰部，也就是我要為他服務須蹲下來才能為他服務。

　　記得那一天，我在傷殘重建中心的地下室看著他先把下半身的義肢脫掉，而他一個人在扶杆上做復健，即便他已失去雙腳，但他的雙手還滿粗壯的、滿有力的，這時我看見他在扶杆上搖擺、翻跟斗，動作敏捷而不會摔落下來，看起來好像體操的運動選手，讓我為他鼓掌加油！

　　接著我以關懷的語氣問他：「你是生下來就這樣嗎？」他則回答我說：「不是的。小時候家裡的附近有火車的鐵軌，於是他經常跟幾位童年時的小朋友到鐵軌上玩耍，記得有一次他玩得太入迷了，忘了鐵軌上有火車在行駛，而他當時聽見火車的鳴笛聲時，自己要閃躲已來不及了，然後火車好像一隻野獸迅速的吞噬了他的雙腳。」當火車駛離時，他已不醒人事；醒來時，他已躺在醫院的加護病房。我繼續問他：「鐵路局是否有賠償你呢？」他又回答我說：「有的，但只是慰問金新臺幣三萬元，也因為是自己在鐵軌上玩耍，是自己的錯，所以鐵路局基於人道的關懷給我新臺幣三萬元的慰問金。」

　　第四個肢體殘障人士是，他是一個因糖尿病截肢的病患，而他的年紀已有六十幾歲的老人，長相如何我的記憶已記不清楚。糖尿病是一種很難根治的病，而此病要特別注意自己的飲食，尤其是糖分的攝取不可稍有疏忽，而且須長期注射胰島素來控制病情；有許多糖尿病的病患嚴重到某種程

度就開始腳趾潰爛，於是逐漸蔓延到腿部及上半身；當有許多糖尿病的病患到醫院門診時，醫師就對罹患糖尿病的病患說：「你的腳必須立即截肢，不然讓病情繼續惡化，恐怕連自己的生命都保不住了。」然而，有許多糖尿病的患者只好無奈的接受殘酷的事實把腳交給了醫師來截肢才保住了生命。

　　這時候，我以關懷的語氣問他：「您是榮民嗎？您是那個軍階退役的？」他則回答說說：「退役時的軍階是陸軍少將。」我聽了他這麼說，我對他數豎起了大拇指，也因為在陸軍的軍階要升到少將是一件不容易的事，所以他又談起過去在中國大陸北閥、抗日、剿匪等奮勇殺敵的戰績，如此讓我對他更是十分的敬佩。

　　還有五、六位是樂生療養院因烏腳病截肢的病患，而他們是一起來到傷殘重建中心做義肢的，他們平均的年齡則約有六十歲左右，即便我已習慣接觸斷手斷腳的殘障者，但對因烏腳病截肢的患者我還是第一次看見，這時我戴上口罩，手也戴上塑膠手套為他們測量及打模，而當我用手掀起他們的褲管，就在這時可以從他們的腳聞到一股極臭讓我覺得噁心的味道，也因為他們是罹患烏腳病的病患而截肢的腳在傷口都有繃帶包裹著，所以有三位烏腳病的患者的繃帶已滲出了血，然後我請問他們：「烏腳病是怎麼發病的？」他們則流露出痛苦的表情回答我說：「烏腳病發病時，從腳趾的皮膚局部的呈現烏黑色，再逐漸擴散到小腿以下的部位，這時則須動手術把壞死的皮膚、肌肉及骨骼切除，不然讓烏腳病的病菌繼續惡化就只好把大腿動手術鋸掉，然後直到病魔吞噬了他們的生命。」我聽了他們這麼說，覺得烏腳病簡直像

是分屍的高手。

　　據說有許多罹患烏腳病的患者而他們的腳已爛到露出白骨，於是他們就忍痛拿起菜刀把自己的腳砍斷，甚至有一些烏腳病的患者無法長期忍受這種不可思議的痛苦，他們就選擇以自殺來尋求解脫，後來我閱讀一篇《聯合報》報導文學獎佳作〈烏腳病流行病學調查參與記〉，我才發現烏腳病流行於嘉義、臺南兩縣，與水質有密切的關係，而這篇烏腳病的報導文學有四項重點：「第一，烏腳病發生地區是海埔新生地，或溪流沖積新生地為多，但舊流行地區所延伸的內陸，若其地河井水質與濱海流行地區相同（即含砷超過標準），雖是內陸也會發生烏腳病。第二，將軍溪北岸是烏腳病盛行地區，但只隔一條溪流的南岸卻全未曾發生；由於南岸水源正常，而北岸地河井水含砷量高，顯然含砷水質地河井對烏腳病之發生有影響因素存在。第三，北港溪兩岸的情況與前項雷同，即一為流行區，一無病例；但與將軍溪情況最大的不同，是兩岸地河井水砷量均超過標準。第四，烏腳病病患均有皮膚色素沉澱症狀，這種皮膚症狀好像屬於烏腳病病患的前兆。」

　　當時我在臺北榮民總醫院傷殘重建中心的這段期間，我經常利用早晨的時候，就沿著臺北榮民總醫的後山的山坡路，然後一步接一步往軍艦岩的方向往上走去，另一方面我也利用下班的時間到臺北市天主教財團法人耕莘文教院的耕莘寫作班，陸陸續續上了滿多的文學寫作的課程，如散文、小說、現代詩、報導文學、編輯等，幾年下來，我發現主因是號×出版的發行人陳×磻先生，而二十幾年前他在臺北市耕莘寫作班教編輯時，多年下來我發現他不但沒有對我「因

　　　　　　　　　　　　　　　　第二輯　人生之旅

材施教」，反而他惡意對我設計：「寫書是現代人的身分證。」的陷阱，也因此造成我的心靈嚴重遭受到撞擊和傷害，也因此造成我的精神疾病的病發主要的原因之一，以及臺北市耕莘寫作班所聘請的作家及專業人士，如白×、平×、李×、陳×磻……，事實上，他們沒有人對我寫的文章進行修稿，即使作家會寫作但不見得會修稿，後來我發現這些作家沒有修稿的能力，而他們沒有修稿的能力怎麼可以教人寫作呢？亦即他們不但「誤人子弟」，還造成我的心靈嚴重遭受到撞擊和傷害，幾年下來，我才把自己寫好的文章，標題是〈散散步，欣賞啊！〉以掛號信寄給台×哲學系傅×榮教授，而在信中我對他說：「請幫我修稿」，然後我收到他為我修稿後，經由我重新的運思及仔細推敲文字；多年下來，我寫的文章才逐漸在用詞遣字、思想的運思，以及整篇文章通順上日有增進。

我當時在臺北榮民總醫院傷殘重建中心接受為期一年的傷殘輔具器材的訓練，如義肢、肢架、背架等，多年下來，我發現基督教的耶穌不但沒有開顯我的生命，反而二十幾年前就在那時候，即使我與臺北榮民總醫院傷殘重建中心簽下了約僱人員的契約書，但我受訓一年後，該中心的人事主任對我說：「該中心精簡人員。」事實上，當時那一位人事主任也只有裁掉我一位；即使當時我寫信給臺北市長陳×扁要來申訴我被裁員的事件，但我當時已是受洗於基督教的基督徒，然後我與該中心的人事主任談到了宗教信仰，我就對他說：「我是信仰基督教的基督徒，耶穌說：『愛你的敵人』，以及西方的《聖經》裡的經文有教人『寬恕』、『神愛世人』等語。」我就這樣寬恕了該中心的人事主任及同事，再次失

業回到自己的故鄉──南投縣草屯鎮；該中心的人事主任則回答我說：「他是信仰佛教，佛教說：『『普度眾生』、『無緣大慈、同體大悲。』等語。」後來我才發現，我被基督教的耶穌嚴重的誤導和傷害，其實道理很簡單，也誠如台語的一句俚語：「先顧肚子，再顧佛祖。」

　　二十幾年前我在三×儀器股份有限公司做倉儲的工作之前，我好不容易找到公家機關的工作，但我當時還以為從此可以「安身」，而我當時卻因為人為及宗教的誤導和傷害，譬如，當時我有去臺北市士林區天母某個基督教的教會，而我與牧師談到我被裁員的事情，但後來我發現當時那一位牧師對我並不了解，也就是他不但沒有對我「因材施教」，反而他還懷疑我對基督教信仰的真誠度。

　　當時我有去請教臺北榮民總醫院的某位護士或護理長？然而她也是信仰基督教的基督徒，於是我對她說：「我要選擇『寬恕』，我要活出耶穌基督的精神。」但她當時並不了解我，也沒有對我「因材施教」，而她卻這樣回答我說：「我自己選的。」然而，當時傷殘重建中心義肢組富×台組長，也因為當時我被裁員的訊息我哭得很厲害，多年下來，我發現當時「我失去辨識能力」，後來我經過時間、聽音樂、唱歌、讀書、寫文章、看電影、散步等的治療，我才逐漸變成「當下欠缺辨識能力」，或者「欠缺辨識能力」，即使如此，後來我發現那一位義肢組富×台組長，他居然要找我一起與他創業；後來我發現他當時因為受到該中心上級的壓力的影響，所以才找我與他一起創業，即使他當時自己想當老闆，他也因此要僱用我在外面開一家「傷殘輔具器材的店」，多年下來，我又回到傷殘重建中心與過去的同事聊天，這時有

一位同事告訴我說：「義肢組富×台組長他以舊制的公務員四十五歲提前退休。」然而，他是公務員提前退休，為什麼？他當時怎麼可以找我與他一起創業呢？事實上，他是違反公務員的法條的規定。

多年下來，後來我收到臺北榮總醫院對我的回函後，當時我與傷殘重建中心所簽的契約書和在傷殘重建中心訓練傷殘輔具器材為期一年的工作證明相對照下，我發現該中心於 83 年 1 月以精簡人員把我裁員，而該中心卻直到 92 年 2 月才精簡人員，如此對我是一位被害者且是失業者而言，非常的不仁道且非常的不公平，後來我又向當時的陳×扁總統、行政院長、行政院國防外交法務處、監察院長、法務部長等等陳請，甚至之前也有提出民事訴訟且經由臺灣士林地方法院的法官判決敗訴及臺灣高等法院的法官退訴訟費三分二，但事實上，當時臺灣士林地方法院的法官及臺灣高等法院的法官都沒有派人去查證臺北榮總醫院傷殘重建中心精簡人員的時間：是在 83 年 1 月以精簡人員把我裁員，而該中心卻直到 92 年 2 月才精簡人員，所以我的陳請是屬於小的案件及之前我提出民事訴訟都完全沒有獲得認同及採信，最後我僅能勇敢面對這麼殘酷的傷害把過去臺北榮民總醫院傷殘重建中心的同事全部當成陌生人，以及把過去的朋友全部歸零只剩下旅遊的夥伴，由此可知我是傳奇──我不是聖人，我是剩下來的人。

八、我在草屯精神療養院工作與精神病患相處一段的歲月

　　當我在忙碌的工作和生活中，偶爾回顧過往，記得當時我為了爭取自己的工作權，我就鼓起勇氣寫信給當時的臺北市長陳×扁，而信中的內容：「我與臺北榮民總醫院傷殘重建中心有簽下約僱的契約書，一年在殘重建中心受訓傷殘輔具器材，如義肢、肢架、背架等，一年結束並考核合格後調到臺中榮民總醫院成為正式的技工，但殘重建中心的行政主管並沒有履行契約，一年後就以精簡人員把我裁員。」

　　隔了幾天後，我親自打電話到臺北市政府由臺北市長陳×扁的助理接聽，這時我對他說：「我放棄我的申訴案件。」然而，我為什麼會放棄申訴丟了這個鐵飯碗？主要的原因是，我與殘重建中心的人事主任，也因為我聽到該中心以精簡人員把我給裁員，而我聽到我再次面對失業讓我心痛的消息，所以導致當時情緒無法控制就與人事主任爆發言語的不愉快，可是我還是無法接受自己再次面對失業的事實。

　　又隔了幾天，當時我與人事主任談到彼此的宗教信仰，而我當時已是受洗於基督教的基督徒，於是我尊崇耶穌說：「愛你的敵人」，以及西方的《聖經》的經文，有：「寬恕」、「神愛世人」等語，然後我就寬恕了該中心的人事主任及同事，再次面對失業回到自己的故鄉——南投縣草屯鎮。

　　然而，使我想起了過去我走過的宗教信仰的心路歷程，即使二十幾年前我是受洗基督教的基督徒，我也從天帝教、

佛教、摩門教、一貫道、統一教、天主教等一路走過來，我發現不論是傳統宗教和新興宗教對我的生命不但沒有任何開顯，反而二十幾年前我被基督教的耶穌說：「愛你的敵人」，以及西方的《聖經》的經文，有：「寬恕」、「神愛世人」等語的誤導和傷害；佛教說：「普度眾生」、「無緣大慈、同體大悲。」等語的誤導和傷害，也就是從傳統宗教至新興宗教的掘起都變成了睡覺。

後來我發現當時我已失去辨識能力，而二十幾年前我被傷殘重建中心的人事主任以精簡人員把我給裁員，事後我僅能以傷痛的心離開了傷殘重建中心回到自己的故鄉——南投縣草屯鎮，休息幾天後，我就到南投市的南崗工業區去找工作，然後我去應徵了好幾份工作才成功的應徵到一家做殘障的輪椅的工廠。

記得我當時回到南投縣草屯鎮的故鄉，我也有寫信給傷殘重建中心的人事主任，而我在信中寫著：「佛教說：『善有善報，惡有惡報；不是不報，是時機未到。』」但是，後來我發現當時我申訴臺北榮民總醫院傷殘重建中心以精減人員把我裁員一案，造成我當時壓力非常大，然後我在人為及宗教的誤導和傷害之下，我才被迫無奈離開了臺北榮民總醫院傷殘重建中心。

我在這家做殘障的輪椅的工廠做了三個月，就按照上下班的時間打卡，直到我滿三個月的試用期，這時廠長就派人叫我到他的辦公室，他則對我說：「我在這裡表現不佳，他就請我另謀高就。」我聽了他這麼說，就對他解釋一番，但自己想了一下，或許這份工作真的不適合我吧！然後我便這樣離開了這家做殘障的輪椅的工廠。

就在這段我還在找工作的期間，我也有到南投縣草屯鎮的大東海補習班去報名和繳費，然後我報考公務員考試，可是我卻從一般行政、人事行政、基層特考、圖書館理等等一路考過來，我歷經了公務員多項不同職類和考試科目卻還是拿不定主意，該選擇哪一項公務員考試才比較適合自己的興趣？後來我發現公務員的考試與個人的興趣並沒有什麼直接的關係，而是只要你一頭栽進去，就只能在其中選擇那一項公務員的職類錄取率比較高，然後全力以赴，直到考上公務員金榜題名的那一天自己才可喘一口氣，從此也可以高枕無憂了。

　　進一步來分析，根據多年前的一項調查：「公務員初等特考的錄取率只有千分之四，這就是一千人之中只有四個人錄取。」從公務員初等特考的錄取率只有千分之四來看，在如此競爭的現代化社會，的確是「僧多粥少」，因而讓我覺得前途茫茫，更讓自己覺得投入那麼多的時間、金錢及心力卻沒有考上那豈不是白白的浪費了嗎？再經過一些日子我就選擇放棄了考公務員考試，而我當時為什麼考不上公務員考試，後來經由我的反省，的確是過度競爭且公務員初等特考的錄取率只有千分之四來看，事實上，是大部分的人沒有考上僅有極少數人考上公務員，多年下來，我又到臺北的大東海補習班，而有一位大東海補習班的女性職員，她則對我說：「錄取率只有千分之四太離譜了，錄取率百分之四才比較符合事實。」

　　我在大東海補習班上課的時候，我認識了一位朋友，而他當時是在「南投縣草屯鎮手工藝研究所」，當臨時的工友，記得當時我有跟他談起自己目前正處在失業狀態，也因

　　　　　　　　　　　　第二輯　人生之旅

為缺錢陷入生活及經濟的困境，也使自己生活很不穩定且不自在。他聽了我這麼說，他就對我說：「南投縣草屯鎮的近郊有一家草屯精神療養院目前有缺臨時的工友。你可以去應徵看看？這樣至少可以獲得暫時的安身度過你目前失業缺錢的困境。」隔了幾天，我便到草屯精神療養院去應徵臨時工友，也幸運的獲得錄取臨時工友的這份工作。

省立草屯精神療養院是座落在南投縣草屯鎮的玉屏路上，而它的周遭的環境大部分被田地所包圍著。省立草屯精神療養院，除了提供給精神病患門診就醫、住院之外，還附設有烟毒勒戒所，也就是專門提供給吸毒的人戒除毒癮，以及此處也是臺中監獄的分監的場所，由此可知是給受刑人服刑的監獄。

省立草屯精神療養的建築外觀與其它的醫院並沒有特別的地方，而不同的是，個個的門窗都安裝了鐵窗和鐵門，而且住院的精神病患比起一般的醫院在門禁的管制上嚴格很多。

記得當時我在草屯精神療養院附近有一個山坡的高處，這時我從上往下望去，我發現這裡對精神病患的治療和管制好像監獄那麼門禁森嚴，而它與監獄不同的，有：精神科的醫師、精神科的護士、工友、警衛等來保護他們，可是他們的行動幾乎完全被控制的，然而一天裡頭僅有在院方所規定的時間，由護士、工友帶他們去打球和運動；帶他們學習簡單的技能和玩遊戲；帶他們去觀賞電影來紓解憂鬱的心情，可是剩餘的時間都必須待在精神病房裡面。

然而，以病房來區分，可區分為，男性病房和女性病房；急性病房和慢性病房。

所謂的「急性病房」，是精神病患瘋狂的傷害自己或砍殺別人，而被警察強押進入精神療養院，也就看起來他們在情緒上顯得很暴躁、很不穩定，甚至會有攻擊及砍殺別人的異常行為，然後須由精神科醫師或精神科護士為他們打上鎮定劑來緩和他們暴烈的情緒。所謂的「慢性病房」，是罹患慢性精神疾病的病患所使用的慢性病房，或從急性病房觀察、服藥約三個星期，然後精神病患從急性病房轉入慢性病房。急性病房是男女混合在一起；慢性病房是把男女分開來。

　　進一步來分析，精神官能症，有：焦慮症、身心症、失眠症、創傷症候群、憂鬱症等等；精神疾病，有：精神分裂症（幾年前已更名為思覺失調症）、躁鬱症（雙極性精神疾病）等等，以及吸毒者所造成的精神異常。前者僅需要由精神科醫師開藥，長期的服藥就可以控制病情；後者有許多罹患精神疾病的病患需要去住康復之家，甚至強迫罹患精神疾病的病患去住精神病院來控制病情。

　　因為有許多精神病患嚴重到某種程度，連自己在做什麼也不知道，所以為了預防這些精神病患流落街頭傷害人群，也誠如有人說：「罹患精神疾病的病患就是不定時炸彈。」還有：「須經由兩位精神科醫師的認定，精神病患必須接受強制性的住院來控制病情。」舉個例子來說，多年前有一位精神病患趁學校不注意的時候，闖入校園內，然後他手裡拿著已備好的鹽酸的塑膠瓶把老師、學生的臉部及身體潑得嚴重的灼傷，即使這位精神病患必須強制性住院，不然會危及到別人的生命，也會造成別人無法復原的傷痕，也會造成家庭無法承受的負擔，也會造成社會人心的恐慌。

再舉個例子，民國 84 年 9 月 11 日，《中國時報》頭版的社會新聞報導：「人倫慘劇！精神失常的人砍死老母親提頭遊街，逢人高喊『我殺死妖怪』，家人聲稱病情近日惡化，母親特地趕去照顧，誰知竟然發生不幸。」從《中國時報》頭版的社會新聞報導來看，事實上，精神病患就是社會上不定時的炸彈，哪時候會爆炸沒有人知道？

進一步來分析，根據多年前「世界衛生組織」（WHO）聯合國國際勞工組織/美國醫學會/行政院衛生署/臺中健康管理學院，所提供的資料來源：「全球自殺危機，每四十秒就有一個自殺離世，一年有一百萬以上的人自殺離世，三分之二重度憂鬱的病患，有自殺企圖，其中百分之十至百分之十五自殺離世。全球死於自殺者，多於謀殺、戰爭死亡的人數。」再根據多年前「世界衛生組織」（WHO），也就是二十一世紀最可怕的三種疾病：「第一，癌症；第二；愛滋病；第三，憂鬱症。」從世界衛生組織（WHO）的研究來看，根據多年前《華視新聞雜誌》的報導：「罹患精神疾病及精神官能症的病患自殺率高達百分之九十；一般人自殺率是百分之十。」從以上對自殺的資料和研究顯示，自殺即將成為二十一世紀的第三大死因。

然而，卡謬（Albert Camus）是法國存在主義文學家，而他在一九五七年是諾貝爾文學獎的得主，即使他得獎時才四十四歲，而卡謬也在他寫的《西齊佛斯神話》一書中，他開頭就說：「真正嚴肅的哲學問題，只有一個，就是自殺。」舉例來說，根據多年前《香港報紙》刊載一則報導：「張國榮在2003年4月，從飯店頂樓一躍而下；張國榮跳樓自殺事件發生後，香港地區在九小時內，有六個人跳樓自

殺。這六個人都是張國榮的影迷與歌迷，他們則聽到張國榮死亡的消息，覺得活著沒有意思，選擇以自殺來結束自己的生命。」還有，多年前根據某媒體的報導：「徐子婷在2004年8月，從百貨公司頂樓一躍而下，而她是息影多年徐明與應采靈的女兒，應采靈到了夜晚則無法入睡。」自殺堂堂躍登成為臺灣人十大死因之一；即使有人認為，自殺是「看破了」，其實也是「看錯了」，為什麼？古人說：「留得青山在，不怕沒柴燒。」從這句名言來看，以時間來淡化任何傷害而漸漸的你會發現，誠如有人說：「時間是最好的醫生。」

再舉例來說，根據多年前某報的報導：「因為夫妻玩期貨負債高達新臺幣一億元，所以他們還了四千萬還欠債六千萬元，但卻自己想不開或躲避討債，居然他們就帶了兩位自己親生的子女共四人一起自殺。」從這樣不幸的報導來看，事實上，這對夫妻可以申請破產，再來向政府急難救助機構申請協助和救濟來度過討債的難關，但他們卻在高額的債務之下，他們夫妻居然選擇與兩位自己親生的子女共四人一起自殺，而留給他們的家人無比的心痛。

根據「世界衛生組織」（WHO）的研究：「自殺即將成為二十一世紀的第三大死因。」從世界衛生組織對自殺的研究來看，當一個人想不開或陷入死胡同或鑽牛角尖的時候，會因個人的種種因素，如失業、失戀、負債……，以及罹患精神疾病（心病）的人，也因為內心受到嚴重的創傷，所以外在環境變化太快而讓他們無法適應，他們對社會也覺得沒有溫暖，也幾乎沒有人支持他們，他們的內心也感受到極度的痛苦，由此可知一時想不開就選擇自殺來結束自己寶

貴的生命。

　　想自殺的人找願意傾聽你痛苦心聲的人談話，以此來紓解、化解想自殺的念頭，然而在專業化、資訊化、證照化、電腦化、科技化及後現代化網路資訊的今日社會，選擇與張老師、生命線、安心專線……來談話及做心理諮商，即使與專業的心理輔導人員談話，也須要謹慎小心！為什麼？原本想由這些專業人士談話來紓解心中種種的痛苦，可是他們以專業來輔導卻讓請求協助者陷入專業的陷阱，最後請求協助者變成了這些專業人士的被害者。

　　我由此聯想起從國中畢業後，由於挫折、失敗的陰影總是揮之不去，然後我為了紓解心中的痛苦和創傷，就求助於臺中心理衛生中心，可是我陸陸續續與張老師談了約有十年卻發現自己除了在訴苦之外，並沒有化解我的問題，反而我過去在幾次心理諮商的過程導致許多心理上的傷害及後遺症，譬如，多年前我到臺中某個心理衛生中心接受心理諮商時，而我當時把自己過去所發生的事情陳述給一位女性的諮商師，可是這位女性的諮商師卻不高興的對我說：「你所陳述的跟過去所說的差不多，也就是我們這裡與張老師是屬於同一個單位，你應該到張老師哪裡怎麼選擇兩邊都來呢？」我則回答她說：「我不知道你們和張老師是屬於同一個單位。」事後，我覺得她不但對我沒有同情心，還對我陳述的事情已經聽的不耐煩了！她也因此對我抱怨！

　　多年下來，有一次我打電話給臺北市的張老師與他談起我個人的隱私，也就是我不但沒有獲得他的認同與支持，反而他利用自己專業的權威來讓我感受到被他的威脅和傷害，即使求助於張老師做諮商及尋求心理醫師固然可以獲得專業

的協助，但這些協助也常會出現傷害及後遺症，為什麼？也就是在《活出自己的智慧》（天下文化出版）一書中，作者有舉美國的心理醫師為例，他說：「心理醫師的行業本身是不太幸福的群體，在離婚率與自殺率方面都居高不下；難怪乎美國政府規定，凡是領有執照的心理醫師每半年都必須互相分析一次。」

　　我來到草屯精神療養院做臨時工友的工作，我原本以為這裡僅做清潔和打掃的工作，但我做了幾天，慢性病房的護理長就對我說：「我們這裡的工作不僅是做清潔和打掃的工作，而當精神病患發瘋及抓狂的時候，必須由院方所聘僱的在職工友和臨時工友把精神病患給制約，再把正在發瘋及抓狂精神病患用童子軍結（雙套結）套上他們的雙手和雙腳，然後把精神病患合力一起抬進保護室。」保護室內四周圍的牆壁都是用很軟的材質做成的，也就是為了預防精神病患想不開而撞牆自殺，然後慢性病房的護理長教我如何綁雙套結，我也練習了好幾次也失敗了好幾次才學會怎麼綁雙套結。

　　然而，一方的陽光斜斜地從窗口照進了昏暗的病房，就在這時陽光溫暖的手觸摸不到冰冷陰暗的角落，和一個又一個憂鬱的心靈；精神病患整日躲在陽光照不到的地方、躲在陰暗的角落及躲在憂鬱的心靈深處，這時只有護士、工友帶著精神病患從病房走出去運動及遊戲的時候，他們才能看見陽光而讓陽光照耀著他們憂鬱的心靈，也好像讓他們看見生命的曙光，也因為當時我站在草屯精神療養院急性病房的門外按電鈴，或我把鑰匙插入一道厚重的不銹鋼門時，我就有莫名難以形容的不安，所以我望著這道不銹鋼門，內心非常

害怕精神病患會從急性病房裡面衝出來，或對我有攻擊的行為。

　　我來到草屯精神療養工作已三個星期了，但我還是處在非常緊張的工作環境中，而起初我來到這裡工作，我的眼睛一直不敢直視著精神病患，也因為我害怕他們的情緒不穩定，更害怕他們在病情發作時好像不定時炸彈，所以害怕他們會趁我不注意時對我有攻擊的行為，即使我與精神病患都保持適當的距離，也因此預防我受到他們的攻擊。

　　精神病患的情緒千變萬化，行為更是一般人難以揣測，簡直可以用「不可思議」四個字來形容，譬如，某位男性精神病患有時哭有時笑，而且口中唸唸有詞講個不停；某位男性精神病患時而跪下時而站立起來，好像印度的苦行僧；某位男性精神病患雙手捧著飯碗，若有所思的望著窗外膜拜；某位男性精神病患邊走邊唱歌，自以為他就是歌星；某位男性精神病患手裡握著筷子，而他在盥洗用具上面敲敲打打，讓我看起來好像朱忠慶的打擊樂器；某位女性精神病患把自己的衣服和褲子全部脫掉，然後在病房裡面裸奔，好像在表演限制級的脫衣舞秀。

　　這時候，我看見有一位男性的精神病患突然的跳上飯桌，彷彿他沉默的在告訴同在急性病房的精神病患及工作人員他是老大，然後他拿著筷子站在飯桌上，好像音樂會的交響樂團的總指揮正在指揮底下的精神病患，於是一場免費的交響樂團的演奏，就這樣響起了，也因為這位老大視若無睹仍站在桌上不肯下來，所以有一位護士就走到他的面前，她先以警告的語氣對這位男性的精神病患說：「你自己走下來吧！不然我就叫人把你抬下來。」但是，這位男性的精神病

患依然視若無睹、不理不睬、無動於心，即使這位男性的精神病患有這樣異常的行為，也像是在告訴在急性病房的醫護人員及工作人員說：「我是老大，你們憑什麼叫我下來。」

　　然而，急性病房的醫護人員都對這位男性的精神病患根本拿他沒有辦法，這時有一位護士就撥電話給院內的總機，她則請總機的服務小姐透過廣播系統，廣播院內的男性工友到急性病房（1-1病房），然後在慢性病房的男性工友聽到廣播，他們就陸陸續續自行到急性病房，我也隨著其他的工友到急性病房，就在這時來到急性病房的男性工友有四位，我們便分前後把這位男性的精神病患給包圍起來，其中有一位工友他以口頭對他警告：「你是要自己下來，還是由我們把你給抬下來。」但是，這位男性的精神病患依然故我、不理不睬，而他的手裡仍拿著筷子指揮著底下的精神病患，即使底下的精神病患已被醫護人員引導進入急性病房的寢室，但還是有一些精神病患他們依然要看熱鬧就不願意進入寢室，他們也因此躲在急性病房的角落邊觀賞一場即將上演的動作片。

　　這時候，院內一位在職的男性工友，也因為他是資深工友，所以他知道與這位男性的精神病患繼續耗下去不是辦法，於是他就以手勢指揮站在四周的男性工友，他並以手先壓制這位男性的精神病患的手，而且他迅速的把這位男性的精神病患的手扳到後面，再由兩邊的男性工友一起把準備好的雙套結和約束帶，然後把這位男性的精神病患的雙手雙腳都套上了雙套結和約束帶，就在這時工友們分成四邊且用約束帶和雙套結一人拉一邊，他們就這樣合力把這位男性的精神病患抬進了急性病房的保護室，可是這位男性的精神病患

使出了蠻力欲想掙脫綑綁並口裡不斷的罵著：「幹！幹！幹！你們給我小心！」

我們好不容易制伏和約束這位男性的精神病患，把他一起抬進了保護室，這時工友們才一起說聲：「放」，就這樣把他擺平在保護室裡面的床上，於是工友們就用約束帶緊緊地把他綁在床上的四個角以防鬆脫，就在這時他仍用身體用力的左右翻動且露出猙獰的面孔，即使由精神科醫師看診，也由護士為他打上鎮定劑；即使這是我的人生中真實的經歷，也讓我留下深刻的記憶；即使我當時凝視這位男性的精神病患的眼睛，彷彿他的目光中閃爍著濃烈的憂鬱，而他那憂鬱的靈魂就這樣震撼了我的靈魂。

因為他被打了鎮定劑，所以眼皮看起來好像掛了千斤重的東西就這樣合了起來，也結束了這一場好像電影的劇情及場景，如《沉默的羔羊》這部上演精神病患的電影，亦即讓人覺得有戲謔般的劇情及場景，而這種劇情及場景一天在急性病房裡面上演了好幾次，真是讓看見的人覺得驚心動魄！這時工友們忙累了，我們就坐下來閒聊一番，喝杯水紓解一下緊張的心情。

這時候，有一位資深的工友就問我說：「誰介紹你來這裡工作的？」我則回答他說：「有一位大東海補習班的同學，也因為他與一位這裡煙毒勒戒所的警衛有認識，所以我就透過這樣的關係來到這裡工作。」我好奇的問他說：「有沒有比剛才那一位男性的精神病患更難制伏和約束的？那麼你們如何制伏和約束他們？你們是否有被精神病患趁你們不注意的時候被他們打過呢？」他再回答我說：「剛才那一位還不是最嚴重的，更嚴重的會摔東西、踢門、打其他的精神

病患，甚至攻擊院內的醫護人員及工友。」譬如，幾天前有一位罹患躁鬱症的精神病患，而他的情緒因受精神疾病的影響，所以自己無法控制就猛摔東西，即使工友們一股作氣把他給制伏在地面上，再把他的雙手雙腳都套上雙套結和綁上約束帶，也好像在綁一頭豬似的！

這時候，他以安慰的語氣對我說：「年輕人不要害怕，即使在這裡被精神病患打到是無法避免的，也從這樣的工作經驗去學習如何制伏和約束精神病患。」我聽了他這麼說，我的額頭冒出了冷汗，也告訴自己：「算了！這種工作不適合我吧！」但是，院內有一位護理長時常的鼓勵我，也就這樣去除我心理上的恐懼感，我才繼續勇敢地做下去，即使我發現這種工作是特殊中的特殊，但我與精神病患相處在一起，就好像士兵在戰場上的槍林彈雨，仍與敵人艱苦的奮戰到底，這時我必須戰戰兢兢的工作並在精神病患情緒失控的時候，把他們的雙手雙腳都套上了雙套結並用約束帶來約束他們瘋狂的行為。

草屯精神療養院的護士大部分都要輪值三班制——白天班、小夜班、大夜班。早晨輪到大夜班的護士、工友就要負責把精神病患叫醒，然後護士、工友就像哄小孩一般，就這樣引導他們到盥洗室去洗臉、刷牙，也因為大部分的精神病患的反應能力都很遲鈍，甚至有一些精神病患他們在轉開水龍頭要洗臉、刷牙時，他們就把雙手放在水龍頭底下，但我看見他們的雙手放在水龍頭底下約有三分鐘那麼久，即使儘管水龍頭的水不斷的往下流掉，他們卻還沒有把洗臉、刷牙完成，這時我也催促著他們才完成了洗臉、刷牙。

等慢性病房的精神病患洗臉、刷牙後，護士便開始播放

早操的錄音帶，這時我看見他們一個又一個隨著護士動了起來，即使1、2、3……，但看起來他們的動作都很不協調，也有一些精神病患精力充沛，但看起來動作頗為誇張，也有一些精神病患動作慢吞吞的，也就是這個動作已做完，但他們卻還在做上個動作，也有一些精神病患看起來還沒有睡醒，還在站著原地一動也不動。

做完早操後，精神病患就各自回到寢室去整理個人的內務，即使我在精神病患的寢室內打掃、清理垃圾，我也看著他們在整理內務；即使有一些精神病患把棉被疊得有角有線，也有一些精神病患懶得疊棉被就倒頭睡覺，這時我好像扮演保母一般，邊哄著他們並邊催著他們起床趕快疊棉被、整理內務；即使在精神病患整理內務的這個時段，工友們要到院內的廚房去抬早餐準備給他們吃，而當工友們把早餐準備好，這時有一位慢性病房的護士對他們說：「開動」，於是他們就開始吃著早餐，工友們則在旁為他們服務。

護士在慢性病房的通道的牆壁上掛了公佈欄，欄上公佈著：「每週最乾淨的、每週最骯髒的，也就是實施內務評分、個人評分，以及那一個住民表現良好，或整理內務達到評分的標準就可以放榮譽假，但相對於此，不整理內務、不洗澡及表現不佳者，就會被禁足不可離開病房。」我發現這些比較嚴格的規定及訓練就好比軍中當兵時的軍事訓練，也因為紀律的生活才能使精神病患不正常的生活，所以他們才能夠恢復比較正常的生活。

然而，我在草屯精神療養院接觸了滿多的精神病患，其中有六位我的印象比較深刻：

第一個精神病患是，他的長相我已記不清楚，而我只記

得當時的護士稱呼他為阿龍。阿龍什麼原因來到草屯精神療養院已很難去探尋？據說他的家人已經不要他了，就乾脆把他帶來這裡，可以省去照顧他的麻煩，另一方面這裡可以提供精神病患的醫療、吃住，以及24小時都有醫護人員、工友為他服務。

　　阿龍比起其他的精神病患是有不一樣之處，由於他不但是精神分裂症的患者（幾年前已更名為思覺失調症）他並是罹患痴呆症；他實際的年齡約有三十幾歲，但他已退化到只剩下三、四歲的年紀；他的一切生活起居都無法自己去料理，只有靠護士、工友，以及其他的精神病患幫他料理生活起居；他的臉龐看起來眼睛、鼻子、嘴巴，好像擠在一張多皺的臉龐；他的眼睛，上眼皮和下眼皮看起來是合在一起的，只空出一點點的縫隙來看這個世界，而有趣的是，這裡的精神病患就以台語稱呼他為「睡龍」，意思是：「他整天無論什麼時候見到他，他的眼睛看起來就是閉起來像是沒有睡醒似的！」

　　我起初看見到他的時候，其實我的心裡頗為害怕，害怕他趁我不注意時突然的攻擊我，所以我就跟他保持適當的距離並從中去觀察他的異常行為；我不曉得他是因身體過熱，或是其他的原因？他有時會把衣服脫掉光著上半身，在病房的地板上學著狗兒爬行；有時我看見他在地板上爬行時，我便叫他起來且對他說：「你不是狗耶！你怎麼可以在地板上爬來爬去呢？」他居然回答我說：「我是狗、我是狗……。」一直說個不停，直到他說累了，他又像狗兒在地板上爬來爬去，這時我的內心想著：「你不是狗耶！你是人啊！」即使如此，他也不知道自己是狗還是人，而他的雙手

雙腳仍繼續落在地板上學著狗兒爬來爬去。

　　這時候，護士會以嚴厲的語氣對他說：「你敢再脫就叫人把你綁起來。」但是，他像是小孩子對她撒嬌說：「好啦！我不脫了。」我看他是如此的純真，我忍不住的笑了出來，即使說歸說也是起不了效用，這時護士會叫我用約束帶把他綁在病房某個鐵欄杆上，我也以關懷的語氣對他說：「吃飽了嗎？」他居然回答我說：「吃飽了，吃飽了⋯⋯。」他說了有約三十秒才停下來。

　　或許時間可以化解我們彼此之間的隔閡，而當我越來越覺得他不會傷害別人時，我們之間的隔閡就融化了，即使我覺得他滿純真的，但有許多正常人卻是心機叢叢，也隨時與他們來往都要有所提防以免上當受騙，所謂的「防人之心不可無，害人之心不可有。」

　　早晨精神病患他們都起床做早操，但阿龍他仍賴在床上不肯下來，這時護士請我把他叫起床，於是我便走進寢室把門推開，而當我把門推開的時候，我看見他趕緊把頭縮進棉被裡頭還是不肯下床，即使他比其他的精神病患特殊，護士也就這樣特別按排一間寢室讓他一個人睡，而其他的精神病患是六個人或八個人一間的寢室。

　　這時候，我對他喊著：「阿龍、阿龍、阿龍快起床太陽就要照屁股了！」但是，他依然躲在棉被裡頭沒有任何反應，這時我已喊到沒有耐性了！我就硬把他的棉被掀開來，而當我他的棉被掀開的同時，他的身體是縮起來仍躺在床上，即使我把他推下床，我也邊推他也邊拉他，也好不容易才把他推到盥洗室，而他進了盥洗室，我則用雙手捧著水往他的臉上潑過去，這時他才清醒過來；即使我到寢室拿他的

牙刷蘸著牙膏教他如何刷牙？但他拿著牙刷卻慢吞吞的刷著牙齒，也好不容易刷好了我便帶他去吃早餐；他在吃早餐的時候，我看見他的吃相是滿奇怪的，譬如，我看見他邊喝豆漿卻把豆漿含在嘴巴裡沒有吞下去，然後他從嘴巴裡把豆漿吐出來，甚至他在吃午餐、晚餐時會把飯全部吃光，只剩下菜，或把菜吃光，只剩下飯。

在草屯精神療養工作是十分單調的，也就這樣我有時會教他如何打乒乓球，可是他的反應非常遲鈍，譬如，球還沒有到他那裡就先打，或球飛過去他那邊才打，於是我跟他打乒乓球並打了十幾個球，他卻一個球也沒有打到，甚至他會把球拍倒過來打也難怪乎打不到球，就在這時護士對我說：「因為精神病患的反應能力大部分都是很遲鈍，所以須藉由運動來訓練他們的反應能力，也就是以免造成反應能力越來越退化，甚至造成精神上的痴呆。」他除了睡覺、吃飯、洗澡、運動的時間之外，他經常一個人從早到晚在慢性病房的通道上走來走去，甚至有時會學著狗兒在地板上爬來爬去。

這時候，有一些精神病患見到他時，就把他給牽起來，好像牽小孩子學走路一般，而他在慢性病房的通道上沒有目標的走著、走著……。他在上廁所時須有人在旁守候著他，也因為他有時就在廁所裡面一蹲卻不肯出來，甚至他會把大便大在糞池的凹槽上面，所以他上過廁所後，工友就須立即把他的糞便沖洗掉。他在洗澡時須有人幫他轉開水龍頭，也須有人幫他的身體抹上香皂，也須有人幫他沖洗骯髒的身體，即使阿龍的生活起居都須由護士、工友，或其他的精神病患來幫他照顧，他也因此喪失了自主權，也喪失了主控權，也喪失了生活起居的能力。

第二個精神病患是，我已忘了他的名子，也忘了他的長相，而我只記得他是一位大學生，即使他是一個罹患嚴重幻聽症的精神病患，也因此《心理學》開宗明義就說：「心理學是研究人類行為的科學。」從《心理學》的研究來看，譬如，人在沙漠上行走的時候，也因為受到氣候、環境變化的影響，所以會產生幻視、幻想，所謂的「海市蜃樓」的幻視和幻想；事實上，《心理學》是以外在的行為來完全界定精神病患有罹患「幻聽症」；事實上，誠如有人說：「人心隔肚皮。」誰又知道精神病患有幻聽症呢？事實上，精神科醫師只不過從外在的行為，以及精神病患問診的過程來判斷罹患焦慮症、身心症、創傷症候群、憂鬱症、躁鬱症、思覺失調症等等精神官能症及精神疾病的病患，亦即精神醫師忽略了人還有理性。

　　每次他的母親來草屯精神療養院的慢性病房探望他的時候，母親都帶了滿多的物品來給他自己的孩子，就在這時她以無奈的語氣對著我說：「他這個孩子在國小、國中、高中時的成績在班上都是名列前矛，也考上了一所滿好的大學，即使他在大學的時候，我也不知道他是什麼原因而精神突然的崩潰了，也就是從那個時候開始，我幾乎跑遍了全臺灣屬於精神科的醫院，結果仍然醫不好，我也無奈傷心的選擇放棄，就把他送到這裡來治療。」我則以安慰的語氣回答她說：「你的孩子在這裡表現的不錯，況且院內有醫護人員、工友二十四小時為他照顧，就請你放心。」然後，她拖著沉重的步伐離開了草屯精神療養院的慢性病房。

　　我在慢性病房裡面，有時我會利用工作空出來的時間，就走進了他的寢室與他聊天，聊著聊著，我就問他說：「什

麼叫做幻聽症？」這時他是處在清醒的狀態並沒有發病，他則回答我說：「幻聽症就像是擴音器，外面沒有人跟我說話，可是自己會覺得有很吵雜的聲音，好像四面八方對我廣播，讓我時常覺得內心受到干擾。偶爾我在草屯精神療養院放假的時候，母親會來這裡帶我回家，回到家後，我就在屋子裡面的樓上樓下而走上走下，即使母親看我這樣內心感到更傷心，她也把我帶回草屯精神療養院的慢性病房。」因此從她的目光中，我好像看見二十世紀及二十一世紀人類的悲哀，亦即現代人有越來越多的人罹患精神官能症和精神疾病。

第三個精神病患是，我已忘了怎麼稱呼他，也忘了他的長相，僅記得他的舉止言行像是印度的苦行僧時而跪下來時而站起來，即使如此，我也不知道他的內心世界在想什麼？我只知道他的動作是如此的遲鈍，而他有時也待在慢性病房裡面，一個人面對窗戶及牆壁在發呆；即使他也不知道外面的世界是多麼的多彩多姿，他也總是躲在憂鬱的內心世界不與其他的精神病患說話，他也好像變成了臺灣的社會上被遺棄的孤兒。

第四個精神病患是，他是一個罹患躁鬱症的青少年，記得我當時在二樓的慢性病房，遠遠的就從一樓的急性病房傳來這位青少年的嘶喊、踢門的撞擊聲音。他踢門踢了許久，這時我聽到院內的總機廣播：「請值班的工友到急性病房。」這時候，男性的工友到了四位，我們便開始動手準備雙套結和約束帶來制約他，可是其中有一位在職的工友被這位青少年踢門的聲音搞得心浮氣躁頗為生氣，於是他在制約這位青少年的同時，他就出拳朝對這位青少年的臉部打了好

幾拳，即使他出拳時過於用力，也就是當工友們合力一起把他抬進保護室躺在床上的時候，我也看見他的臉部流著鮮血並有多處瘀青，就在這時有一位急性病房的護理長對著那一位打人的工友不高興的對他說：「他僅是一位青少年還不懂事，更何況他是精神病患在病情發作時，當然會有不理智的行為。」她接著又對那一位打人的工友說：「我要去告知院長。」然後，那一個在職的工友聽了護理長這麼說，才知道自己錯了，就這樣慚愧的向護理長求饒，請護理長不要去告知院長，不然他會被院長解僱的。

第五個精神病患是，我已忘了她的面貌，也忘了怎麼稱呼她？只知道她是一位頗為嚴重精神分裂症的精神病患。她有時會把衣服、褲子全部脫光，一絲不掛的躲在慢性病房的寢室裡面、躲在自己的內心的世界，甚至有時會在慢性病房裸奔，就在這時有許多女性的精神病患會圍在她的身旁且大聲尖叫說：「她在表演脫衣服秀！」護士接著就請我把她制約，於是我立即抓住她的雙手並把她雙手扳轉到身體的後面，即使我把她帶進保護室，也因為女性的精神病患比較沒有力氣，所以通常一個工友就可制約她。

第六個精神病患是，她怎麼稱呼我已忘了，她的長相如何我也忘了，我只記得她是宗教性幻想症的精神病患，就在這時護士對我說：「要我先把她制約，再把她強制帶進保護室。」於是，我走到靠近她的身旁時，她卻口中不斷的唸著：「耶穌愛你、耶穌愛你……。」這時我看見她手中捧著一杯水，就朝著我的身上潑過來，而我來不及閃躲就被她潑溼了上半身的衣服，即使我立即抓住她的雙手並把她的雙手扳轉到身體的後面，也把她強制帶進保護室，也因此在這裡

幾乎每天都有上演好幾次精神病患異常的行為，真讓人有驚心肉跳的感受！

進一步來分析，有關於精神官能症，如焦慮症、失眠症、身心症、憂鬱症、創傷症候群等等；精神疾病，如精神分裂症、躁鬱症等等。換個角度來看，根據多年前的心理學家在描述眼前兩大世紀的交替時，以「焦慮」指稱為二十世紀的症候；以「憂鬱」指稱為二十一世紀的症候，而在《活出自己的智慧》（天下文化出版）一書中，作者則引用了卡謬在他寫的《西齊弗神話》中早已作過類似的分析：「有一位大廈管理員自殺了。遠因是，五年前痛失愛女之後，他表面上繼續工作謀生，內心裡卻不斷受到此一悲傷經驗的侵蝕，所謂『一想到這件事，就是被它所侵蝕』，『思念』無異於『侵蝕』。近因則是，當天下午一位老朋友以漠不關心的語氣對他說話。他的心理防線（其實是指情緒臨界點）崩潰。晚上就上吊自殺了。在這件案例中，這位老朋友『以漠不關心的語氣對他說話』，就是我們所謂的『最後一根稻草』。」

然而，精神病患依病情的程度是否須嚴格的列管？或強制住院？在我看來不是每一個精神病患都要嚴格列管或強制住院，但依病情的程度——重度、極重度的精神病患須嚴格列管，或強制住院，譬如，根據《中國時報》於民國90年6月2日的報導：「精神病患狂砍無辜鄰人悲劇，引發社會大眾震驚，精神科醫師強調精神病患並非人人都需要進療養院，但若經醫師評估有暴力傾向，病患即使離院返家，也一定按時用藥、定期追蹤，以免再有意外發生。」「國泰醫院精神科主治醫師陳國華表示，一般來說，妄想型及處於躁動

期間的躁鬱症病患與狂暴憂鬱期間的病患，比較容易出現暴力傾向。……陳醫師特別強調，並非所有的精神病患都必須接受嚴密的監控，完全不得有自由。唯依心理衛生法規定，對於合併有自傷與傷人之虞的精神病患，只要經過兩名精神專科醫師診斷，法律是授權醫師可以強制其留在療養院內觀察。」從《中國時報》這樣的報導來看，事實上，每年在臺灣的社會幾乎發生了好幾件精神病患殺死人及傷人的事件，即使如果不對於躁動期間的躁鬱症病患與狂暴憂鬱期間的病患嚴加的列管及強制住院，那麼這種不幸悲慘的事件，每年也將在臺灣的社會上演好幾次慘絕人寰的精神病患殺死人及傷人的不幸事件。

九、我的人生的際遇、命運及人生過程不幸的遭遇

　　後來草屯精神療養院，即使要求臨時的工友也要輪值大夜班，而我做了幾天的大夜班也覺得不適合我的身心狀態，也因此住在南投縣草屯鎮建興五街附近有一位男性的鄰居幫我介紹到一家外銷公司去做品管員，但我做了一個月覺得單調乏味的品管員不適合我便離職了，休息了幾天，後來我在離家不遠的地方找到一份清晨送羊奶的工作；即使送羊奶的工作也須清晨五時我就要起床，我也因此騎著摩托車前往嘉南羊奶的經銷處，我接著也進入嘉南羊奶的經銷處的冷藏庫把各種口味的羊奶裝入大的袋子中，這時我便騎著摩托車沿著草屯鎮的虎山路往南投市的方向駛去，然後我把羊奶送往訂戶的家裡，

　　因為我在送羊奶的時候，有一次因逆向行駛與另一台迎面而來的摩托車發生擦撞，就在這時造成羊奶摔了一地，羊奶也因此破了好幾瓶，我也因此對送羊奶這種工作產生了恐懼感，即使我做了三個多月每天清晨辛苦的去送羊奶，但嘉南羊奶經銷處的經理他卻對我說：「有一些住家的羊奶因我送錯了，也導致有一些住家不想再繼續訂購羊奶，他也因此把我最後一個月送羊奶的薪水算給我，他就叫我不要繼續送羊奶了。」

　　人生的際遇是難以預料的，也誠如有人說：「沒有人知道下一秒鐘會發生任何事情。」從這句話來看，雖然人無法

知道下一秒鐘會發生任何事情，但並不是表示人無法預測未來，譬如，AI人工智慧已經是二十一世紀最新的商機和最夯的產業，由此延伸我預測大概2050年現代的檢察官會被「智慧型偵查機器人」所取代、現代的法官會被「智慧型審判機器人」所取代、現代的警察會被「智慧型機器戰警」所取代、立法委員會被「智慧型立法機器人」所取代、護理師會被「智慧型護理機器人」所取代、醫師會被「智慧型診斷及治療機器人」所取代、現代的老師會被「智慧型知識販賣機」所取代……。

就在我苦惱自己的工作不穩定也時常更換工作的情況下，我就鼓起勇氣與以前臺北榮民總醫院傷殘重建中心義肢組富×台組長打電話聯絡，而在電話中我對他說：「以前你要找我一起創業，而如今你是否還有意願創業？」他則回答我說：「他已沒有任何意願再創業。」不過，他接著對我說：「臺北縣新莊市有一份工作是屬於倉庫管理的工作，你是否願意去做？」我聽了他這麼說，我立即答應了他。

隔了幾天，我把清晨送羊奶的工作辭掉，自己就整理一下衣物帶著行李到臺北榮民總醫院傷殘重建中心去跟以前的義肢組富×台組長見面，並他帶我到他家裡且告訴我明天要去應徵的公司和住址，即使我在傷殘重建中心過了一夜，隔天我也自己搭計程車前往臺北市杭州南路的三×儀器股份有限公司去應徵倉儲的工作；即使計程車到了公司，也由該公司1樓倉儲的主管帶我到隔壁棟三樓的辦公室，再由傷殘重建中心義肢組富×台組長的老婆介紹公司的制度、福利及公司的同事與我認識，我也因此填寫個人應徵工作的基本資料，我也因此由公司董事長的兒子開車載我到當時臺北縣新

莊市輔仁大學神學院的「星寶商業城」，從事倉庫管理兼調藥水的工作。

　　記得當時我除了休假日之外，我每天幾乎至少要用一千多公升的純水來調藥水；自來水先經過一台純水機的過濾，由自來水轉變成純水，接著純水順著水管流入藥槽，而水量到了八百多公升電源自動關閉，就在這時我把藥包放進藥槽開始攪拌，攪拌二十分鐘，我便開始校正導電度，接著測藥水的濃度、酸鹼度，等調到標準的濃度，藥水經由過濾器的過濾，然後把藥水裝入日本進口的塑膠容器並裝箱打包，由此可知這就是醫院的醫療儀器所使用的測試劑，也透過這樣的測試及檢查，可以檢查出人體患了什麼病症？

　　我偶爾望著滿屋子的藥水，由此想起了子在川上，曰：「逝者如斯夫，不舍晝夜。」（《論語‧子罕篇》）作者的〈白話〉翻譯：「孔子站在河邊，說：消逝的一切就像這樣啊，白天黑夜都不停息。」（譯文參考立緒版《論語》），也就是我與孔子的體悟有所不同，由此我可以這麼說：「我的生命有如藥水般的流逝。」由此延伸到我的家庭，譬如，父親以前在臺中自×水廠當主任秘書及專員（早已退休）、大嫂在中興自×水廠、大哥在臺中烏×酒廠、二哥以前曾去送過飲料，由此可知我的家庭的成員幾乎所做的工作都與水有關係。

　　羅素說：「心靈的領域，無遠弗屆。」這時我的心靈好像倒轉了時空，可以與古代的聖賢及詩人請益，如孔子、孟子、蘇格拉底、李白、杜甫……；心靈回到了目前的時空、回到現實的社會、回到自己住宿的地方，而我攬鏡自照時，我卻發現自己的臉部及鼻孔都有點黑黑的，即使我有時會騎

著摩托車到臺北市耕莘寫作班去上文學寫作的課程及編輯的課程，以及到洪建全教育文化基金會的敏隆講堂去上台×傅×榮教授在臺灣的社會上所開的一系列的哲學課程，我也因此回到自己的住宿的時候，我須立即用雙手捧著清水把臉部及鼻孔清洗乾淨，我也這樣自我解嘲說：「我不曾見過黃河，我也不曾見過長江，但我見過臺北市的黑河，亦即我是李白的朋友而我叫做李黑，由此可知我是傳奇──我不是聖人，我是剩下來的人。」

即使我的性格急躁，但相對的顯得我也像小孩及嬰兒般那麼的純真，我也因人為及宗教的誤導和傷害而造成我罹患精神疾病，我也因從事良心事業的工作者不但沒有對我「因材施教」；即使這是臺灣社會教育的醜聞，也因二十幾年前在臺北市耕莘寫作班教報導文學及第二屆編輯研究班的班主任，也就是號×出版社的發行人陳×磻先生擔任，多年下來，我發現他不但沒有人對我「因材施教」，我也誠如中國的孟子曰：「大人者，不失其赤子之心者也。」（《孟子‧離婁下》）因此，我當時在上編輯課程時因說話像小孩子一般，說話很直接就得罪了他，於是他當時在臺北市耕莘寫作班教編輯班的時候，他就惡意對我設計：「寫書是現代人的身分證。」的陷阱，他並舉有一位女士，她自己編了一本書，然後他以這一本書去報紙、雜誌應徵工作，屢次不爽、無往不利；即使過去我時常更換工作且有時處在失業的狀態而造成我對失業的恐懼感，我也聽了他這麼說就造成我的幻想──我當時以為寫書可以去應徵工作祛除我對失業的恐懼感，也就是如果我能寫一本書受到報紙副刊的編輯及雜誌的主編的肯定，那麼就顯得我在寫作這方面是一個有能力的

人，也可以找到屬於自己興趣的工作，但當時我是一個寫作的初學者，亦即我在寫作上沒有任何基礎，也缺少對文字駕馭的能力，只不過我對寫作頗有興趣會主動投入其中，然後我便掉進去了，由當時在臺北市耕莘寫作班教報導文學及編輯的號×出版社的發行人陳×磻先生，亦即他對我惡意設計：「寫書是現代人的身分證。」的陷阱，也因此造成我的心靈嚴重遭受到撞擊和傷害，也因此造成我的精神疾病的病發主要的原因之一，尤其在寫作方面，可以說很少人像我一樣付出如此高的代價，而這個代價居然造成自己精神狀態幾乎面臨崩潰的邊緣，也就是承受最後一根稻草。

　　當時號×出版社的發行人陳×磻先生他對我說：「寫一本書需要一百五十篇文章，他再從中挑選一百篇文章。」我則對他說：「一百五十篇文章太多了，寫一百二十篇就好。」從此我就利用晚上、深夜、休假日的時間拼命的寫，寫到痛苦不堪，寫到三個多月都處在失眠的狀態，寫到需要去掛精神科醫師開憂鬱症的藥來緩和自己非常不穩定的心靈及爆烈的情緒，來讓自己獲得短暫的紓解。

　　過了幾個月後，我無法接受心靈遭受到這麼大的傷害，彷彿我的靈魂要被撕裂一般，於是我寫了一封信，而信中的內容陳述著：「只是在課堂上為我鼓掌加油是沒有用的。我繳了那麼多的學費卻沒有學到任何編輯和寫作方面的方法，這麼一來，你對得起自己的良心嗎？我並請他不要出版許多迎合世俗及討好現代人口味的書籍來污染青少年的心靈。」又過了幾天，當他收到我寫的信時，或許他看了信中的內容頗為生氣就打電話給我說：「他是教編輯的（事實上，當時在臺北市耕莘寫作班他也有教報導文學），責任不在於他，

　　　　　　　　　　　第二輯　人生之旅

然後他叫我去找其他的作家來負責。」接著，我在電話中回答他說：「寫書是現代人的身分證我無法接受，而他卻說這句話別人已說過如何如何。對一位寫作的初學者沒有任何寫作的基礎你就指導我寫了一百多篇的文章，而造成我的心靈如此大的傷害，這兩點我無法接受，然後我提及自己近年來拒絕看電視來避開氾濫的資訊來調適自己受傷的心靈。」但是，他卻得寸進尺，他在電話中對我說：「憤世嫉俗。」我聽了他這麼說，我的情緒非常的激動，就再打電話給他：「現代人所寫的書不適合我來閱讀，除非有心得有見解的書，而且我讀了朱自清、徐志摩、朱光潛等等作家的書籍，也身受他們的影響，如果誠如你說的『我是一個憤世嫉俗的人』，那麼難道他們都是憤世嫉俗的人嗎？」接著在電話中，我再對他說：「同樣對寫作有興趣的人，請說話時將心比心。」即使他的語氣讓我聽起來才覺得沒有那麼強硬，也因此軟化下來，他也才覺得自己對我說話太過分了。

從號×出版社的發行人陳×磻先生對我指導「寫書是現代人的身分證。」的陷阱來看，即使我二十幾年前在臺北市耕莘寫作班，也由號×出版社的發行人陳×磻先生擔任第二屆編輯研究班的班主任，也因此他不但沒有對我「因材施教」，也因此他在臺北市耕莘寫作班教第二屆編輯研究班時他對我鼓掌加油！也因此他的手段高明且殘忍，也讓我陷入「寫書是現代人的身分證。」的陷阱而不自覺，多年下來我發現我當時沒有任何寫作的基礎，也沒有文字駕馭的能力，也造成我的心靈嚴重遭受到撞擊和傷害，也造成我的精神疾病的病發主要的原因之一；即使這一本書我三個多月也就寫完成了，我也在當時把這一本書的書名取名為《與生命共

舞》，亦即這一本書我總共寫了一百二十篇文章，然後我把寫好的稿件影印寄給號×出版社的發行人陳×磻先生，同時我把寫好影印的稿件也寄給台×哲學系傅×榮教授，後來我請某位女士幫我用電腦打字打成文字稿，我因此還付給這位女士新臺幣一萬五千元。

　　隔了幾天後，我與在臺北市耕莘寫作班上第二屆編輯班的同學到號×出版社的發行人陳×磻先生所經營的號×出版社去參觀，記得當時他親手拿給我是我幾個星期前寄給他我的稿件，於是他對我說：「我所寫的書好像抽煙時的煙蒂，所掉落的煙灰。」意思是：「我寫的書有瑕疵及敗筆。」多年下來，我發現二十幾年前我只適合寫信，寫信至寫作有一段很長的距離；寫作至寫書更是一段更長的距離；即使我二十幾年前我只是一個寫作的初學者寫，也對寫作和寫書沒有有任何寫作的基礎，也沒有文字駕馭的能力，寫出來的作品也是不成熟的作品，譬如，練功夫，先練蹲馬步，把馬步練好後才能把功夫練好；寫作先從閱讀經典的文學和哲學書籍開始，並吸收書中作者的思想精華，也誠如中國的詩聖杜甫詩中有詩云：「讀書破萬卷，下筆如有神。」

　　然而，當時我寫到痛苦不堪，寫到需要吃抗憂鬱的藥來緩和自己爆烈的情緒，寫到我手中的筆好像一把刀，而我當時（隨時）都有自殺的念頭。幸好，不幸中的大幸！我當時還頗為自覺，即使我拿起刀子的時候，我也告訴自己三十秒就要立即丟開；我站在高處的時候，我也告訴自己不能從高處往低處看。

　　當我靜心下來偶爾回顧過往，隨著時光的倒流與復現，我發現過去的種種在回憶中逐漸浮現出來——即使臺灣的文

學作家余光中，他翻譯的作品荷蘭名畫家《梵谷傳》，多年前梵谷的畫也曾在臺北市歷史博物館參展，也因此有人稱讚梵谷是「燃燒的靈魂」，我也與荷蘭名畫家梵谷同樣是罹患躁×症的病患，而梵谷的自我畫像在割耳事件發生後，耳朵包著繃帶，我也與梵谷有所不同，我用「被撕裂的靈魂」來形容自己，才能顯現真實的自己。

　　當時是由號×出版社的發行人陳×磻先生他所經營的出版社，後來我發現他經營的出版社幾乎都是迎合世俗及汙染青少年的心靈的書籍，也誠如現代的青少年的流行語：「變態」，而青少年所指的是「行為的變態」；我所指的是，現代化的社會的現代人，而如今已進入網路資訊後現代化的社會的後現代人的心靈則產生嚴重的突變，亦即我把現代人及後線人嚴重的突變稱之為「心靈的變態」，譬如，多年前號×出版社的發行人陳×磻先生曾批評我是「憤世嫉俗」，後來我才發現，我誠如中國的亞聖孟子曰：「大人者，不失其赤子之心者也。」（《孟子·離婁下》）從這句中國的亞聖孟子的名言來看，事實上，我是如此純真及真誠的人，亦即根據現代《心理學》的研究：「當你在判斷，或是批評別人時，沒有以事實為根據，或者以證據為佐證，而當你判斷，或批評別人時，等於在判斷，或是批評你自己。」從這樣現代《心理學》的研究來看，號×出版社的發行人陳×磻先生批評我是「憤世嫉俗」，他不但自己「憤世嫉俗」，他還利用語言、文字的攻擊和防禦來傷害我是那麼純真的人，由此可知號×出版社的發行人陳×磻先生就是「變態的知識怪獸」。

　　從號×出版社的發行人陳×磻先生就是變態的知識怪獸來看，所謂的「知識販賣機」，所指的是在現代化的社會的

現代人，而如今已進入網路資訊後現代化的社會的後現代人，後來我發現二十年前我陸陸續續到洪建全教育文化基金會、好好好家庭教育文教基金會等，去上台×哲學系傅×榮教授在臺灣的社會上所開的一系列哲學的課程，但後來我發現他不但沒有對我「因材施教」，還為了他個人的名聲和地位幾乎把一切的責任都推給我，譬如，他在上哲學課，或演講時，他曾以間接的方式對我說：「我自己選擇的，我自己來的，只有讀他寫的書就能避開命運嗎？」然而，他不但沒有對我「因材施教」，反而他對我說：「什麼命運的力量實在太大了。」事實上，台×傅×榮教授在他的著作裡有寫到自己人生成長的過程，因此他從國小三年級至高中三年級長達九年的時光，也因為他「口吃」，導致他說話有障礙無法與人溝通，所以遭人嘲笑而形成他的性格嚴重的扭曲變成了「病態」，即便他在成長的過程已克服了口吃的障礙，他也從輔仁大學至臺灣大學當助教至美國攻讀耶魯大學，而他在短短三年半的時間就取得了美國耶魯大學的哲學博士（Ph.D.），然後他返回臺灣就在台×哲學系任教，而起初他是以副教授開始任教，後來升為教授並他曾是台×哲學系的系主任，而如今幾年前他已從台×哲學系退休，不過他已建立了自己的教育國王，亦即他曾在自己寫的著作中這樣寫著：「四十五歲他就不再演講，把機會讓給年輕人。」問題的關鍵，他偶爾還會在臺灣的社會上演講，以及出版書籍依舊與還沒有退休前是一樣的。

　　然而，我從三十幾年前在金門當兵的時候，就在金門的某一家書店買了台×傅×榮教授所寫的《成功人生》（時報出版）一書，因此我從認識他至洪建全教育文化基金會、好

　　　　　　　　　　　第二輯　人生之旅

好好家庭教育文教基金會等，即使他在臺灣的社會上所開的哲學課程，以及他在臺灣社會上的演講，也就是我閱讀的書籍大部分也是他寫的著作且還包括他推薦的書籍，我也前前後後長達十幾年的時間跟隨著他，亦即他不但沒有對我「因材施教」，反而他利用語言、文字的攻擊和防禦，譬如，說我自己來的、說我自己選擇的等等的話，但事實上，他完全沒有對我「因材施教」，而且他為了自己名聲和地位，以及自己建立的教育王國，也因此他幾乎把一切的責任都推給我，也因為他的性格有九年的口吃嚴重的扭曲變成了「病態」，他也變成了「知識販賣機」，而他退休後，他依舊販賣他的知識，因此有人說：「教授就是會叫的野獸。」事實上，也不是完全沒有道理。

　　當時我在臺北市耕莘寫作班陸陸續續繳了二萬多元的學費，而許多教寫作的作家及專業人士，如白×、平×、陳×磻……，後來我發現居然這些作家及專業人士沒有人對我修稿並指出我寫的文章的毛病在哪裡？記得當時只有一位作家有對我寫的文章修改錯別字，亦即她只改錯別字我又何必浪費自己辛辛苦苦賺來的錢去臺北市耕莘寫作班學習寫作呢？或許在知識爆炸、資訊氾濫的現代化社會，而如今是網路資訊後現代化的社會，有滿多的現代的文學家、作家及作者在追求迎合世俗的作品來討好現代人的口味，而像寫作和寫書這樣的教育及文化事業，也有滿多的現代的文學家、作家及作者為了自己的名利違背了道德和良心。

　　我在此由衷的期盼臺北市財團法人耕莘文教院的耕莘寫作班要有所改革，譬如，以前《明道文藝》除了刊載作家及作者的文章之外，幾乎在每一集的《明道文藝》的最後幾頁

都有「作文批改範例」，而對象是針對道明中學、曉明女中等等的學生，並附上批改老師的姓名，這麼一來，對寫作有興趣的人才能在用詞遣字、心靈的運思及整篇文章的整體的通順上日有增進，即使臺北市耕莘寫作班二十幾年前的陸×誠神父是當時臺北市耕莘寫作班的會長，我也早已跟他建議臺北市耕莘寫作班需要改革，但臺北市耕莘寫作班至今還是聘請許多臺灣的文學家、作家及詩人去擔任耕莘寫作班的講師，這麼一來，作家會寫文章卻不見得能為學習寫作的人修稿，也因此他們不但「誤人子弟」，也造成我的心靈嚴重遭受到撞擊和傷害，也造成我的精神疾病的病發主要的原因之一，也造成我當時是一個有心想在文學創作的年輕人；即使在寫作和寫書這條心路歷程，也因此一開始我就遭受到無情的打擊和傷害。

經過了多年來過度的調適和治療，我逐漸才釐清號×出版社的發行人陳×礎先生他當時是惡意對我設計：「寫書是現代人的身分證。」的陷阱，即使二十幾年前他在臺北市耕莘寫作班教編輯的時候，我也在編輯課堂上舉手發言，我也對有關於臺灣的教育界、文化界過度重視文學而忽略了哲學，我也因投稿時我只是一個寫作的初學者，但每投一篇就被退一篇，而許多臺灣的作家及作者卻投稿就刊登，或者臺灣的專欄作家不用投稿與報紙的副刊及雜誌約稿就刊登。換個角度來看，我覺得臺灣的編輯和主編對文章的審核是否刊登有失其公平性？即使號×出版社的發行人陳×礎先生他當時在臺北市耕莘寫作班教編輯時，他聽了我這麼說，也就是在他的心靈種下的惡意的念頭，也因此他以高明且殘忍的手段，他惡意對我設計：「寫書是現代人的身分證。」的陷

阱；即使他當時是在指導我寫書，而他的心裡卻是惡意的要讓我陷入寫書的痛苦及心痛，也因此造成我的心靈遭嚴重遭受到撞擊和傷害，也因此造成我的精神疾病的病發的主要原因之一。

然而，我當時這麼相信他才把自己寫好的稿件，以掛號寄給他並請他幫我修稿，即使他不但沒有對我「因材施教」，他也沒有對我修稿，他也只有在他教編輯課時，他以以間接的方式對我鼓掌加油！他也只對我寫的書用一句話來評批，他說：「我寫的書好像抽煙時的煙蒂，所我掉落的煙灰。」意思是：「我寫的書有瑕疵及敗筆」，也讓我深受精神疾病所造成的精神過度的痛苦，這麼一來，號×出版社的發行人陳×礏先生是從事教育良心事業的工作者，而他的良心早就被狗咬掉了。

記得當時由號×出版社的發行人陳×礏先生曾在上編輯課的時候，他這樣的自我吹噓說：「他投稿《中國時報》人間副刊到目前止沒有被退過稿。」我聽了他這麼說，覺得作家及作者沒有被退過稿，有二種可能性：第一，他寫的都是佳作；第二，全臺灣報紙的編輯、雜誌的編輯及主編都是他的好朋友，難怪乎他每次投稿都不曾被退過稿，即使號×出版社的發行人陳×礏先生，他也在當時臺北市耕莘寫作班教第二屆編輯研究班，他也因此帶我們到他經營的號×出版社去參觀，可是我到他經營的出版社去參觀並瀏覽他出版的書籍時，我發現他所出版的書籍幾乎是汙染青少年及迎合世俗討好現代人口味的書籍，更讓我不可思議的是，他居然為自己辯護說，寫書和出版是不一樣的，也因為出版只管書籍銷售的成果，所以不管書中所寫的內容。

後來隔了一年多的時間，我鼓起勇氣再次去臺北市耕莘寫作班，就在那時候，我步出電梯就恰巧剛好遇見號×出版社的發行人陳×磻先生，於是我在電梯旁站了一會兒深深的望著他，而他害怕驚慌的臉毫無掩飾著呈現在我的眼前並瞬間快步離開，即使只要是人都是有良心的，也在此時此刻「無聲勝有聲」，他也因此看見我立即快步的離開現場，後來我發現他為什麼在教編輯課時為我鼓掌加油！也因為我當時說話很直接，我也誠如中國的亞聖曰：「大人者，不失其赤子之心者也。」（《孟子・離婁下》）從中國的孟子亞聖來看，事實上，他當時對我惡意設計：「寫書是現代人的身分證。」的陷阱，也讓我陷入寫書所造成我的心靈嚴重遭受到撞擊和傷害，也造成我的精神疾病的病發主要的原因之一。

　　在我的記憶裡，臺北市耕莘寫作班二十幾年前，葉×在耕莘寫作班擔任的秘書一職時，而我當時寫信給她時，我都稱他為姊姊，也因為我們有這樣的關係，所以我當時雖然已有自覺我所面對的時代及社會是：「知識爆炸、資訊氾濫的時代及社會。」即使我當時對她說：「我已拒絕到耕莘寫作班上寫作的課程。」但是，我的心裡還是很想稱呼她是姊姊，後來我還是去耕莘寫作班上號×出版社的發行人陳×磻先生的編輯的課程，可是她完全不知道，當時我是被號×出版社的發行人陳×磻先生惡意對我設計：「寫書是現代人的身分證。」的陷阱，也因此造成我的心靈嚴重遭受到撞擊和傷害，也因此造成我的精神疾病的病發主要的原因之一，後來她居然對我說：「罵我是小子，還說我的潛力是爆出來的，還叫我不要繼續寫作。」然而，叫一個喜歡寫作的人不要寫作，事實上，是一件相當殘忍的事，或許她當時是對我

說生氣的話並沒有惡意，可是她仍然很不應該，事後我又寫了一封信給她，而信中的主要內容是：「人因誤解而相聚，人也因了解而離開，所以我終於認識了妳。」

我當時並不知道寫書會造成我的心靈嚴重遭受到撞擊和傷害，我也不知道寫書對我是一個寫作的初學者，即使我在完全沒有寫作的基礎，也沒有文字駕馭的能力，也沒有人對我「因材施教」的情況下，也因此造成我如此大的傷害及後遺症。

進一步來分析，譬如，第一，當時我只適合寫信；寫信至寫作有一段很長的距離；寫作至寫書更是一段更長的距離，多年下來，我發現號×出版社的發行人陳×磻先生，他是惡意對我設計：「寫書是現代人的身分證。」的陷阱，也因此造成我的心靈嚴重遭受到撞擊和傷害，也因此造成我的精神疾病的病發的主要原因之一；第二，希臘戴爾菲神殿，而神殿上刻著兩句智慧的格言：「認識你自己」及「凡事皆勿過度」，亦即我在號×出版社的發行人陳×磻先生誤導和傷害，而造成我的精神狀態因為寫書導致精神的過度，所以我的七情六慾有如脫韁的野馬，我也有時會陷入失去控制；第三，我當時只適合寫信，我對寫作和寫書完全沒有寫作的基礎，也沒有文字駕馭的能力，後來我發現我當時，也誠如中國的亞聖孟子曰：「大人者，不失其赤子之心者也。」（《孟子·離婁下》）因此，我說話很直接像小孩子一般，就這樣我得罪了他，於是他對我惡意設計：「寫書事現代人的身分證。」的陷阱。

然而，號×出版社的發行人陳×磻先生他在現代化的社會，而如今是網路資訊後現代化的社會，也因此他變成了

「變態的知識怪獸」事實上，人性原本就是「趨吉避兇」，我又不是笨蛋和傻瓜，也因為我當時只一個寫作的初學者，也只適合寫信，所以號×出版社的發行人陳×礒先生他不但沒有對我「因材施教」，反而他惡意對我設計：「寫書是現代人的身分證」的陷阱，也因此造成我的心靈嚴重遭受到撞擊和傷害，也因此造成我的精神疾病的病發主要的原因之一，也因此造成我的精神疾病而導致慾望的過度，即使從過去至目前為止的金錢損失高達超過新臺幣二百萬元，我也假設我當時如果知道，我也一定選擇放棄寫作和寫書來避開這樣不幸的命運，但我卻經歷了首次購屋、兩次婚姻失敗、參加臺灣社會上幾家的婚友社、民事訴訟費、我被S×Y網路拆分盤公司的負責人（詐騙犯），以及S×Y網路拆分盤公司在臺灣的團隊最前面幾位的領導人（詐騙犯），而他們利用合法的多層次傳銷（直銷），來掩護自己吸金、詐欺、詐騙的惡行、利用假投資，真詐財、利用人性喜歡賺錢而不喜歡繳稅……。

　　事實上，二十幾年前我在臺北市耕莘寫作班只是一個寫作的初學者；事實上，我對寫作和寫書沒有任何基礎，也沒有文字駕馭的能力，即使三十年前我只適合寫信，我也對什麼是作家我也根本不知道，我也不曾夢想當一個作家，後來我去聽林×玄作家的演講，也事實他的演講影響到我，我也當時想學習他去全臺灣流浪來完成作家的夢想。

　　記得多年前的農曆過年的時候，父親和大嫂搭計程車到朋友的家把我接回家，回到家我的情緒非常激動，我就對父親說：「我以後不要再回家了。」然後，我沿著南投縣草屯鎮的太平路往中興新村的方向走去，我邊走邊哭著，這時我

　　　　　　　　　　　　　第二輯　人生之旅

在路旁的電話亭打了一通電話給認識的人說：「因為我從小被奶奶過於溺愛，所以造成我到目前為止一事無成。」說著說著，說到傷心處，淚水不斷的從眼眶裡流了下來，流濕了我的臉頰。

　　往前走，天色越來越暗，於是我選擇在中興新村的兒童樂園，一個人孤獨的盪著鞦韆，此時此刻我的眼睛望著無助的天空，心裡感覺十分的寒冷而我想的竟是：「我要努力寫完一本書，書名是《與生命共舞》，我要完成寫書的夢想，我要完成父親的心願。」記得那一天晚上，我並沒有回家睡覺，而我是在中興新村找了一家旅社度過一個痛苦的夜晚，隔天早上我便搭國光號回到臺北縣新莊市的星寶商業城的公司的倉庫且由公司提供給我的住宿。

　　二十幾年前我參加由臺北市文化中心所舉辦的「報導文學營」，地點是：「南投縣鹿谷鄉的小溪頭度假中心」，而這個報導文學營的主任就是號×出版社的發行人陳×礴先生，即使我在無法預料命運之下，我也萬萬沒有料想到，我當時經由號×出版社的發行人陳×礴先生的推薦我到臺北市耕莘寫作班學習寫作，但事隔幾年，我又參加臺北市耕莘寫作班第二屆的編輯研究班，而班主任居然也是號×出版社的發行人陳×礴先生。

　　不幸我的人生的遭遇及命運就這樣發生了——即使過去我經常更換工作且有時處在失業的狀態，也因此造成我在心理上對失業產生了恐懼感，也讓我有人海茫茫不知所措的感覺？也因為父親在過去與我一起吃晚餐時，所以他對我們說：「養我們三個孩子沒有一個成功的。」以及號×出版社的發行人陳×礴先生，多年下來，我發現他當時在臺北市耕

莘寫作班教第二屆的編輯研究班時，他是惡意對我設計：「寫書是現代人的身分證。」的陷阱，也因此造成我的心靈嚴重遭受到撞擊和傷害，也因此造成我的精神疾病的病發主要的原因之一，也因此造成我的七情六慾都過度，也因此從多年前至目前為止，我歷經了首次購屋，而買進賣出損失高達新臺幣八十萬元以上，譬如，多年前在《聯合報》所附贈的彩色廣告單，我有看見這樣的刊載：「城市有山林，鬧中擁清淨。樹林天母媲美臺北天母、陽明山。山地保護區，鳥語花香，三百六十度C純氧超大視野，臺北晨曦、夜景一覽無疑。」於是，我便騎著機車前往位於當時臺北縣樹林鎮的房屋仲介公司去參觀，然後我到了樹林天母的房屋仲介公司，而我進入裡面有一個房屋仲介的女性業務員她就對我介紹：「房屋的坪數、房屋的公共設施、周圍的環境、價格等。」接著，他對我說：「要看房子須先繳訂金新臺幣一萬元。」我聽了她這樣對我介紹房屋，我一時之間覺得頗為滿意，我就拿了新臺幣一萬元的訂金給她，我也請她開了一張收據。

回到公司倉庫的住宿，我立即打電話給父親說：「我在臺北縣樹林鎮看了一棟公寓式的房子，我覺得頗為滿意就請他過來幫我看看。」隔了幾天，父親、母親、二哥、二嫂就先到我公司住宿的地方，然後我們便搭計程車前往樹林天母去參觀房子。參觀完了在樹林大同山、青龍嶺的房子時，父親則對我說：「由我自己做決定。」我掙扎了兩天決定放棄，我就立即打電話給她要求退還我新臺幣一萬元的訂金，而且我親自到樹林天母房屋仲介公司要拿回新臺幣一萬元的訂金，可是那一個房屋仲介的女性業務員則對說：「新臺幣

一萬元的訂金不在她的身上，於是她請我明天再來這裡。」

隔天我又騎著機車來到同樣的地方，我坐下來與他們談，但我當時並不知道自己的慾望因受到精神疾病的影響，所以我的慾望變得有如脫韁的野馬已失去了控制，然而我在禁不起他們一男一女三寸不爛之舌，以及他們的花言巧語的話術（話術不正變成了騙術）的說服下，即使我當時因受到精神疾病的影響，所以造成我的慾望過度而不自覺的情況下，我就這樣答應了他們，也簽下了房屋買賣的契約書，也由父親支助我首次購屋新臺幣四十萬元的頭期款，也辦好跟上海商業銀行貸款的房屋貸款，也完成了交屋的手續。

事後，即使我原本我還可以把房子退掉，但我要損失新臺幣十萬元，我也因此有一次與公司的倉儲的課長發生口角上的衝突所形成的壓力的推力，我也因此從父親那邊的拉力，也就這樣一推一拉在慾望過度而失去控制及被激怒的情況下，我也在幻想中買了房子，我也在十幾年前對文學的幻想，譬如，在當時臺灣的《中國時報》、《聯合報》等等都有刊登臺灣的文學獎的前幾名有高額的獎金，即使我看了這樣的訊息，也造成我強烈的幻想，我也以為獲得臺灣的文學獎就可以償還我的房屋的貸款。

然而，當我面對當時的臺北縣樹林鎮的青龍嶺、大同山時，由此使我聯想起古代的辛棄疾所寫的一首詩：「我見青山嫵多媚，料青山見我亦如是。」詩人可以這樣描寫自然的風景，可是面對人生真實的遭遇，大自然則有相當可怕的一面，譬如，多年的賀伯颱風造成臺北縣的林肯大郡，也因為土石流，所以造成了山崩，而土石流淹沒了民宅且造成人慘重的傷亡，也就這樣林肯大郡慘重的災情才吹醒了我的幻

想。

　　從林肯大郡慘重的災情才吹醒了我的幻想來看，當時我為什麼瘋狂的寫完這一本書？而當時我把這一本書的書名取名為《與生命共舞》，其實多年下來，我發現號╳出版社的發行人陳╳磻先生他當時在臺北市耕莘寫作班教報導文學及編輯時，他是惡意對我設計：「寫書現代人的身分證。」的陷阱，也因此造成我的心靈嚴重遭受到撞擊和傷害，也因此造成我的精神疾病的病發主要的因之一，即使如此，我也聯想起大自然的災害，也就是下雨下的太多會造成水災；久日不雨會造成旱災；星星之火會釀成森林大火。同理，我也因為號╳出版社的發行人陳╳磻先生他不但沒有對我「因材施教」，反而他惡意對我設計：「寫書現代人的身分證。」的陷阱，所以造成我的心靈的七情六慾、情緒、思想等等過度而形成了屬於內心世界的災難及外在的災難。

　　多年前我經常利用下班的時候，以散散步，欣賞啊！走進輔仁大學的校園去散步，由此來紓解自己過度緊繃的身心，然後我走到輔仁大學旁的輔大別墅去欣賞風景，多年下來，我發現坐在池邊的椅子上幻想著：「如果擁有一間眼前我看見的房子是一件多麼美好的事，同時也是人生的希望。」隔了幾天，我的確有到輔大別墅去看房子，而房屋的主人則回答我說：「一樓的房子十幾坪大，而價格是新臺幣五百多萬元。」我聽了他這麼說，當時覺得僅十幾坪大的房子就要新臺幣五百多萬元好貴喔！事實上，我也買不起，又隔了幾天，我在慾望失去控制下，還有樹林天母房屋仲介的一男一女三寸不爛之舌夾攻之下，即使我原本是不買房子的，但我被他們的話術不正而變成了騙術，我因此簽下買房

　　　　　　　　　　　　　　　　第二輯　人生之旅

屋的契約書，我也因此擁有一間二十幾坪的公寓式房子；即使後來我發現，我把房子賣掉，也才是我的人生的希望。啊！我的人生中的取捨，真令我哭笑不得啊！

　　二十年前在臺灣房地產不景氣的情況下，我發現「買房子容易，賣房子難。」後來我透過房屋仲介的業務員把房子賣掉，賣掉房子時則連同當時買的家具新臺幣十萬元，還須付給房屋仲介的業務員新臺幣五萬元的房屋仲介費，即使我買進賣去，也已經損失高達新臺幣八十萬元以上，也因此造成我的心靈嚴重遭受到撞擊和傷害，也因此造成我的精神疾病的病發的主要原因之一，也因此造成我到目前為止超過高達新臺幣二百萬元的損失。

　　然而，許多臺灣的文學家、作家、詩人及作者寫的書，以及參加文學獎比賽、報紙的副刊、雜誌等約稿和投稿，即使他們幾乎都是為了個人的名利及增加個人的收入，也因此他們不必像上班族一樣而辛辛苦苦的勞心和勞力的工作，也因此我寫書和投稿不但沒有辦法改善我的生活，反而造成我的心靈嚴重遭受到撞擊和傷害，也造成我的精神疾病的病發的主要原因之一，由此延伸我經過二次婚姻失敗也損失有新臺幣六十萬元以上、參加臺灣的婚友社，如天成社、我愛紅娘、怡心社等等損失新臺幣十五萬元以上、法院的訴訟費損失高達新臺幣十一萬元以上、我被S×Y網路拆分盤公司利用合法的多層次傳銷（直銷），來掩護自己吸金、詐欺、詐的惡行、利用假投資，真詐財……，也因此我被S×Y網路拆分盤公司的負責人（詐騙犯），以及S×Y網路拆分盤公司最前面幾位的領導人（詐騙犯）詐欺高達新臺幣十七萬八千五百元，也因此造成我的金錢上損失從過去至目前為止高達

超過新臺幣二百萬元。

　　我在此奉勸許多對寫作有夢想和興趣的年輕人，即使寫作和寫書這條心路歷程，也須選擇好的書籍，譬如，在中國美學家朱光潛先生所寫的著作《談美學》一書中，作者有提供比較正確寫作的方法，也須找有能力修稿的人幫你修稿，並指出你寫的文章的毛病在哪裡？也就是我不但被號×出版社的發行人陳×磻先生、台×哲學系傅×榮教授及臺北市耕莘寫作班所聘請教文學寫作的作家及專業人士他們完全沒有人對我「因材施教」，反而我被號×出版社的發行人陳×磻先生，他當時對我惡意的設計：「寫書是現代人的身分證。」的陷阱，也因此造成我的心靈嚴重遭受到撞擊和傷害，也因此造成我的精神疾病的病發主要的原因之一，也因此我在寫作和寫書這條心路歷程走了太多的冤望路，也因此造成我的自信心遭受到嚴重的打擊，也因此造成我的金錢上損失從過去至目前為止高達超過新臺幣二百萬元。

　　希臘早期的哲人赫拉克利圖（Heraclitus）的一句名言：「人的性格即是他的命運。」台×哲學系傅×榮教授舉一反三的心得，他說：「若想要改變命運，先改變性格；若想要改變性格，先改變風格。」但是，我從認識他到心痛的選擇離開他前前後後長達十幾年，可是他不但沒有對我「因材施教」，他還為了個人的名聲和地位幾乎把一切的責任都推給我，譬如，他在上哲學課，或演講時，他曾以間接的方式對我說：「我自己選擇的、我自己來的、只有讀他寫的書就能避開命運嗎？以及他沒有對我『因材施教』，反而他幾乎把一切的責任推給我及命運，說什麼命運的力量實在太大了。」即使他是了解我的純真也利用我的純真，也因此他幾

　　　　　　　　　　　　　　第二輯　人生之旅

乎把一切的責任推我。

　　在時間之流中我擷取了一、前言；二、幼年的回憶及童年的往事；三、求學的過程及工廠的學徒、四軍旅生涯及行軍記；五、退伍後的人生之路及男怕入錯行，女怕嫁錯郎；六、崇拜者的迷信及迷思；七、臺北榮民總醫院傷殘重建中心與人為及宗教的誤導和傷害；八、草屯精神療養院與精神病患相處的一段歲月；九、人生的際遇、命運及人生不幸的遭遇等，即使我暫時選擇闔上人生之旅，也只要我活著的一天，人生之旅也隨著時間的推移，人生之旅也還有續篇，以後我也再集結成書與讀者分享我的人生之旅。

後記

　　台×哲學系傅×榮教授他對寫作的見解，他說：「一次只寫一篇文章，寫完一篇後，再寫另一篇，也就是他為了應付報紙副刊專欄的版面，他曾想一次寫多篇，這時他發現都沒有寫好任何一篇，然後他只好老老實實的把一篇寫好後，再寫另一篇。」從台×哲學系傅×榮教授他對寫作的見解來看，同理，一次只完成一份工作，一件事情且專心把這份工作及這件事情做好；事實上，多年前他的翻譯作品已超過二百萬個字，而他寫作的基礎、思想的運思，以及個人的見解，他已達到爐火純青的境界，他也可以一次只寫一篇文章，但事實上，每個人對寫作的基礎、心靈對寫作的思想的運思能力，以及對寫的條件都有所不同，因而根據我對寫作的基礎和寫作的條件來說，我不是一次要寫多篇，也不是一次只寫一篇，而是我把大綱的標題先定好目標，把一本書的書名也先取名完成，然後我的寫作和寫書好像馬拉賽跑須花費更長更久的時間的超長馬拉松賽，而這樣超長的馬拉松賽，可能所花費我寫作和寫書的時間是一年，也可能是二年，甚至更久的時間才能完成一部作品。

　　本書中有所謂的「現代人」，而現代人是指十八世紀中期至二十世紀初的工業革命所形成的現代化的社會，因此稱之為「現代人」；本書中有所謂的「後現代人」，而後現代人是指二十世紀末進入二十一世紀網路資訊後現代化的今日

社會，也就是早已有人提出後自然的生態環境，因此稱之為「後現代人」，由此可知本書中都有同時採用現代人及後現代人，由此我作個說明。

本書中，〈序〉、〈我是傳奇——我不是聖人，我是剩下來的人〉、〈我的愛情故事——海角七號與海角七萬〉、〈AI 人工智慧的延伸——法院也要賺錢〉、〈我是傳奇——地球的故事與我的故事〉，以及附錄一：〈尋求精神障礙者生命的出口——被撕裂的靈魂〉，事實上這些文章中，有部分的內容是重複的，即使如此，〈自畫像——被撕裂的靈魂〉、〈AI 人工智慧的延伸——民事庭的法官〉，以及附錄二：〈臺灣社會教育的醜聞——老師、老輸、老賊〉，也有部分的內容是重複的，但在思想的運思上已有所不同，我也經由自己的反省；事實上，在人生的過程每一次發生的事情、事件、案件等都是唯一的一次；事實上，以不同的主題來呈現我的人生所遭遇的人為及宗教的誤導和傷害；事實上，並不違反我寫作和寫書的原則，畢竟每個人的一生所遭遇的一切；事實上，以每一次遭遇的人、時、地、物來說，事實上「每一次的遭遇都是唯一的一次」，即使每個人的一生不論他們的遭遇是幸或不幸，或一個人的一生的經驗、遭遇有多麼的豐富，但畢竟每個人的人生都只是數十之寒暑，也因每個人的遭遇的事情、事件、案件等，事實上都是唯一的一次；即使本書中這些文章有部分的內容是重複的，我也經由反省是可以接受的範圍，我也希望與讀者一起來閱讀一起來交換心得，我也希望彼此互動產生心靈的共鳴。

本書屬於評論到姓名，以及評論到關鍵字都打個×，譬如，臺北市×貨行售貨職業工會、臺北市×信商業銀行信×

分行、市立聯合醫院松×院區、法院變成是以變×賺錢為目的來賺錢、即使天主教、基督教、門諾會、東正教、猶太教等的神父、修女、牧師、傳道及神職人員，也事實他們都是在利用傳統宗教的權威來欺×自古以來信仰天主教、基督教、門諾會、東正教、猶太教等的基督徒。

即使本書大部分採取評論到姓名的中間打個×、姓名的末尾打個×，以及評論到關鍵字都打個×來避開法律上的問題，只有少數採取評論到姓名選擇中間不×，譬如，多年前中華新時代協會理事長，也在當時他任職於臺北縣縣立三重身心科主任許添盛精神科醫師，而在他出版的《不正常也是一種正常》一書中，他有對罹患精神疾病的病患有這樣的感受及陳述……；即使在現代化的社會，而如今是網路資訊後現代化的社會，也有許多現代人及後現代人在利用現代化的法律，所謂的「誹謗名譽罪」來亂告人，也因此誠如有人說：「害人之心不可有；防人之心不可無。」

承以上事實上，本書評論到姓名都有根據事證合情、合理、合法的陳述與表達；事實上，都符合中華民國憲法的規定：「人民有言論、講學、著作及出版之自由。」從這條憲法的規定來看，事實上，我沒有任何違法，而且合情、合理、合法，譬如，號×出版社的發行人陳×礡先生、台×哲學系傅×榮教授、林×行政院長、張×明院長、鄧×倩法官、林×鈴法官、洪×莉法官、林×玉法官、林×珠審判長、陸×誠神父、邱×強精神科醫師、李×達精神科醫師、曾×亮（先生稱呼上省略）、謝×綺（原名謝×慧，女士稱呼上則省略）、洪×夫、前檢察總長黃×銘、前總統陳×扁、前總統馬×九、民進黨總統蔡×文、民進黨副總統賴×

德、白×、平×、李×……。

　　本書大部分使用繁體的「臺」，少數則使用簡體的「台」；本書大部分使用連接詞「即使」，少數則使用「即便」；本書大部分使用「事實上」，少數則使用「事實」；本書大部分使用「一個」，少數則使用「一位」、「某一位」，亦即在朗讀本書的詞句時而感受到整篇文章的詞句上有通順就好；本書使用「即使」、「即便」、「亦」、「即」、「亦即」等等字詞，即使經過我逐字逐句的朗讀，也經過我逐字逐句的推敲，但畢竟我沒有翻譯的能力，也因為我無法對每個詞句達到完全透懂的程度，所以本書在使用詞句方面，事實上，我無法達到百分之一百沒有任何錯誤，如果讀者有發現本書中有錯誤之處，也尚請見諒，也不令指教；本書中在數字方面大部分使用阿拉伯數字，譬如，我大概預測 2050 年……，少數則使用中文字，譬如，生於一九六三年十一月二十日……。

　　在《散散步，欣賞啊！》——尋找過去的記憶（白象文化事業有限公司出版），而在本書中，檢察官會被「智慧型偵察機器人」所取代，而在《我是傳奇》——我不是聖人，我是剩下來的人及人生之旅一書中，一律修改成檢察官會被「智慧型偵查機器人」所取代；原本《我是傳奇》、《海角七號》、《成人世界》、《極樂世界》、《AI 人工智慧》等五部電影是我觀賞電影後的感想，我則簡述其電影的故事及劇情，但後來透過 Google 搜尋由網路的《維基百科》所提供的電影的故事及劇情既完整且段落分明，但唯一讓讀者及觀賞電影的人會感受到這樣的電影的故事及劇情太長，而閱讀起來會覺得比較辛苦且比較繁雜，也因此我把過去自己

簡述電影的故事及劇情全部改採使用網路《維基百科》所提供的電影的故事及劇情；在《成人世界》這部電影的劇情，機器人查皮所使用的它、牠、他等，一律更正為「它」；在《AI 人工智慧》這部電影的劇情，而機器人大衛所使用的「他」，是屬於導演及本片的製片者擬人化的手法，所以「他」我並沒有去更正；我在中華電信的 MOD 觀賞電影時，我看見電影有介紹劇情的簡介，如《泰山傳奇》、《仙田傳奇》、《傳奇 42 號》、《大唐玄武門兄弟相殘》、《異星物語》等五部電影，以上作個說明。

　　十年前，我向臺灣地方法院臺北簡易庭所提的民事訴訟案件，她當時稱之為謝×慧，所以十年前使用謝×慧；十年後我鼓起勇氣提本案的刑事案件，謝×慧已改名為謝×綺，所以十年後使用謝×綺，也因此在〈我的愛情故事——海角七號與海角七萬〉這篇文章中，以時間點上作個區分；在《詩的種子》——現代詩與古典詩之間的鴻溝，本詩集中使用台灣某大學哲學系傅×榮教授，而在本書中一律使用台×哲學系傅×榮教授；在《詩的種子》——現代詩與古典詩之間的鴻溝，本詩集中使用號×出版社的負責人陳×礌先生，而在《我是傳奇》——我不是聖人，我是剩下來的人及人生之旅一書中，我一律使用號×出版社的發行人陳×礌先生；在《詩的種子》——現代詩與古典詩之間的鴻溝，本詩集中有引用了舉世聞名的科學家愛因斯坦曾留下一句名言：「專家只不過是訓練有素的狗。」但是，後來我閱讀《哲學與人生》（天下文化出版）一書中，作者對愛因斯坦這位科學家曾留下的一句名言的翻譯是：「專家只是訓練有素的狗。」從作者的翻譯來看，事實上，專家只不過是訓練有素的狗與

後記

專家只是訓練有素的狗在翻譯上表面看起來都可以，但比較正確的翻譯是：「專家只是訓練有素的狗。」因此，本書一律採用「專家只是訓練有素的狗。」的翻譯。

附錄一　尋求精神障礙者生命的出口
──被撕裂的靈魂

　　西方哲學家尼采（F.W.Nietzsche）說：「只有人類，才有煩惱，所以他們不得不發明微笑，就因為人類是最不幸的、最憂鬱的動物，所以他們也是最快樂、最開朗的動物！」從這句西方哲學家尼采的思維來看，有一位作家說：「每個人都有自己內心的掙扎，但不是每個人能把自己內心的掙扎用文字表達出來。」同理：「每個人都有自己人生過程的故事，但不是每個人能把自己人生過程的故事用文字寫出來。」

　　泰戈爾（Tagore）曾榮獲一九一三年諾貝爾文學獎。一個印度人對愛爾蘭作家葉慈說：「我每天讀泰戈爾，讀他一行，可以忘却世間一切煩惱。」從這句印度人的思維來看，在《泰戈爾全集》（漢風出版），首集是《漂鳥集》（Stray Birds），而在《漂鳥集》的第七十八首：

　　青草尋求她大地的伴侶。樹木在尋求它藍天的寂靜。

　　從這首泰戈爾寫的現代詩來看，我是領有「身×障礙證明」，罹患精神疾病（心病）的精神障礙者，由此我尋求唱歌，也誠如有人說：「唱歌是治療憂鬱症最好的方法。」譬如，由劉家昌作曲，林煌坤作詞，已故國際名歌星鄧麗君所主唱的《往事只能回味》，於是我開口清唱：

時光一逝永不回，往事只能回味，
憶童年時竹馬青梅，兩小無猜日夜相隨，
春風又吹紅了花蕊，你已經也添了新歲，
你就要變心像時光難倒回，我只有在夢裡相依偎。

……一首接一首我不間斷連續唱著自己熟悉的歌曲，然後我清唱了一個小時後，感覺暗潮洶湧的情緒及心靈的創傷才逐漸穩定下來。

接著，我尋求朗讀，也誠如有人說：「朗讀的孩子會使讀書更專心。」譬如，泰戈爾的《新月集》（The Crescent Moon），而這首泰戈爾寫的散文詩，詩名是〈孩子的天使〉，於是我開口朗讀：

他們喧嘩爭鬥，他們懷疑失望，他們辯論而沒有結果。

我的孩子，讓你的生命到他們當中去，如一線鎮定而純潔的光，使他們愉悅而沉默。

他們的貪心和妒忌是殘忍的；他們的話，好像暗藏的刀，渴欲飲血。

我的孩子，去，去站在他們憤懣的心中，把你和善的眼光落在他們上面，好像那傍晚寬宏大量的和平，覆蓋著日間的騷擾一樣。

我的孩子，讓他們望著你的臉，因此能夠知道一切事物的意義；讓他們愛你，因此他們能夠相愛。

來，坐在無垠的胸膛上，我的孩子。朝陽出來時，開放而且抬起你的心，像一朵盛開的花；夕陽落下時，低下你的頭，默默的做完這一天的禮拜。

《我是傳奇》

——我不是聖人，我是剩下來的人及人生之旅

……一句接一句我讀出泰戈爾心中描寫孩子純真的詩句，來紓解我被撕裂的靈魂的痛苦！

接著，我尋求寫作，譬如，我在《明道文藝》，第305期所發表的文章，標題是〈散散步，欣賞啊！〉，而我開頭就這樣寫著：

> 我喜歡獨自一個人散步，可以時走時停東轉西轉，
> 無所拘束漫無目的，讓繃緊的心情放鬆下來，
> 隨興所至又從容自在。
> 這樣的散步可隨著自己的意念來調整速度，
> 不與別人比賽競走，而是向萬物敞開心靈，
> 思想也隨著景物的流變而染上色彩。

從這一段我寫的散文來看，我寫出與同樣有對寫作興趣的人，而我在寫作和寫書所付出的代價是別人的百倍、千倍以上心靈的創傷，亦即外在沒有人對我「因材施教」，也因此造成我的心靈嚴重遭受到撞擊和傷害，也因此造成我的精神疾病的病發主要的原因之一，由此延伸，我在臺北市立天文科學教育館，而館內的二樓有展示「月球究竟是如何形成？」的液晶螢幕和文字說明，從這樣的展示來看，根據美國阿波羅計畫，關於月球的起源，有：「擄獲說」、「分裂說」、「同源說」、「撞擊說」等四種理論。其中以一九七０年時代所提出的「撞擊說」，最能符合阿波羅計畫的探測結果，由此可知我的人生經過外在三次嚴重的撞擊和傷害，才導致罹患精神疾病。

然而，我的人生第一次的撞擊和傷害是，二十幾年前我

好不容易找到公家機關的工作，也就是臺北榮民總醫院傷殘
重建中心（現在早已更名為身障重建中心），但經過多年
後，我發現當時本中心（以下臺北榮民總醫院傷殘重建中心
省略，以本中心來取代並與傷殘重建中心及身障重建中心在
時間點上互相使用）的人事主任對我說：「本中心因為精簡
人員，所以我在本中心受訓完畢須立即辦理離職手續。」我
聽了他這麼說，我當時哭得非常厲害，我又再一次面對失
業，也造成我當時失去了「辨識能力」卻不自覺，後來我發
現當時本中心人事主任是以精簡人員為理由把我給裁員，即
使如此，經過多年後我勇敢的選擇提出民事訴訟賠償，但經
由臺灣士林地方法院民事庭的法官，他僅以本中心約僱人員
的契約書與我所訂定的第五條款：「本契約期滿，除另簽續
聘僱契約書者外，視同自動解聘，應即辦理離職手續，不得
以任何理由申請繼續聘僱。」從本中心約僱人員與我所訂定
的契約書來看，事實上，當時臺灣士林地方法院民事庭的法
官就僅依此條款直接判我敗訴，然後我不服再上訴臺灣高等
法院的民事庭，但事實上，臺灣士林地方法院民事庭的法官
及臺灣高等法院民事庭的法官；事實上，他們都沒有派人去
調查有關於當時傷殘重建中心精簡人員的時間，而記得當時
我在無力無奈之下，我僅能按照臺灣高等法院民事庭的女性
法官退我三分之二的訴訟費，我就沒有再上訴臺灣最高法
院。

後來我寫存證信函，正本給臺北榮民總醫院張×明院
長，副本給當時的林×行政院長，而臺北榮民總醫院的承辦
人王×來回函給我，與當時傷殘重建中心所開給我的工作證
明書：「證明李員自八十二年元月五日至八十三年元月六

日，在本中心學習傷殘輔具器具製作壹年。（以下空白）」從這樣的工作證明來看，後來我發現本中心的人事主任在83年1月6日以精簡人員為理由把我給裁員，而發文日期：中華民國106年5月3日，也就是臺北榮民總醫院對我的回函，內容重點如下：「二、傷殘重建中心於92年2月組織整併為本院一級單位後，員工人員減少，所轄區域變更調整，並更名為身障重建中心，與台端所訴擴大營業之情形不符。」從臺北榮民總醫院對我的回函來看，事實上，本中心的人事主任在83年1月6日以精簡人員為理由把我給裁員，但本中心居然在92年2月才精簡人員，由此可知本中心精簡人員的時間居然長達接近十年，也就是本中心當時的人事主任對我涉及「朝令夕改」，或以「精簡人員為理由來欺騙我」，但事實上，我當時並沒有錄音存證；事實上，一般情況都不可能錄音存證；事實上，如果當時我有錄音存證表示自己知道，那麼我就不會發生這種不幸的事件。

　　經過多年後，我領到身×障礙手冊（幾年前更名為身×障礙證明），「當下欠缺辨識能力」，或者「欠缺辨識能力」，更不可能去錄音存證，可是臺灣士林地方法院、臺灣高等法院，以及政府的行政機關，如果願意去調查本案：「傷殘中心精簡人員的時間。」從傷殘重建中心精簡人員的時間來看，根據臺北榮民總醫院對我的回函，而發文日期是：中華民國106年5月3日，也就是臺北榮民總醫院對我的回函，內容重點如下：「三、台端如欲至本院身障重建中心服務，請留意本院徵才公告網頁，若台端符合資格條件，請寄履歷表應徵。」從臺北榮民總醫院對我的回函來看，事實上，傷殘重建中心既然已經精簡人員，為什麼還可以在臺北

榮民總醫院的網站公開徵才？也就是從83年1月開始的國軍退除役官兵輔導委員會的歷屆主任委員、83年1月開始的臺北榮民總醫院歷屆的院長、83年1月開始的傷殘重建中心歷屆的人事主任，以及臺北榮民總醫院王×來承辦人，事實上，他們都違反根據二十幾年前政府在推動「國營事業民營化」，或既然傷殘重建中心於92年2月已精簡人員，怎麼可以在臺北榮民總醫院的網站公開徵才；事實上，他們都是違反二十幾年前政府在推動「國營事業民營化」，以及他們都違反政府精簡人員的規定。

我從臺灣士林地方法院至臺灣高等法院至行政院外交國防法務處至監察院至法務部至司法院的訴訟與陳請，事實上，沒有哪個法院哪個政府的機關願意去調查本案；事實上，他們都是「官×相護」，後來我發現當時我被傷殘重建中心的義肢組富×台組長嚴重的誤導和傷害，為什麼？因為我當時被傷殘重建中心的人事主任以精簡人員為理由把我給裁員，所以我當時哭得很厲害造成我失去辨識能力卻不自覺，但當時傷殘重建中心的義肢組富×台組長，他不但不了解我，他還因受到上級的壓力，他居然當時要找我與他一起創業，就這樣他自己想當老闆，於是他要僱用我且他要在外面開一家「傷殘輔具器材的店」，多年下來，我又回到身障重建中心與過去的同事聊天，這時有一位同事告訴我說：「義肢組富×台組長，他以舊制的公務員四十五歲提前退休。」從身障重建中心的同事對我說的話來看，他是公務員提前退休，為什麼？當時他怎麼可以找我與他一起創業呢？事實上，他是違反公務員的法條的規定。

後來，我與身障重建中心的一位肢障的同事聊天，但他沒有對我的遭遇感到有任何的同情心，他還以尖銳的語言來傷害我；後來我與身障中心另一位陳同事說：「從此我與身障重建中心的同事斷絕來往，我們都是陌生人。」從我對身障重建中心的陳同事所說的話來看，事實上，全世界怎麼有那麼輕鬆的工作，也誠如有人說：「錢多事少離家近，睡覺睡到自然醒。」即使不見得錢多，也不見得離家近，也不見得睡覺睡到自然醒，但事實是事少且待在公家機關工作穩定；即使二十幾年前傷殘重建中心所接的個案比較多，就約在下午三、四時他們就有許多人在傷殘重建中心看報紙、泡茶聊天；十幾年後，身障重建中心因為精簡人員，所以接的個案越來越少，而早上他們在身障重建中心就有許多人在看報紙、泡茶聊天，也誠如有人說：「×蟲」。

　　接著，不但基督教沒有開顯我的生命指引我的人生，反而二十幾年前，就在那時候，即使我在傷殘重建中心簽下了約僱人員的契約書，但我受訓一年後，本中心的人事主任對我說：「本中心因為精簡人員，所以我須立即辦理離職手續。」事實上，當時他也只裁掉我一個，即使如此，我也有寫信給當時的臺北市長陳×扁，我也要申訴我被傷殘重建中心裁員的事件，但我當時已是受洗基督教的基督徒，所以我當時打電話給臺北市長陳×扁的助理說：「我放棄本件的申訴」，我也因此與傷殘重建中心的人事主任談到屬於個人的宗教信仰，於是我對他說：「我是信仰基督教的基督徒，耶穌說：『愛你的敵人』，以及《聖經》裡教人『寬恕』、『神愛世人』等語。」就這樣，我以耶穌說：「愛你的敵人」來寬恕傷殘重建中心的人事主任及傷殘重建中心的同

事，再次失業回到自己的故鄉——草屯；傷殘重建中心的人事主任則回答我說：「他是信仰佛教，佛教說：『普渡眾生』、『無緣大慈，同體大悲』等語。」後來，我發現我被基督教的耶穌嚴重的誤導和傷害，其實道理很簡單，也誠如台語的俗話說：「先顧肚子，再顧佛祖。」因此，造成我的心靈嚴重遭受到撞擊和傷害，也造成我的精神疾病的病發的主要原因之一。

再來，我的人生第二次的嚴重撞擊和傷害是，舉例來說，多年前梵谷的名畫曾在臺北市歷史博物館展覽時，也就是當時有人稱讚梵谷的名畫是「燃燒的靈魂」；我與荷蘭名畫家梵谷同樣是罹患躁×症的病患，而梵谷的自畫像，在割耳事件發生後，他的耳朵包裹著繃帶；我與梵谷不同的是，我用「被撕裂的靈魂」來形容自己，才能顯現真實的自己。

當我靜心下來，偶爾回顧過往，隨著時光的倒流與復現，我發現過去的種種在回憶中，逐漸浮現出來——也就是二十幾年前我在臺北市天主教財團法人的耕莘文教院的耕莘寫作班上寫的課程，也同時我在傷殘重建中心訓練傷殘輔助器材，我也因此就利用下班的時間到臺北市耕莘寫作班去上寫作的課程，譬如，我當時在耕莘寫作班上了滿多的文學寫作的課程，有：散文、現代詩、小說、報導文學、編輯等等課程，但後來我發現，當時臺北市耕莘寫作班所聘請的作家及專業人士，如白×、平×、李×、陳×磻……，他們不但沒有人對我「因材施教」，而且他們居然沒有哪個作家及專業人士對我寫好的文章進行修稿，也就是在現代化的專家及專業人士，他們不但沒有能力對我「因材施教」，反而他們連教人寫作最基本的修稿能力都沒有；後來我發現他們是利

用媒體、報紙、雜誌及刊物來擴張自己的名聲並以這樣虛偽的名聲出來教人寫作，但他們沒有能力修稿卻出來教人寫作簡直是「誤人子弟」，也因此造成我的心靈嚴重遭受到撞擊和傷害，也因此造成我的精神疾病的病發的主要的原因之一。

後來我選擇到洪建全教育文化基金會的敏隆講堂，去上台×哲學系傅×榮教授在臺灣的社會上所開的一系列哲學課程，但傅×榮教授（以下台×哲學系大部分選擇省略）從我認識他至選擇離開他，前前後後長達十幾年的時間，而我在洪建全教育文化基金會、好好好家庭教育文教基金會，以及我在臺灣的社會屬於北部的傅×榮教授的演講幾乎我都有去聽，但後來我發現，傅×榮教授同樣沒有對我「因材施教」，而當時我把寫好的文章〈散散步，欣賞啊！〉以掛號信寄給他並在信中請他幫我修稿；後來我發現他為了自己的名聲和地位，他居然幾乎把一切的責任推給我，也就是我當時向臺北地方法院提告本案有三個人，第一個人是，號×出版社的發行人陳×磻先生；第二個人是，台×哲學系傅×榮教授；第三個人是，當時臺北市天主教財團法人的耕莘文教院的耕莘寫作班的會長陸×誠神父；後來我發現臺北地方法院合議庭的三位法官，恐怕是台×哲學系傅×榮教授在台×通識教育的學生，為什麼？因為傅×榮教授他是臺灣知名的教授，他也是東南亞知名的教授，他也是知名的作家，也因為他在現代化的教育「桃李滿天下」，所以影響到臺北地方法院合議庭的三位法官來審判本案，也就是臺北地方法院合議庭的三位法官利用中華民國憲法第八十條規定：「法官依法獨立審判，須超越黨派，不受任何干涉。」從這條憲法來

看，合議庭的三位法官利用憲法賦予極高的權力及權威、利用本身法官的職權的權威、利用法律的權威、利用教育者專業知識的權威等，他們則判我是領有身×障礙手冊的精×障礙者敗訴，也誠如有人說：「良心被狗咬掉了」。

後來我漸漸發現自己有「赤子之心」，說話很直接，我當時並不知道因此得罪了在臺北市耕莘寫作班上第二屆編輯研究班的班主任——號×出版社的發行人陳×磻先生，而他的手段高明且殘忍，於是他在上編輯的課程的時候，他說：「寫書是現代人的身分證。」他並舉例說明，有一位女士編了一本書，因此她帶著這本書到報紙、雜誌去應徵工作屢試不爽、無往不利，每次都可以找到她心目中理想的工作。

然而，在過去我經常更換工作且有時處在失業的狀態，也因此造成我對失業極深的恐懼感；我當時聽了號×出版社的發行人陳×磻先生他這麼說，也因此我以為寫書可以去應徵工作，於是我當時利用下班的時間，三個多月就寫完一本書，書名取名為《與生命共舞》（本書並沒有出版），我也在當時寫了一百二十幾篇文章，然後我寫到痛苦不堪、寫到要吃抗憂鬱症的藥來緩和自己的情緒、寫到我手中的筆好像一把刀，即使我當時（隨時）都有想自殺的念頭。幸好！當時我還頗有自覺，於是我拿到刀子的時候，我也告訴自己三十秒就要立即丟開；即使站在高處，我也告訴自己不能從高處往低處看，後來我用理性去分析，事實上，我當時只適合寫信，寫信至寫作有一段很長的距離；寫作至寫書更是一段更長的距離，譬如，練功夫必須先蹲馬步，把馬步蹲好後，才能練好功夫；寫作先從閱讀開始，吸收作者的思想精華，也誠如中國詩聖杜甫的詩中有詩云：「讀書破萬卷，下筆如

有神。」

　　從中國詩聖杜甫的詩中有詩云來看，事實上，在現代化、專業化、證照化、科技化、電腦化等，而如今是網路資訊後現代化的社會，即使現代化及後現代化的老師，他們還是把自己稱之為「老師」，但事實與古代的孔子、孟子能夠「因材施教」的老師早也就不一樣了，也誠如有人說：「現代化的老師，根本無法『因材施教』，而是『因財施教』。」甚至有人說：「因為發財而施教」從這個觀點來看，譬如，補習班的老師年薪高達百萬、千萬，或其他從事良心教育的工作者，一個月的薪水好幾萬，甚至好幾十萬元。從另一個角度來看，我根據孔子的「正名主義」，把現代化及後現代化的老師正名為「知識的服務者」、「技能的服務者」，這樣才符合現代化及後現化的社會的「名實相符」。

　　然而，在我的人生過程中有三個嚴重撞擊和傷害的事件，也因此我的心靈嚴重遭受到撞擊和傷害，也因此造成我的精神疾病的病發主要的原因之一，以及十年前我所提的三個傷害民事賠償的事件，但三個民事訴訟案件都敗訴，後來我發現損失民事訴訟案件的費用高達新臺幣十一萬元以上，還有臺灣臺北地方法院鄧×倩法官、臺灣高等法院的女性法官他們利用中華民國憲法第八十條規定：「法官依法獨立審判，須超越黨派，不受任何干涉。」她們利用法官本身職權的權威、利用憲法賦予法官有極高的權力和權威、利用市立聯合醫院松×院區邱×強等等精神科醫師他們在現代化、專業化的專業的權威、利用醫事鑑定委員會的權威，即使形成了權威與權威對我的「兩面夾殺」，我也勇敢選擇誠如在一

九五七年諾貝爾文學獎得主卡謬所留下的一句名言：「我反抗，所以我們存在。」同理：「我反抗，所以我存在。」從諾貝爾文學獎得主卡謬的名言來看，譬如，臺灣臺北地方法院鄧×倩法官、臺灣高等法院的女性法官，以及由市立聯合醫院松×院區邱×強等等精神科醫師向臺灣臺北地方法院鄧×倩法官所申請的「醫事鑑定委員會」，也因此他們都涉及「官×相護」、「醫×相護」，也因此與十年前我提的民事訴訟案件「誤診一案」，也就是市立聯合醫院松×院區邱×強精神科醫師所開的醫師證明是：1.強迫症、2.精神分裂症（幾年前已更名為思覺失調症）；十幾年前我選擇回診於臺北榮民總醫院精神科，以及通過臺北榮民總醫院精神科醫師及職能治療師的鑑定，第一次鑑定是「輕度躁×症」；第二次鑑定是「中度躁×症」。

再來，我的人生的第三次撞擊和傷害是，在過去，誠如有人說：「臺灣的性教育失敗。」從這句臺灣性教育失敗的觀點來看，舉我個人的例子來說，記得國中階段從事良心教育的女性教職員，也因為她在教我們《健康教育》時，她不好意思教我們男女性器官的性教育，於是她在課堂上對我們說：「《健康教育》這一本書，其中談到男女的性器官，你們回家自己讀。」我當時聽了她這麼說，我對性不但充滿著幻想和好奇，也因此在臺灣性教育失敗的情況下，也因此在現代化的社會，而如今是網路資訊後現化的社會，也因為知識、資訊都已氾濫，所以男女的性交也都氾濫；在性氾濫的時代，對我是罹患精神疾病而造成過度的性慾望充滿著威脅，也因此在二十幾年前，我就到南投縣草屯鎮某家醫院去做愛×病篩選，後來我也陸陸續續去做愛×病篩選，我也做

了二十幾年的愛×病篩選，但幸好，不幸中的大幸！我並沒有罹患愛×病，也因此我長期對愛×病造成身心上的恐慌，也因此造成我的心靈嚴重遭受到撞擊和傷害，也因此造成我的精神疾病的病發主要的原因之一，以上是我的人生遭受到三個嚴重的事件的撞擊和傷害來陳述我的故事，以此作個說明。

再來，我尋求看電影，把被撕裂的靈魂的痛苦，從看電影的劇情中，漸漸的紓解我的心靈的創傷，譬如，幾年前我看了《侏儸紀公園》這部電影，後來我又買了《侏儸紀公園》的DVD光碟，回家再看，而這部電影最精彩的劇情，而我簡述其中的劇情：「有一位科技專家手中拿著在考古的時候，挖到一隻被樹脂所包圍凝結的蚊子；這隻蚊子正好在六千五百萬年前吸過一隻恐龍的血，高科技的專家則從血液中取得恐龍的DNA，再經過複雜的程序，最後複製成真正的恐龍；恐龍的種類繁多，如雷克斯龍、暴龍、迅猛龍、草食性恐龍等等；電影的劇情中，出現『生命會找到出路』這句話，由此紓解我的心靈的創傷。」

接下去，我尋求時間，也誠如有人說：「時間是最好的醫生。」從這句思維來看，我經過比一般人多了好幾倍的時間，從淡化逐漸走向淡定；我尋求音樂，聽快樂的音樂，讓快樂的旋律、音符，節奏，來取代我痛苦的生命；我尋求吉他，隨著吉他的旋律、音符，節奏，歌詞自彈自唱，譬如，作詞：慎芝，作曲：遠藤實，在2008年的演唱會由青山所主唱的金曲《星夜的離別》，於是我自彈自唱：

附錄一　尋求精神障礙者生命的出口——被撕裂的靈魂

1.到了時候要分離，離愁心也碎。
　人間總有不如意，何必埋怨誰。
　趁著今夜星光明媚，讓我記住妳的淚。
　並不是我狠心拋棄，遠走高飛。
　並不是我狠心拋棄，遠走高飛。
　從此天涯海角遠離，我心永相隨。

2.我倆曾經盼望著，長久相依偎。
　我倆曾經夢想著，生活總優美。
　趁著今夜星光明輝，讓我記住妳的愛。
　雖然相愛也要分離，忍淚說再會。
　雖然相愛也要分離，忍淚說再會。
　讓那熱淚化作情愛，情愛更珍貴。

3.怎麼忍心丟下妳，留妳夜不寐。
　難以說出心中苦，請妳要體會。
　趁著今夜星光明輝，讓我記住妳的美。
　關山阻隔，迢遙千里，幾時再相會。
　關山阻隔，迢遙千里，幾時再相會。
　只有寄託滿天星星，給予妳安慰。

　……一首接一首我自彈自唱，唱出我被撕裂的靈魂的痛苦！

　接下去，我尋求口琴，隨著口琴的旋律、音符，節奏，然後自己清唱，譬如，甘肅民謠《茉莉花》，於是我一邊吹著口琴，一邊則清唱：

好一朵美麗的茉莉花，好一朵美麗的茉莉花，

芬芳美麗滿枝椏，又香又白人人愛。

讓我來將你摘下，送給別人家，

茉莉花啊茉莉花。

……一首接一首，讓口琴的旋律、音符，節奏來治療我的心靈的創傷，即使我尋求精神障礙者生命的出口，也預防我自己掉進自殺的陷阱，也給自己痛苦的生命有了抵抗點，譬如，根據多年前「世界衛生組織」（WHO）聯合國國際勞工組織/美國醫學會/行政院衛生署/臺中健康管理學院，所提供的資料來源：「全球自殺危機，每四十秒就有一個人自殺離世；一年有一百萬以上的人自殺離世，三分之二重度憂鬱的病患，有自殺企圖，其中百分之十至百分之十五自殺離世；全球死於自殺者，多於謀殺及戰爭死亡的人數。」再來，根據「世界衛生組織」（WHO）的研究，二十一世紀最可怕的三種疾病：「第一，癌症；第二；愛滋病；第三，憂鬱症。」從這兩項資料顯示來看，「我可以被關進監獄，但我一定不會自殺。」因此，不論我是否有違法？我一定「周旋到底」。

最後，我尋求中國的亞聖孟子曰：「大人者，不失其赤子之心者也。」（《孟子‧離婁下》）我尋求西方哲學家尼采在《查拉圖斯特拉如是說》一書中，他的思想精華「精神三變」，他說：「第一變，變成駱駝；第二變，變成獅子；第三變，變成嬰兒」，由此我通過西方哲學家尼采的精神三變，也誠如西諺有云：「兒童是人類的老師」，也誠如中國的老子說：「復歸於嬰兒」，由此我已變成了小孩及嬰兒般

純真的心靈而返璞歸真，只是我與原來無知的小孩及嬰兒已完全不一樣，也就是我保存著小孩及嬰兒般純真的心靈，但不是原本無知的小孩及嬰兒，而我是能夠表達知、情、意的小孩及嬰兒，因此信與不信由你？

附錄二　臺灣社會教育的醜聞
——老師、老輸、老賊

　　孔子是中國人的至聖先師，他是開創老師這種行業和職業的始祖。為了認識孔子的思想，最好的材料當然是《論語》，不過《論語》並非孔子親筆所寫或親眼所見的書，而是環繞孔子及其弟子的言行記錄，也就是當時的弟子各有所記，再經整理編輯而成。《漢書・藝文志》說：「論語者，孔子應答弟子時人及弟子相語言而接聞於夫子之語也。當時弟子各有所記。夫子即卒，門人相與輯而編纂，故謂之論語。」

　　在《中西十大哲學家》（臺灣書店出版）一書中，作者對孔子背景的概述、《論語》讀法、一貫之道、人生見解舉偶等都有明確的詮釋和說明，而我擷取其中幾段：孔子從「三十而立」以後，就擔任家教的機會及公開講學的經驗，弟子總數並無精確統計，一般多以「三千弟子」來形容盛況，其中較為知名的有「七十二人」。

　　……孔子回答傑出弟子的話。由於孔子重視啟發式教學，所以「因材施教」的原則。一旦因材施教，就不能光看孔子說了「什麼」，而要考慮孔子是在「對誰」說。若是傑出弟子，則孔子寄以高度期望，認為「後生可畏」，成就未可限量。那麼，誰是傑出弟子？依孔子「四科十哲」的說法，前兩科的六人，如「德行：顏淵、閔子騫、冉伯牛、仲弓；言語：宰我、子貢」可以列入。在此，德行科的顏淵與

仲弓留下較多記載，最值得注意。宰我與子貢二人之中，宰我聰慧過人但誠意不足，有些地方成了反面教材。然而他在質疑「三年之喪」時，引發孔子的那一段話，卻為我們留下寶貴的教材。與他相仿的，則是子路的表現。另外使人覺得驚鴻一瞥的則是曾點，他在「各言其志」時，所說「暮春者」那一段話，可讓人擊節讚賞。

……換言之，孔子直接對曾子說「吾道一以貫之」時，原是希望曾子藉此機會向孔子請益。孔子的教學原則是符合傳統所謂的「大扣則大鳴，小扣則小鳴，不扣則不鳴」，求學像扣鐘一般，必須弟子有心求教，老師才可發揮道理，不然說了也是白說。

……向孔子請益吧。孔子面對弟子的「問仁」，答案各不相同，這是因為他了解這些弟子的材質與處境，表現「因材施教」的手法。說得清楚一些，弟子問仁時，不是想要知道「仁」這個字的意思，而是想要知道「自己的人之道」如何選擇。試舉一例，「顏淵問仁」，意指「顏淵請教人生正途何在」。人生正途對每個人都有不同的重點與特色。有的比較平凡，如「仁者其言也訒」，說話遲緩保守些。如「仁者先難而後獲」不要幻想不勞而獲。如「仁者，愛人」，實在淺顯易解。但是，這些說法絕不可任意普遍去應用在一切人身上，否則就忽略孔子因材施教的苦心了。類似的例子並不罕見。耶穌的門徒想問：「我該做什麼才可得救？」佛陀的門徒想問：「我該如何得道解脫？「求大師為我安心」這句話其實正是人生一切問題的根源。孔子的學生也想問：「什麼是人生正途？」請注意：這幾位聖哲對不同的人所給的答案也不同。當然，不同之中仍有相似之處，因為人之性是相

同的，只是表現出來的人之道則有別。儒、佛、耶三教若要溝通，也唯有由這些地方著手。就儒家來說，性與道的關係，可以用「人性向善」與「擇善固執」的關係來理解。兩者之間原是一脈相承，只是在面對現實人生時，「擇」的問題益形嚴重。人生之可貴在此，人生之困境亦在此。老師的責任由此不難想像（以上參考《中西十大哲學家》，但書中的段落並沒有按照原本書中的段落來呈現，惟書中作者的思想及作者對古代聖賢的思想的詮釋是完全相同的）。

　　子曰：「德之不修，學之不講，聞義不能徙，不善不能改，是吾憂也。」（《論語‧述而篇》）作者的〈白話〉翻譯：「德行不好好修養，學問不好好講習，聽到該做的事卻不能跟著去做，自己有缺失卻不能立刻改正，這些都是我的憂慮啊。」（譯文參考立緒版《論語》）從作者對《論語》的這句白話翻譯來看，假如孔子生存在知識爆炸及資訊氾濫的現代化的社會，而如今是網路資訊後現代化的社會，亦即孔子除了這四種憂慮之外，孔子最大的憂慮是，孔子對當時門下的弟子們「因材施教」、「有教無類」、「隨機點化」、「啟發式教學」，即使自從孔子至現代化的社會，而如今是網路資訊後現代化的社會，也就是老師這種行業和職業已歷經了二千五百多年，也進入「知識爆炸、資訊氾濫、智慧貧乏、價值混淆」的現化化的社會，而如今是網路資訊後現代化的社會，也因為資訊、知識都已氾濫，所以孔子又多了一個弟子（學生），而他的名字叫做「李淵洲」，他稱之為「我不是聖人，我是剩下來的人。」為什麼？因為我面對現代化的社會，而如今是網路資訊後現代化的社會，所以我整個身、心、靈產生嚴重系統的短路；即使多年下來我經由時間、唱

　　　　附錄二　臺灣社會教育的醜聞——老師、老輸、老賊

歌、聽音樂、讀書、寫文章、看電影、散步等的自我調適，但精神疾病對我的影響很大，亦即造成我學習及操作電腦上的障礙、閱讀上的障礙而須以逐字逐句的朗讀才能夠去理解……。

從這樣的思維來看，在現代化、專業化、證照化、科技化、電腦化等現代化的社會及網路資訊後現代化的社會，亦即現代的老師「分科分系」、「有教有類」之後，而所產生在專業化的知識和技能有滿多的後遺症，譬如，教化學的老師幾乎只能回答學生化學的問題；教物理的老師幾乎只能回答學生物理的問題；教國文的老師幾乎只能回答學生國文的問題；教英文的老師幾乎只能回答學生英文的問題……，由此可知現代的老師幾乎只懂他們專業領域的知識和技能，也誠如舉世聞名的科學家愛因斯坦所留下的一句名言：「專家只是訓練有素的狗。」事實上，要當專家不是那麼容易的事。同理：「專業人士只是訓練有素的狗。」

有人說：「現代的老師無法『因材施教』，而是『因財施教』。」甚至有人說：「現代的老師是因為發財而施教。」從這樣的觀點來看，現代的學生到學校求學，從幼稚園、國小、國中、高中、大學，然後攻讀碩士及博士學位，也因此在學校求學的過程便是要培養專業的能力，以利畢業後謀得一職。問題的關鍵是，大學畢業生畢業即失業的畢業生越來越多，也越來越多的大學畢業生畢業後，在大學所學的科系與他們去社會上求職的工作毫不相干，即使浪費父母親辛辛苦苦賺來的錢、浪費教育的資源、浪費社會資的源、浪費全體人民的納稅錢等，也讓許多的學者及專家可以靠專業的知識在大學裡教學謀得一職，他們也有一份優厚的薪水來享受

生活。

　據我所了解多年前臺灣大學任教的教授一個月的薪水有新臺幣十萬元，即使比起 M 型的社會僅有百分之二十是富有的人，而高達百分之八十是屬於比較沒有錢的人，也讓越來越多的人淪為貧窮的困境，也讓貧窮的人覺得不可思議。

　換個角度來看，現代的老師幾乎只懂自己專業的知識和技能的領域，其他屬於對學生如何「因材施教」，以及對學生如何生命教育的問題根本是束手無策，所以我把現代的老師依中國孔子的正名主義，正名為「知識的服務者」、「技能的服務者」，這麼一來，與現代的老師才是「名實相符」，亦即現代的專家及專業人士，千萬別跟古代能夠為弟子們「因材施教」的老師混為一談；現代的學生是消費者，而專家及專業人士只不過是提供了他們的專業知識，或者專業技能給學生來學習，也在彼此「供需的原則下」，學生繳學費來上課並完成了一筆交易而已。

　舉例來說，多年前我認識台×哲學系傅×榮教授，而他那時在臺北市耕莘寫作班演講的時候，於是我舉手發言，他則回答我說：「他對很我了解」，後來我發現他所謂的「對我很了解」，即使他是在利用我像小孩及嬰兒般那麼純真的心靈，他也為了自己的名聲和地位幾乎把一切的責任推給我。

　記得多年前我到台×哲學系的研究室去找他，於是當時我對他表明了想買他寫的書，於是他從書架上抽了幾本書，我則付了他新臺幣五百元，然後我要離開的時候，我對他說：「我正在寫一本書」，而他那時一臉的訝異對我說：拿來給我看。

　後來我把寫好的《與生命共舞》的稿件影印寄給他，同

時寄給二十幾年前曾在臺北市耕莘寫作班教報導文學及編輯的號×出版社的發行人陳×磻先生，然而台×哲學系傅×榮教授他收到我寄的稿件，他便回我寫的信，而信中的內容重點如下：「如果我出版的話，他就寫書評，他並在稿紙上最後的一段寫著：『等時機成熟，他要順水推舟。』」後來，即使我把這本書請一位認識的女性幫我電腦打字，而我在那時也付給她新臺幣一萬五千元的電腦打字的費用，但這本書《與生命共舞》，並沒有出版。

　　過了一些日子，我選擇到洪建全教育文化基金會，而該基金會聘請台×哲學系傅×榮教授講授東方及西方哲學家的思想的一系列哲學的課程，即使在多年前每當我上完課而在下課時，我也利用幾分鐘的時間與他分享，我寫書所造成我的心靈嚴重遭受到撞擊和傷害。

　　從另一個角度來看，在大學的哲學系當一位教授，而他所教的是最接近人生的道理及生命教育，但令我對現代的老師失望的是，即使台×哲學系傅×榮教授，他也有到好好好家庭教育文教基金會授課，我也繼續上他在該基金會的課程，我也從認識他至選擇離開他前前後後長達十幾年的時間，但他根本不了解我的性格急躁需要從事良心教育事業的工作者對我的「因材施教」，反而他卻為了自己的名聲和地位，他幾乎把一切的責任推給我。

　　後來我發現在他自己寫的著作《轉進人生頂峰》（天下文化出版）一書，其中有一篇〈在逆境中懷抱希望〉，而他所舉的例子，就是多年前我在洪建全教育文化基金會下課時，與他分享我寫書造成我的心靈嚴重遭受到撞擊和傷害及遇人不淑的遭遇，後來我把這篇他寫的文章的重點整理出

來：「第一，譬如，我認識一位年輕朋友，他高職畢業後參加一個寫作班，聽到一位老師說：『寫作是現代人的身分證。』於是他立志要出版一本書。第二，其次，這一切的緣由是什麼？所謂『緣由』，包括挫折起因以及他在其中應負什麼責任。這位老師給人希望又讓人失望，這位年輕朋友在尚未明白出版是怎麼回事就認定自己可以成為作家。老師固然難辭其咎，學生也有過度天真的責任。第三，寫作之路受阻，有這樣嚴重嗎？會使人萬念俱灰，甚至不想活了嗎？世間大多數人不是作家，不也活得好好的嗎？是誰規定你要成為作家的呢？不靠寫作就不能取得受人尊重的身分與角色，就不達成光宗耀祖的目的了嗎？也許你忽略了自己還有更具潛力的專長呢？第四，是指在時間上這個逆境持續了多久？在我的相詢之下，他說：『從事情發生之後，沒有一天忘記這種傷害，到現在已經六年了。』我想，當初那位老師一定做夢也想不到，他的一句評批竟然會對別人造成這麼大的傷害與痛苦。」

由於台×哲學系傅×榮教授他本身不是「當事者」，他也根本不了解整個事件所發生的前因後果、來龍去脈，而他過去僅聽我向他分享這個事件的表面的現象，但他自己卻以表面的現象來判斷這個事件，而且他們都是從事教育良心事業的工作者，即使號×出版社的發行人陳×磻先生及台×學哲學系傅×榮教授他們都沒有對我「因材施教」，他們也利用本身從事教育良心事業的工作者專業上的權威，幾乎把一切的責任推給我，而台×學哲學系傅×榮教授他卻像是烏賊而吐出語言、文字的黑墨汁來遮蓋這個事件的真相，事實上，也誠如有人說：「人是最喜歡推卸責任的動物」，由此

我提出事實並進一步來分析與說明：

　　第一，即使多年前台×哲學系傅×榮教授，他也在當時傾聽我與他的分享，也就是寫書造成我的心靈嚴重遭受到撞擊和傷害及遇人不淑的遭遇，而我當時是對他說：「我在臺北市耕莘寫作班上了滿多的文學寫作的課程，如散文、小說、現代詩、編採、報導文學、編輯等寫作的課程，而教報導文學及編輯的號×出版社的發行人陳×磻先生，他在教編輯課堂上說：『寫書是現代人的身分證。』。」結果他聽錯了，而他在自己寫的著作《轉進人生頂峰》一書，其中有一篇〈在逆境中懷抱希望〉把「寫書是現代人的身分證。」變成了「寫作是現代人的身分證。」事實上，多年下來，我發現當時號×出版社的發行人陳×磻先生他在臺北市耕莘寫作班教報導文學及編輯時，他是對我惡意設計：「寫書是現代人的身分證。」的陷阱；即使台×哲學系傅×榮教授他本身就是從事教育良心事業的工作者，他卻也與號×出版社的發行人陳×磻先生「狼狽為奸」；事實上，他對我判斷「寫作是現代人的身分證。」事實上，他根本一開始就聽錯了而變成了「寫作是現代人的身分證。」事實上，後來我發現他不但沒有對我「因材施教」，反而他利用我的純真幾乎把一切的責任都推給我。

　　第二，因為我以前時常更換工作且有時處在失業的狀態，所以在心理上產生了對失業的恐懼感，也就這樣我才選擇去臺北市耕莘寫作班上文學寫作、報導文學及編輯的課程，另一方面二十幾年前我就在臺北市耕莘寫作班上過好幾期的文學的寫作班，如散文、小說、現代詩、報導文學、編輯等等，但後來我發現，我在那時在臺北市耕莘寫作班前前

後後繳了二萬多元的學費，即使臺北市耕莘寫作班所聘請的作家及專業人士，如白×、平×、李×、陳×磻……，也事實沒有一位作家及專業人士為我修稿並指出我寫的文章毛病在哪裡？也事實他們都沒有修稿的能力來教我寫作和寫書。

第三，不論在社會上教什麼課程須對專業的知識和技能，亦即有這種能力和本事才能在社會上開班授課否則涉及良心和責任，後來我發現號×出版社的發行人陳×磻先生他自己雖然經營一家出版社，即使他是藉由經營出版社的名聲和地位及他在臺灣的社會上的人際關係都相當的好，也事實臺灣的報紙副刊、雜誌的編輯及主編幾乎都是他的好朋友，也事實他是利用這樣的名聲和地位而在臺北市耕莘寫作班開班授課，也事實他沒有這種能力和本事來教報導文學及編輯，也事實他在臺北市耕莘寫作班教第二屆編輯研究班時，而他整堂課所教的幾乎跟編輯沒有關係，他也好像與學員在聊天似的，也因為他教編輯的學員越上越少人，所以他站在講台上卻抱怨說：「怎麼上課的學員越上越少人呢？」

第四，多年前我勇敢的選擇回去臺北市耕莘寫作班，而當我步出電梯的時候，我恰巧遇見過去教我報導文學及編輯的號×出版社的發行人陳×磻先生，這時我看見他那不安且害怕的臉，而他害怕到整個嘴巴都張大了，就在一瞬間他嚇得跑掉了！即使他是從事教育及出版良心事業的工作者，但他的良心對我有如此強烈的反應，顯然他當時是對我惡意陷害的，也因為所有為惡的人做了不該做的事情，在心理上有如孔子所謂的「不安」，亦即他不但不安且害怕，害怕到見到我瞬間就跑掉了！

第五，事實上，號×出版社的發行人陳×磻先生，誠如

台語所說的「別人团死未了」「死道友不免死本道」，即使他當時在臺北市耕莘寫作班教第二屆編輯研究班時，我也因對台上教編輯的先生舉手發言說話很直接，就引起他對我的不高興並觸動他內心的惡，所以他在教編輯時就惡意對我設計：「寫書是現代人的身分證。」的陷阱，而我當時完全不知道這就是「陷阱」，我才任其他的宰割，同時他並舉某一位女士編了一本書，然後她帶著自己出版的書到報紙、雜誌去應徵工作，屢次不爽、無往不利，即使我當時還以為受到他的啟發，但事實造成我的幻想，我也因此以為寫書可以找到符合我的興趣和理想中的工作，也因此造成我的心靈嚴重遭受到撞擊和傷害，也因此造成我的精神疾病的病發主要的原因之一，幸好，不幸中的大幸！我還有喘一氣的機會，也就是「承受最一根稻草」。

第六，陳×磻先生他自己經營一家號×出版社，於是多年前我曾到他經營的出版社去參觀，多年下來，即使我發現他經營的出版社所出版的書籍幾乎都是汙染青少年的心靈及迎合世俗的書籍，他也透過人際關係和交際的手腕幾乎把全臺灣報紙的副刊的編輯及雜誌的主編都變成他的好朋友，亦即現代化的社會只要人際關係做得好就可以暢通無行。事實上，號×出版社的發行人陳×磻先生，他在臺北市耕莘寫作班教第二屆編輯研究班時，而他在上編輯的課堂上自吹自擂說：「他投稿《中國時報・人間副刊》到目前為止沒有被退過稿。」他沒有被退過稿只有一種可能性，就是：臺灣報紙的副刊、雜誌的編輯及主編都是他的好朋友，難怪乎他沒有被退過稿。

第七，號×出版社的發行人陳×磻先生他當時在臺北市耕莘寫作班教第二屆編輯研究班時是擔任班主任，後來我發現他連教報導文學及編輯的能力幾乎都沒有，即使臺北市耕莘寫作班所聘請的作家及專業人士，如白×、平×、李×、陳×磻……，事實上，他們也沒有哪位作家及專業人士對我寫的文章修稿和指出文章的毛病在哪裡？事實上，他們都沒有能力來教我寫作和寫書；事實上，當我把寫書且寫好的稿件寄給號×出版社的發行人陳×磻先生，隔了幾個星期後，我與臺北市耕莘寫作班第二屆編輯班的同學到他經營的號×出版社去參觀，而當時他對我說：「我寫的書好像抽煙時的煙蒂，所掉落的煙灰。」意思是：「我寫的書有瑕疵及敗筆。」

　　第八，記得當時我在臺北市耕莘寫作班上編輯課時，我有把自己寫的一篇勵志小品文拿給號×出版社的發行人陳×磻先生與他分享，後來他也有把我寫這一篇〈拖地與做人〉編輯及集錄在號×出版社所出版的一本小書，多年下來，我發現他當時對我說：「我有寫作的天分。」根據多年前我回去臺北市耕莘寫作班，而當我步出電梯的時候，我恰巧遇見過去教我報導文學及編輯的號×出版社的發行人陳×磻先生，這時我看見他那不安且害怕的臉，而他害怕到整個嘴巴都張大了，他就在一瞬間嚇得跑掉了！即使他不但沒有對我「因材施教」，他也因此造成我的心靈嚴重遭受到撞擊和傷害，他也因此造成我的精神疾病的病發主要的原因之一。

　　第九，即使寫書對我而言，二十幾年前我只是一個寫作的初學者，也對寫作沒有任何基礎，也沒有文字駕馭的能力，也造成我的後遺症，也因市立聯合醫院松×院區邱×強

醫師他開給開我的醫師證明，而此證明上他有詳細記載：
「第一，強迫症；第二，精神分裂症（幾年前已更名為思覺
失調症）。」後來我回診於臺北榮民總醫院精神科，而第一
次鑑定是：「輕度躁×症；第二次鑑定是：中度躁×症。」
即使當時我有請臺北榮民總醫院精神科李×達醫師開醫師證
明給我，而此證明上他也有詳細記載：「雙急性精神疾病
（中度躁×症）。」從這兩家醫院且醫師對我開的醫師證明
來看，事實上，市立聯合醫院松×院區邱×強等等精神科醫
師根本對我是誤診。

　　記得十年前我向臺灣臺北地方法院提出本案誤診的事實
與證據，但當時臺灣臺北地方法院民事庭的鄧×倩法官，後
來我發現她當時卻以「西瓜靠大邊」來作為本案的判決，為
什麼？他完全採信「醫事鑑定委員會」的鑑定，並對我的舉
證她卻以「不足以採信」來判我敗訴，後來我不服向臺灣高
等法院提出本案的訴訟，但高等法院的女性法官依然完全採
信「醫事鑑定委員會」的鑑定，最後我在法庭上為自己被市
立聯合醫院松×院區邱×強等等精神科醫師的「誤診一
案」，也就是我在高等法院民事庭的庭上向高等法院的法官
說明，就是以新臺幣五萬元與市立聯合醫院松×院區邱×強
等等精神科醫師誤診一案來和解，但邱×強醫師的委任律師
在高等法院的民事庭的庭上打電話給邱×強醫師，但他卻仗
著醫事鑑定委員會的權威且一毛錢也不願意賠償我，然而我
當時因還要工作，也因此我被迫無奈簽下不再上訴最高法院
的民事庭，但多年前，前總統陳×扁的「保外就醫一案」，
為什麼？獲得陳×姿等等醫療團隊的支持，也就是當時臺灣
高等法院的法官完全採信陳×姿等等醫療團隊對前總統陳×

扁的保外就醫的鑑定，亦即台灣高等法院的法官受到政治的壓力的因素的影響，讓前總統陳×扁才獲准保外就醫。

第十，事實上，號×出版社的發行人陳×礒先生及台×哲學系傅×榮教授他們都沒有對我「因材施教」；事實上，我當時有把寫好的書，書名是《與生命共舞》影印稿寄給號×出版社的發行人陳×礒先生及台×哲學系傅×榮教授。號×出版社的發行人陳×礒先生，他當時在臺北市耕莘寫作班教編輯時，他對我惡意設計：「寫書是現代人的身分證。」的陷阱，亦即「寫書是現代人的身份證。」不但是錯誤的觀念，而且對我當時只是一個寫作的初學者，沒有任何寫作的基礎，沒有文字駕馭的能力，而號×出版社的發行人陳×礒先生他當時指導我寫書根本是「觀念殺人」，後來我又寫了一本書，書名取名為《人生之旅》，但我把這本書的文字稿寄到出版社想要出版，但卻被出版社退回並沒有出版。

然而，多年前我有寄了一篇我寫的〈散散步，欣賞啊！〉給台×學哲學系傅×榮教授，而信中我寫到：「請他幫我修稿」，而他不但幫我修稿並指出我寫的文章的毛病在哪裡？後來我發現他為了自己的名聲和地位幾乎把一切的責任都推給我，於是我心痛的選擇離開他，並以郵局的現金袋付上新臺幣一千五百元給他，當作他幫我修稿的酬勞。

第十一，換個角度來看，號×出版社的發行人陳×礒先生及台×學哲學系傅×榮教授，事實上，兩位從事教育良心事業的工作者都沒有對我「因材施教」，只是差別在於，號×出版社的發行人陳×礒先生他當時在臺北市耕莘寫作班教第二屆編輯研究班時，後來我發現他對我惡意設計：「寫書是現代人的身分證。」的陷阱；事實上，台×哲學系傅×榮

教授他從小學三年級至高中三年級就患有口吃，也因為口吃造成他時常被人嘲笑，所以九年的口吃造成他的性格嚴重的扭曲，即便他從臺灣大學當助教開始，然後他攻讀美國耶魯大學，他也在短短三年半的時光就取得了美國耶魯大學哲學博士（Ph.D.）的學位，也因此他回臺灣在台×哲學系以副教授開始任教，後來他升為正教授，他也曾是該校哲學系的主任。

然而，九年的口吃造成他性格嚴重的扭曲，即使他的口吃造成他性格嚴重的扭曲，他也變得明明是屬於自己的責任卻把責任推給學生和學習者；即使他以不具名的透過寫文章、上哲學課、演講等，也對我製造語言文字的假相來遮蓋這個屬於良心教育工作者沒有對我「因材施教」的真相，譬如，他說：「自己來的或自己選的，怎麼可以說被別人害的呢？」「只讀他的書就可以避開命運嗎？命運的力量實在太大了！」「負過度天真的責任。」

換個角度來看，事實上，「人性原本就是趨吉避兇」，我又不是笨蛋和傻瓜，由此我想進一步說明的是，根據以上我提出的事實，也就是號×出版社的發行人陳×礎先生二十幾年前教我寫書，但後來我發現他根本就沒有對我當時只是一個寫作初學者進行修稿和指出文章的毛病在哪裡？事實上，號×出版社的發行人陳×礎先生及台×哲學系傅×榮教授都要對我負沒有「因材施教」的責任，而且號×出版社的發行人陳×礎先生不但對我「誤人子弟」，還對我「惡意陷害」；事實上，台×哲學系傅×榮教授十幾年前我與他分享我寫作的心路歷程時，後來我發現他把「寫書是現代人的身分證。」他聽錯了而變成「寫作是現代人的身分證。」即使

如此，號×出版社的發行人陳×礄先生的手段相當高明且殘忍，我也在他的錯誤指導來寫書，也造成我的幻想也造成我錯誤的判斷去寫書，也造成我的心靈嚴重遭受到撞擊和傷害，也造成我的精神疾病的病發主要的原因之一。

第十二，台×哲學系傅×榮教授他在自己寫的著作《轉進人生頂峰》（天下文化出版）一書，其中有一篇〈在逆境中懷抱希望〉，他說：「其次，這一切的緣由是什麼？所謂『緣由』，包括挫折起因以及他在其中應負什麼責任。這位老師給人希望又讓人失望，這位年輕朋友在尚未明白出版是怎麼回事就認定自己可以成為作家。老師固然難辭其咎，學生也有過度天真的責任。當初那位老師一定做夢也想不到，他的一句評批竟然會對別人造成這麼大的傷害和痛苦。」從這樣他不是這個事件的當事者而他對我亂判斷來看，事實上，當時我是一個寫作的初學者只適合寫信，亦即我對於寫作沒有任何基礎，我對寫作也沒有駕馭文字的能力；事實上，寫信至寫作有一段很長的距離；寫作至寫書更是一段更長的距離；事實上，作家是什麼我當時並不了解，我也對出版不了解。

事實上，多年前我在臺中文化中心、誠品書店、金石堂及墊腳石書店我曾聽了名作家林×玄的演講，他說：「他考大學時並沒有考上大學，而他的父親原本把一塊土地賣掉的錢，是要給他去補習班補習繼續考大學，但他並沒有去補習班補習繼續考大學，反而他拿著父親賣掉田地的錢，他到全臺灣各地去流浪，後來他把他的經歷結合了佛教寫成了佛教文學，他也完成了作家的夢想。」從名作家林×玄他講這一段話來看，事實上，我是受了他的影響，才在多年前想學他

到臺灣各地去流浪來完成自己作家的夢想，但當我把自己的工作辭掉後，就被現實的巨獸吞噬我作家的夢想，因而我再次面對失業，再次面對欠缺經濟之下來過生活，過了不久，我再去應徵汽車烤漆的工作才暫時解決自己經濟上的困境。

接著，台×學哲學系傅×榮教授，他說：「當初那位老師一定做夢也想不到，他的一句評批竟然會對別人造成這麼大的傷害和痛苦。」事實上，他並不是當事者，他多年前只聽我與他分享我寫書的過程所遭遇的遇人不淑及造成我的心靈嚴重遭受到撞擊和傷害；事實上，是「寫書是現代人的身分證。」他聽錯了變成了「寫作是現代人的身分證。」事實上，號×出版社的發行人陳×礡先生明明知道，當時我是一個寫作的初學者且有心從事寫作；事實上，他明明知道寫書會對一個寫作的初學者造成心靈上嚴重的傷害，即使多年前我鼓起勇氣又回到臺北市耕莘寫作班，當時我也勇敢步出電梯時，我也恰巧遇見他，但他見到我時卻瞬間嚇得跑掉了！事實上，我發現多年前號×出版社的發行人陳×礡先生，他在臺北市耕莘寫作班教編輯時，他是惡意對我設計：「寫書是現代人的身分證。」的陷阱；即使他誤導和傷害我寫書，也因此造成我的心靈嚴重遭受到撞擊和傷害，也因此造成我的精神疾病的病發主要的原因之一，但號×出版社的發行人陳×礡先生他不但昧著良心不承認沒有對我「因材施教」、「誤人子弟」、「惡意陷害」的事實，反而他以在臺灣社會上當老師的身分的權威且他幾乎把一切都責任推給我。

再來，台×哲學系傅×榮教授，他說：「寫作之路受阻，有這麼嚴重嗎？會使人覺得萬念俱灰，甚至不想活了

嗎？」從台×哲學系傅×榮教授對我亂判斷來看，事實上，我多年前我跟他分享時，我並沒有跟他分享我不想活這件事，即使他不但對我亂判斷，他也對我的判斷簡直太誇張了！

第十三，台×哲學系傅×榮教授他的學經歷是：一九五〇年生，中華民國學者，祖籍上海，私立恆毅高級中學畢業，輔仁大學哲學系畢業，臺灣大學哲學系碩士，美國耶魯大學宗教系博士。曾任教臺灣大學哲學系教授兼系主任及所長、比利時魯汶大學、荷來萊頓大學講座教授、《哲學與文化》月刊主編、黎明文化公司編輯、《哲學》雜誌總編輯等。曾獲頒教育部教學特優獎、大學社團推薦最優通識課程、《民生報》評選校園熱門教授等獎項，另外在學術研究、寫作、演講等方面都有卓越的成就。作品深入淺出，擅長說理，曾獲得國家文藝獎和中正文化獎；著作甚豐，曾出版中西哲學普及讀物、散文百餘種，亦即範圍涵蓋哲學研究與入門、人生哲學、心理勵志等著作，有：《從上帝到人》、《詩意學的全面探討》、《卡謬的真面目》、《目的與思想》、《儒道天論發微》、《誰受過教育》、《荒謬之超越》、《象牙塔的危機》、《會思想的蘆葦》、《老子思想與現代社會》、《朝雨經塵》、《誰在乎教育》、《尋找生命的重心》、《儒家與現代人生》、《四書小品》、《確立生命的原點》、《圓成生命的理想》、《學以致用》、《擇善固執》、《從自我出發》、《哲學入門》、《論語的智慧》、《儒家哲學新論》……，以及譯作，有：《西洋哲學史卷一》、《科學與現代世界》、《四大聖哲》、《人的宗教向度》、《創造的勇氣》……（以上作者的學經歷參考

網路的《維基百科》，以及作者出版的書籍的作者簡介）

　　接著，我想進一步說明的是：從台×哲學系傅×榮教授從《論語》、《孟子》、《荀子》、《中庸》、《易傳》等五部經典著作，而且他研究儒家二十年，他的研究心得「人性向善」，令我佩服，他也符合子曰：「溫故而知新，可以為師矣。」（《論語・為政篇》）他也符合古人說：「師者，傳道、授業、解惑也。」但是，他的做人處事卻令我失望，問題的關鍵是，他的哲學功力是如此深厚的人都無法對我「因材施教」，來避開號×出版社的發行人陳×礎先生，他在臺北市耕莘寫作班教編輯時，他是惡意對我設計：「寫書是現代人的身分證。」的陷阱，也因此造成我的心靈嚴重遭受到撞擊和傷害，也因此造成我的精神疾病的病發主要的原因之一，即使真正能夠對學生和學習者「因材施教」的老師早就不存在，也只剩下西諺有云：「兒童是人類的老師」。

　　號×出版社的發行人陳×礎先生的學經歷是：一九五九年出生臺灣新竹市西門石坊里石坊街。世界新聞專業廣播電視科畢業，曾任教於新竹縣尖石鄉錦屏國小教師、玉峰國小教師、新竹縣湖口鄉中興國小教師。中廣台廣播節目主持人、寶島新聲電台廣播節目主持人、愛書人雜誌主編、台視「人、書、生活」節目主持人、《竹聲週刊》發行人、號×出版社發行人。現任臺北柯林頓補習班國中國小作文與閱讀老師。與吳×真、林×玄聯合擔任中央電影公司「香火」編劇。「老爺財富」編輯、「佳佳月刊」總編輯、「愛書人」雜誌總編輯兼社長。政大、輔大報導文學客座講師。號×出版社、旺×出版社發行人，耕莘寫作班主任導師、耕莘暑期寫作班班主任，耕莘編採研習班班導師、救國團大專編研營

駐隊導師。他的著作，有：《尖石櫻花落》、《尖石夢部落》、《櫻花夢》、《五峰清泉夢》、《竹塹風之戀》、《父親》、《遇見雙魚座的男人夢》、《花心那羅》、《陳×礏報導文學集》等六十餘部作品，以及曾以〈最後一把番刀〉一文獲得中國時報第一屆報導文學優等獎。《情話》、《軍中笑話》、《尖石櫻花落》曾入選金石堂暢銷排行榜。《香火》、《報告班長》《部落·斯卡也答》電影原著（以上作者的學經歷參考網路的《維基百科》，以及網路所提供的作者的簡介）。

　　從號×出版社的發行人陳×礏先生的學經歷來看，事實上，我除了上過號×出版社的發行人陳×礏先生在臺北市耕莘寫作班所開班授課的第二屆編輯研究班，我還上過他在臺北市耕莘寫作班所開的報導文學的課程，還有多年前由臺中市文化中心所舉辦的「報導文學的文學營」，而地點就在「小溪頭度假中心」，而記得那時在小溪頭度假中心時，由於此文學營我有在此住宿一個晚上，我也因此利用晚上的時間與他談話，而他在我們談話中推薦我到臺北市耕莘寫作班，我也在這個寫作班前前後後繳了二萬多元的學費，而我上過滿多的文學寫作課程，有：散文、小說、現代詩、報導文學、編輯等等課程。

　　後來，我重讀《論語》（立緒版）多遍後，我的心靈好像可以跨越時空侷限，把多年前我被號×出版社的發行人陳×礏先生，他不但沒有對我「因材施教」，反而他以變態的手段惡意的對我設計：「寫書是現代人的身分證。」的陷阱，也因此造成我的心靈嚴重遭受到撞擊和傷害，也因此造成我的精神疾的病發的主要的原因之一，由此我進入孔氏之

門向中國的至聖先師孔子請益，亦即孔子怎麼對我因材施教？

　　進一步來探索什麼是「因材施教」？在中國的經典著作《論語》（《論語•先進篇》），有記載孔子如何對弟子們因材施教，原文是，子路問：「聞斯行諸？」子曰：「有父兄在，如之何其聞斯行之？」冉有問：「聞斯行諸？」子曰：「聞斯行之。」公西華曰：「由也問聞斯行諸，子曰『有父兄在』；求也問聞斯行諸，子曰：『聞斯行之』。赤也惑，敢問。」子曰：「求也退，故進之；由也兼人，故退之。」作者的〈白話〉翻譯：子路請教：「聽到可以做的事情，就去做嗎？」孔子說：「父親與哥哥還在，怎麼能聽到可以做的事就去做呢？」冉有請教：「聽到可以做的事就去做嗎？」孔子說：「聽到可以的事就去做。」公西華說：「當由請教聽到可以做的事就去做嗎，老師說『父親與哥哥還在』；當求請教聽到可以做的事就去做嗎，老師說『聽到可以做的事就去做』。我覺得有些困惑，冒昧來請教。」孔子說：「求做事比較退縮，所以我鼓勵他邁進；由做事勇往直前，所以我讓他保守些。」（譯文參考立緒版《論語》）

　　接著，依據孔子「一以貫之」的中心思想，以及孔子對當時弟子們的敏感度、性格、資質才性及弟子們人生成長和生活背景，然而孔子怎麼對我「因材施教」呢？也就是聽到「寫書是現代人的身分證。」這樣的觀念，以及寫書可以帶著書到報紙、雜誌去應徵工作且屢次不爽、無往不利，如此該不該去寫書呢？這時我穿越時空的界線，孔子則回答我說：「不行，因為我的性格急躁且在寫作方面只是一個初學者，所以必須由讀書入門，等奠定深厚的基礎之後，也誠如

中國詩聖杜甫詩中有詩云:『讀書破萬卷,下筆如有神。』接著,再請教有能力修稿和指出文章毛病的人;孔子循序漸近對我『因材施教』,亦即從短篇的敘述文開始寫文章,而千萬不要從寫書開始寫;寫書對寫作的初學者是一項好比高難度的特技表演,所以一般人請勿模仿以免受到傷害;寫書對我是一個寫作的初學者會造成心靈嚴重遭受到撞擊和傷害,所以必須選擇避開寫書。」

　　接著,孔子分析「寫書是現代人的身分證。」不可能帶著書到報紙、雜誌去應徵工作且屢次不爽、無往不利,孔子則進一步分析臺灣寫書的市場很小,也根據多年前的一項調查:「日本人成年人平均一年每人讀27本,而臺灣人成年人每年平均一年僅讀0.7,相差40倍。」臺灣滿多的作家、文學家及作者為了靠寫作這個行業生存,他們只好寫迎合世俗、標心立異的題材來討好讀者。孔子了解我是真誠的人不會寫迎合世俗、標新立異的作品來討好讀者,亦即寫作和寫書對我而言只能當作興趣,也就是守住自己目前的工作才有經濟來穩定生活。

　　孔子進一步分析,老師主要的功能就是要能弟子和學習者「因材施教」,離開因材施教的功能就不能稱之為老師,即使我根據孔子的正名主義把現代化的老師正名為「知識的服務者」、「技能的服務者」,也誠如台×哲學系傅×榮教授在他寫的《哲學與人生》一書中,他這樣真誠的表達:「如果老師沒有辦法對學生因材施教,就沒有資格當老師了。」事實上,我在台×哲學系傅×榮教授他在臺灣的社會上所開的一系列哲學課程上了他好幾年的哲學課程,我也前前後後跟隨他十幾年;號×出版社的發行人陳×磻先生我也上了他

在臺北市耕莘寫作班所開班授課的編採、報導文學及編輯研究班的課程，我也前前後後認識他好幾年，但他們兩位從事教育良心的工作者不但沒有對我「因材施教」，來避開「寫書是現代人的身分證。」的陷阱，以及造成我的心靈嚴重遭受到撞擊和傷害，也造成我的精神疾病的病發的主要原因之一，即便號×出版社的發行人陳×磻先生，當時他也在臺北市耕莘寫作班教編輯時對我「誤人子弟」、「惡意陷害」，而台×哲學系傅×榮教授他為了自己的名聲和地位也幾乎把一切責任推給我，也因此他們兩位從事教育良心的工作者，也誠如有人說：「良心被狗咬掉了。」

　　然而，自從中國的至聖先師孔子是開創老師這種行業的始祖至網路資訊後現代化的網路教學，亦即孔子是開創老師這種行業的始祖也歷經了兩千五百多年，這時我發現孔子是中國人的至聖先師至後現代化網路教學的老師不但出入太大且「名實不符」，亦即由美國電影明星阿諾史瓦辛格所主演的《魔鬼終結者》，由此我來終結「老師」及「教授」的名詞概念，而且根據孔子的正名主義把後現代化網路教學的老師正名為「知識的服務者」、「技能的服務者」。換個角度來看，真正能為學生和學習者因材施教的老師早就不存在，而只剩下西諺有云：「兒童是人類的老師」。

　　美國心理學家羅洛‧梅（Rollo May）他在《創造的勇氣》（立緒版，本書譯文由台×哲學系傅×榮教授翻譯）一書中，其中他有對創造的勇氣有這樣的詮釋：「創造的勇氣是指勇於創新而言，但是，如何才是創新呢？在他看來，創造的勇氣是為了『發現新的形式、新的象徵、新的典範，以便由此建立一個新的社會。』」再來，我看了美國名導演史

蒂芬‧史匹柏所導演的《AI人工智慧》這部電影，而這部電影的劇情演到最後只剩下大衛那個AI人工智慧的機器人，也就是地球上的人類已全部滅絕，而大衛那個AI人工智慧的機器人是人類僅存留下的遺跡，而最後的劇情是，由一班的機器人來到地球上，它們才發現大衛那個AI人工智慧的機器人，即使我受到這部電影的啟發，我也預測大概2050年人類在教育上新的里程碑，也因此老師這種行業越來越蕭條、落寞，然後逐漸被淘汰，也因此取而代之將由機器人來教學，為什麼？因為現代老師根本已喪失對學生或學習者因材施教的功能，所以形同機器人一般，我也把這部機器人取名稱之為「知識販賣機」。

有一位女作家說：「老師發音不準確變成了老輸。」事實上，的確師與輸的發音在中國字有相近之處，然而現代的老師沒有能力對學生及學習者「因材施教」，也就是老師變成了老輸。舉例來說，根據民國八十八年五月二十日《聯合報》的報導：「空中大學的教授一年只須上課四十八節課，平均每節課的鐘點費可領三萬六千元，平均月薪有十三萬七千元，一年的年薪是一百七十二萬元。」從這樣的報導來看，事實上，從空中大學的教授至補習班的教師年賺百萬、千萬；事實上，他們就是「知識販賣機」。

換個角度來看，中國人總是以傳統的觀念借由教育的權威及專家學者的權威來強迫人接受某種觀念，譬如，中國人大概講了一千多年的「尊師重道」，問題的關鍵是，推源於孔子當時所說的，子曰：「當仁，不讓於師。」（《論語‧衛靈公篇》）作者的〈白話〉翻譯：孔子說：「遇到人生正途上該做的事，即使對老師也不必謙讓。」（譯文參考立緒

版《論語》）從這句作者的白話翻譯來看，事實上，原本孔子所說的就是「重道」重於「尊師」，亦即當老師更需要講道理，如果當老師不講道理那麼不但自誤誤人，也誤人子弟，亦即沒有資格當老師的。譬如，臺灣的新儒家學者堅持傳統的垃圾文化，亦即《三字經》開宗明義就說：「人之初，性本善。」問題的關鍵是，事實上，人性本善與人的經驗完全脫節；事實上，人性若本善，惡從哪裡來？亦即人性沒有本來的善，而本來的善不會受後天環境的影響使人為惡；事實上，人性若本惡，惡從哪裡來？事實上，人性本善和人性本惡的兩種人性觀都是錯誤的，然而什麼是合理的人性？簡單來說，就是「人的本性傾向於善」——人性向善，即使新儒家學者堅持傳統的人性本善，他們不但是舊思維的標新立異，他們也藉由傳統的人性本善的權威來仗勢欺人，亦即我對新儒家學者，以及主張人性本善的專家和專業人士須及早退休或轉業，免得領那麼多薪水浪費人民的納稅錢，而且他都是自誤誤人及誤人子弟。

　　合而觀之，子曰：「溫故而知新，可以為師矣。」（《論語・為政篇》）作者的〈白話〉翻譯：孔子說：「熟讀自己所學的知識，並由其中領悟新的道理，這樣才可以擔任老師啊。」（譯文參考立緒版《論語》）子曰：「三人行，必有我師焉；擇其善者而從之，擇其不善者而改之。」作者的〈白話〉翻譯：孔子說：「幾個人一起走路，其中一定有我可以取法的；我選擇他們的優點來學習，看到他們的缺點就警惕自己不要學壞。」（譯文參考立緒版《論語》）原壤夷俟。子曰：「幼兒不孫弟，長而無述焉，老而不死，是為賊。」以杖叩其脛。（《論語・憲問篇》）作者的〈白話〉

翻譯：原壤伸開兩腿坐在地上，等候孔子來。孔子說：「你年少時不謙遜也不友愛，長大了沒有什麼值得傳述的貢獻，現在這麼老了還不死，真是傷害了做人的道理。」說完，用拐杖敲他的小腿。（譯文參考立緒版《論語》）從這句從孔子的思想及作者的〈白話〉翻譯來看，在專業化、證照化、科技化、電腦化、功能化、多元化等現代化社會，而如今是網路資訊後現代化的社會，由此看來一切都幾乎外在化了，也就是有越來越多的現代人及後現代人，誠如青少年的流行語：「變態」，而青少年所指的是行為的變態，如性行為的變態行為……。

　　由此延伸，有越來越多的後現代人的心靈，由於受到二十一世紀科技快速的變遷，心靈也受到電視媒體及各種媒體的漂白和汙染，也在網路資訊後現代化的社會的後現代人產生心靈嚴重的突變，亦即我把這種後現代人心靈嚴重遭受到的突變，稱之為「心靈的變態」，譬如，有越來越多從事教育良心的工作者，事實上，他們根本沒有能力對學生和學習者「因材施教」，反而以傳統的「尊師重道」來強迫學生和學習者屈服，亦即從中國的至聖先師孔子是開創老師這種行業的始祖至現代化的社會至後現代化的專家及專業人士，而他們幾乎都變成了「老輸」、「老賊」，即使現代化及後現代化的專家和專業人士他們根本沒有能力為我「因材施教」，亦即在二十幾年前號×出版社的發行人陳×磻先生，他在臺北市耕莘寫作班教編輯時，後來我發現他當時惡意對我設計：「寫書是現代人的身分證。」的陷阱；即使台×哲學系傅×榮教授他為了自己的名聲和地位也幾乎把一切責任推給我，也因此造成我的心靈嚴重遭受到撞擊和傷害，也因此造

成我的精神疾病的病發的主要原因之一，我也因此深深感受到現代化及後現化的專家或專業人士，他們利用專業的權威，來強迫我屈服在他們專業的權威，我也因此我感受到非常的心痛！

NOTE

NOTE

國家圖書館出版品預行編目資料

《我是傳奇》——我不是聖人，我是剩下來的人
及人生之旅/李淵洲著. —初版. —臺中市：白象
文化事業有限公司，2021.7
　　面；　公分
ISBN 978-986-5488-64-2（平裝）
1. 李淵淵 2. 傳記
783.3886　　　　　　　　　　110007687

《我是傳奇》——我不是聖人，我是剩下來的人及人生之旅

作　　　者　李淵洲
校　　　對　李淵洲
專案主編　黃麗穎
出版編印　林榮威、陳逸儒、黃麗穎
設計創意　張禮南、何佳諠
經銷推廣　李莉吟、莊博亞、劉育姍、李如玉
經紀企劃　張輝潭、徐錦淳、洪怡欣、黃姿虹
營運管理　林金郎、曾千熏
發 行 人　張輝潭
出版發行　白象文化事業有限公司
　　　　　412台中市大里區科技路1號8樓之2（台中軟體園區）
　　　　　出版專線：（04）2496-5995　　傳真：（04）2496-9901
　　　　　401台中市東區和平街228巷44號（經銷部）
　　　　　購書專線：（04）2220-8589　　傳真：（04）2220-8505
印　　　刷　普羅文化股份有限公司
初版一刷　2021 年 7 月
定　　　價　350 元

www.ElephantWhite.com.tw　　自費出版的領導者　　購書 白象文化生活館
出版・經銷・宣傳・設計